MODERN HUMANITIES RESEARCH ASSOCIATION
CRITICAL TEXTS

PHOENIX
VOLUME 7

EDITORS
THOMAS WYNN
PIERRE FRANTZ

Christophe Colomb
Népomucène Louis Lemercier

Christophe Colomb

par
Népomucène Louis Lemercier

Édition présentée, établie et annotée par
Vincenzo De Santis

Modern Humanities Research Association
2015

Published by

*The Modern Humanities Research Association,
Salisbury House, Station Road
Cambridge CB1 2LA*

© *The Modern Humanities Research Association, 2015*

Vincenzo De Santis has asserted his right under the Copyright, Designs and Patents Act 1988 to be identified as the author of this work. Parts of this work may be reproduced as permitted under legal provisions for fair dealing (or fair use) for the purposes of research, private study, criticism, or review, or when a relevant collective licensing agreement is in place. All other reproduction requires the written permission of the copyright holder who may be contacted at rights@mhra.org.uk.

First published 2015

ISBN 978-1-78188-191-0

Copies may be ordered from www.phoenix.mhra.org.uk

TABLE DES MATIÈRES

Introduction	1
Note sur la présente édition	50
Népomucène Louis Lemercier, *Christophe Colomb*	53
Notice biographique	118
Annexe I : Réception de *Christophe Colomb* (1809-1845)	122
Annexe II : Lemercier et 'l'école romantique'. Textes et documents	152
Bibliographie sélective	181

VIGNERON (Vosnon (Aube), 1789 ; Paris, 1872).
Christophe Colomb montrant ses fers à Ferdinand et Isabelle.
Huile sur toile. 161×129cm. Dépôt de l'État, 1820. Inv. D.820.1.4. © Libourne, musée des beaux-arts. Crédits photographiques : Jean-Christophe Garcia

INTRODUCTION

Lemercier est-il bien l'auteur d'*Agamemnon* ?
La *Prude* répond, non ; *Ophis*, non ; *Pinto*, non.[1]

Cette épigramme, attribuée à Lebrun Pindare, synthétise le jugement que la critique du tournant du XVIIIe et du début du XIXe siècle a formulé à l'égard de la production dramatique de Lemercier. À l'exception de quelques succès éphémères, paradoxalement, *Agamemnon* (1797), tragédie néoclassique — si l'on accepte ce terme — reste le seul véritable triomphe d'un auteur que l'on considère aujourd'hui comme le précurseur de l'école romantique. Au-delà d'un jugement de goût, Lebrun Pindare soulève le problème fondamental de l'originalité, sinon de la bizarrerie, caractérisant une production littéraire extrêmement hétérogène.

Auteur actif de la veille de la Révolution à la Monarchie de Juillet, Népomucène Louis Lemercier a pratiqué — avec des succès inégaux — tous les genres littéraires, de la poésie scientifique (*Atlantiade*, 1812) au récit érotique en vers (*Les Quatre Métamorphoses*, 1798), de la tragédie mythologique et historique (*Agamemnon*, 1797 ; *Charlemagne*, 1806) à la parodie (*Caïn, ou le Premier Meurtre*, 1829), de la comédie (*Pinto*, 1800) au roman (*Alminti, ou le Mariage sacrilège*, 1833-1834), du drame historique (*Jeanne Shore*, 1824) au commentaire érudit (il a été l'éditeur de Pascal, Marie-Joseph Chénier et Shakespeare), de l'épopée (*La Panhypocrisiade*, 1819) à la littérature médicale (*Réflexions sur le danger des applications de la conjecturale doctrine orthophrénique*, 1839). Mais c'est au théâtre que Lemercier consacre principalement ses efforts. Considéré comme l'un des pionniers du romantisme — comme le souligne Anne Ubersfeld, il aurait fait « à lui tout seul sa petite révolution théâtrale »[2] —, Lemercier est aussi « ce méchant petit homme » qui « se mettait de travers quand Lamartine ou Hugo voulaient » entrer à l'Académie et dont se souvient Dumas.[3] Romantique précoce et académicien « classique », Lemercier représente avant tout un exemple de l'ambiguïté qui caractérise l'ensemble de l'époque de transition entre Lumières et Romantisme.[4] *Christophe Colomb*, créé un an avant son élection à l'Académie,

---

1. *Acanthologie, ou dictionnaire épigrammatique* (Paris : chez les Marchands des Nouveautés, 1817), p. 172.
2. Anne Ubersfeld, *Le Drame romantique* (Paris : Belin, 1994), p. 92.
3. Alexandre Dumas, *Mes Mémoires* (Paris : Cadot, 1852), pp. 297-301.
4. Cette introduction reprend et approfondit les pages consacrées à *Christophe Colomb* dans mon étude *La Muse bâtarde de Lemercier entre Lumières et Romantisme* (à paraître chez les Classiques Garnier) à laquelle je me permets de renvoyer pour une réflexion d'ensemble sur l'œuvre de Lemercier, sur la théorie et la pratique de la « comédie historique » — genre qui préconise le drame romantique —, ainsi que sur les rapports complexes entre Lemercier et la nouvelle école.

constitue une étape fondamentale dans le développement de la théorie et de la pratique dramaturgique de Lemercier. Grâce à son caractère original, qui tranche avec le contexte de « stagnation » du théâtre comique sous l'Empire,[1] et plus encore aux tumultes que la pièce a engendrés, elle marque également un moment essentiel dans l'histoire du théâtre en France.

La bataille de *Christophe Colomb*

Après avoir obtenu sous le Directoire un véritable triomphe avec sa tragédie *Agamemnon*, ainsi qu'un grand succès de scandale sous le Consulat avec sa première « comédie historique » *Pinto, ou la Journée d'une conspiration*, Lemercier connaît, sous l'Empire, la phase la plus prolifique de sa production dramatique. Alors qu'il est en pleine période de création, son caractère dissident et sa désobéissance aux volontés de Napoléon lui interdisent l'accès au théâtre.[2] Proche de Bonaparte, dont il était même un ami intime, Lemercier, fermement républicain, ne peut pas accepter son volte-face : le sacre de Napoléon marque une rupture définitive entre le dramaturge et l'Empereur. Entre 1801 et 1815, Lemercier — qui avait renvoyé, en 1803, le brevet de la Légion d'Honneur — ne parvient donc à faire représenter que deux ouvrages comiques : *Plaute, ou la Comédie latine* (1808) et *Christophe Colomb* (1809). Ces deux pièces, qui suivent de presque dix ans la création de *Pinto*, constituent deux expériences dramaturgiques radicalement opposées, que Lemercier mène sur le nouveau genre de la « comédie historique ». Si *Plaute*, pièce régulière, est une tentative de normalisation du genre, *Christophe Colomb* représente en revanche un cas extrême de violation des normes du théâtre classique.

Conscient de la hardiesse de son ouvrage, Lemercier envoie à la veille du spectacle une lettre au *Moniteur* qui sera reprise dans la note introductive de la première édition de la pièce :

> L'auteur de la pièce nouvelle qu'on donnera demain à l'Odéon croit devoir prévenir le public qu'il ne l'a pas intitulée comédie *schakespirienne* pour affecter d'introduire un genre étranger sur la scène, mais seulement pour annoncer aux spectateurs que son ouvrage sort de la règle des trois unités : le sujet qu'il traite l'a contraint d'en omettre deux, celle du lieu et celle du temps ; il n'a conservé que celle de l'action.
>
> L'auteur se flatte qu'on excusera une licence qu'il lui était impossible de ne pas prendre dans le sujet qu'il a choisi, espérant intéresser par la représentation d'un personnage tel que Christophe Colomb, dont la découverte fut une si grande époque [*sic*] dans les annales du monde.[3]

---

1. Pierre Frantz, 'Le théâtre sous l'Empire : entre deux révolutions', dans Jean-Claude Bonnet (éd.), *L'Empire des Muses* (Paris : Belin, 2004), pp. 173-97.
2. Laurier-Gérard Rousseau, *Népomucène Lemercier et Napoléon Bonaparte* (Mayenne : impr. de Floch, 1958).
3. *Gazette nationale, ou le Moniteur universel*, 7 mars 1809.

Lemercier essaie ainsi de se dédouaner de l'accusation infamante de novateur et d'anglophile, et si l'on s'en tient à la réussite de la première, sa lettre se révèle tout à fait efficace. Annoncée en décembre 1808, la pièce fut représentée pour la première fois à l'Odéon — appelé à l'époque Théâtre de l'Impératrice et Reine — le 7 mars 1809.[1] D'après les témoignages des journaux, elle obtint un bon succès et la création se déroula sans qu'il y eût d'incidents notables. Les périodiques louent le costume de Mlle Delille (Isabelle de Castille), « aussi fidèle que galant », et qui « mériterait une mention honorable à l'article *Modes* », et la parure « fort brillante » des dames du public qui faisait pendant aux très beaux costumes des actrices.[2] La presse déplore aussi l'accent trop marqué de l'acteur Dugrand, qui jouait le rôle de Colomb. En dépit de son expressivité, ce dernier, tout comme la plupart des autres comédiens, aurait été incapable de bien prononcer les alexandrins :

> Le rôle de Colomb est joué par Dugrand, qui ne manque ni de force ni de chaleur, mais il serait à désirer que cet acteur respecte un peu plus l'harmonie des beaux vers et les règles de la prosodie. Sa diction toujours saccadée, les temps qu'il prend mal à propos, et la force de son accent méridional, ont cruellement nui à l'effet dramatique de son rôle, qui est à tous égards le meilleur de la pièce.
> […] Mlle Molière, qui est sans contredit une actrice très distinguée, ne joue pas avec tout son talent le rôle de la femme de Christophe Colomb ; on voudrait qu'elle y mît plus de caractère et de sensibilité. On voudrait surtout qu'elle dît mieux les vers.[3]

À la veille de la deuxième représentation (9 mars 1809), Lemercier a fait de petits retranchements pour assurer le succès de son ouvrage. La presse enregistre l'intérêt croissant du public et se prépare à saluer un triomphe. Et pourtant, la situation dans le Théâtre de l'Impératrice et Reine a complètement changé : « sifflée avant le lever du rideau, sifflée ensuite presqu'à chaque vers », la pièce est interrompue à la troisième scène. Le *Journal de Paris* signale la présence d'un parterre très agité, la représentation engendre une « rixe » qui finit « par devenir sérieuse et presque tragique ». La police entre dans la salle pour « rétablir l'ordre » mais, à cause du tumulte, elle se voit bientôt « contrainte de songer à sa propre défense ».[4] Si une légende tardive créée probablement par Stendhal veut que l'émeute ait également causé un mort[5] — la presse n'en dit rien —, il demeure

---

1. *Journal général de la littérature de France*, 1809.
2. Voir le *Journal de Paris*, 9 mars 1809.
3. Ibid.
4. *Journal de Paris*, 10 mars 1809.
5. Voir la note finale de *Racine et Shakspeare II*, où il affirme que « la première violation de l'unité de lieu fit tuer un homme au parterre ». Stendhal, *Qu'est-ce que le Romanticisme ? Dit M. Londonio*, Milan, 5-9 mars 1818, dans *Racine et Shakespeare (1818-1825) et autres textes de théorie romantique*, éd. par Michel Crouzet (Paris : Champion, 2006), p. 505.

cependant que lors de la deuxième représentation « le sang coulait dans le parterre de l'Odéon »[1] et le *Journal de l'Empire* (ancien *Journal des débats*) signale « les plus terribles combats ».[2] Une véritable cabale s'était montée contre cette pièce, que la critique conservatrice considérait comme une véritable menace, vu le lieu de représentation et l'indication générique de comédie affichée par Lemercier. La révolte ne fut pourtant pas menée directement par les « classiques », mais par des étudiants qui voyaient avant tout dans la pièce de Lemercier un attentat à la pureté de l'alexandrin, une violation des règles que leurs maîtres leur avaient apprises ; à la suite des rixes, des étudiants furent arrêtés et contraints de rentrer dans l'armée impériale.[3] Geoffroy, qui avait descendu l'ouvrage de Lemercier dès sa création, profite de ces tumultes pour mettre en doute l'honnêteté du succès à la première représentation. Tout en déplorant les rixes barbares au théâtre, que la France devrait laisser au « Thraces » et aux « Anglais », le critique essaie de détourner l'argument de la cabale :

> C'est en soi une bien triste chose, que cette incroyable facilité qu'il y a de rassembler au théâtre une si grande quantité d'ignorants et de sots pour applaudir des platitudes, soit qu'on les paie pour cela, soit qu'on les séduise par le zèle de l'amitié ou l'erreur du fanatisme. Il n'y a donc qu'à frapper du pied pour faire sortir de la terre de cette bonne ville de Paris des légions d'imbéciles prêts à s'extasier sur des fadaises, prêts à livrer bataille pour de mauvais vers […]. Il n'y aura point de paix au théâtre, tant qu'on n'y jouira pas de la liberté des suffrages, tant que des gens apostés pour applaudir des sottises refuseront au reste des spectateurs le droit de manifester leur mécontentement. Je ne sais s'il faut féliciter l'auteur de *Christophe Colomb* d'avoir un si grand nombre d'amis d'un goût faux et d'un discernement peu sûr : il est certain que le théâtre en était plein, et qu'ils applaudissaient à tort et à travers le jour de la première représentation.[4]

La presse périodique n'épargne pas non plus les comédiens. Jean-Baptiste Lesquoy dit Walville (Salvador), et Perroud père (Pharmacos), qui jouaient depuis longtemps des rôles comiques sur de grands théâtres, sont les seuls à recevoir des éloges véritables :[5]

---

1. Auguste Wahlen (éd.), *Nouveau Dictionnaire de la conversation* (Bruxelles : Librairie historique et artistique, 1843), t. 15, p. 502.
2. *Journal de l'Empire*, 13 mars 1809.
3. Jean-Marie Thomasseau, 'Le vers noble ou les chiens noirs de la prose ?', dans *Le Drame romantique. Rencontres nationales de dramaturgie du Havre* (Le Havre : éditions des Quatre-vents, 1999), p. 34.
4. *Journal de l'Empire*, 13 mars 1809.
5. Perroud père, actif dès 1792, débute à la Comédie-Française en 1807 et la même année à l'Odéon, où il joue souvent des rôles de valet et où il sert de remplaçant pour Picard. Jean-Baptiste Lesquoy dit Walville (Salvador), homme de confiance de Picard connu pour être le père putatif de Mlle Mars, était à l'Odéon depuis 1797. Pour les informations sur les comédiens, cf. Henri Lyonnet, *Dictionnaire des comédiens français* (Paris-Genève, 1902-1908), t. 1 et 2, passim.

Introduction

> On s'accorde à penser que la pièce pouvait être mieux jouée, et dès lors intéresser d'avantage ; cela peut être vrai pour le second acte qui, en général, est froid et tout à fait livré au genre délibératif que la richesse du style peut seule soutenir à la scène, et qu'elle ne soutient ici que par moments ; cependant le rôle de Colomb, rôle long, pénible qui exige beaucoup de moyen, une constante énergie et une vigueur soutenue, n'est pas mal joué par Dugrand. Il y déploie beaucoup de chaleur ; il intéresse au troisième acte. Perroud joue aussi plaisamment le rôle de médecin que Vaville celui de missionnaire : ce sont là les rôles les plus importants ; les autres ne sont qu'accessoires, et il nous paraîtrait assez injuste de faire retomber sur les acteurs une partie de la défaveur qu'a essuyée la pièce.[1]

Le reste de la distribution, qui comprenait beaucoup de comédiens jouant principalement dans les petits théâtres, contribuait probablement à donner à la pièce cet air de mélodrame qu'on lui reprocha par la suite. Dugrand, en activité depuis la saison 1791-1792 (Théâtre du Marais), jouait normalement des rôles de comédie et de mélodrame, dans lesquels il s'était illustré à la Porte Saint-Martin et en province, notamment à Rouen. Le rôle de Mendoze était joué par Auguste-Louis Chevalier-Perrin dit Thénard l'aîné ou par Marc-Antoine Thénard dit le jeune ; les deux s'exhibèrent surtout à l'Odéon et à la Comédie-Française, dans des emplois comiques et tragiques. Louis Minet de Rosambeau était Ferragon, un autre personnage principal. Connu pour son physique encombrant, ce nomade du théâtre jouait dans toutes les salles (à Paris comme en province) et dans tous les emplois, y compris à l'opéra (il est Bartholo dans une représentation du *Barbier* à l'Odéon en 1824). La réputation des autres comédiens était tout aussi liée aux scènes subalternes. Appelé par Picard à l'Odéon en 1806, Nicolas Saint-Aubin Cammaille (Quintanille), actif surtout à l'Ambigu Comique qu'il dirige jusqu'en 1800, avait écrit un mélodrame tiré du *Moine* de Lewis. Comédien à succès et très estimé par les professionnels du théâtre et par le public dans les genres dits mineurs, Ferdinand (Juan de Coloma) était surtout actif à la Gaîté entre 1807 et 1830. Roussel (ou Rousselle), qui portait les habits de Trina, était un autre jeune acteur des petites salles. Fusil (Pinçon) avait travaillé sur plusieurs scènes de second ordre à Paris et en province, surtout dans les rôles de valet ; il entre à l'Odéon en 1808 où il obtient fréquemment de très bons succès. Mlle Molière, la femme de Colomb dans la pièce, avait débuté comme soubrette aux Variétés en 1792. Gobelain (un courrier de la cour) était un vieux comédien des Délassements Comiques qui ne jouait à l'Odéon que des rôles accessoires. Jean-Baptiste Pierre Clozel (Santangel) faisait partie de la troupe du Théâtre de la Cité lorsque l'Odéon s'installa provisoirement dans cette salle après l'incendie.

La distribution de *Colomb* comprenait encore l'acteur Firmin (Diégo), qui avait débuté en 1806 au théâtre Louvois sous la direction de Picard, et qui jouait dans

---

1. *Gazette nationale, ou le Moniteur universel*, 16 mars 1809.

le drame et dans la comédie. Connu pour son tempérament bouillant et passionné et pour son physique assez faible, tout comme Mademoiselle Delille (Isabelle de Castille), il faisait partie de la troupe qui avais mis en scène les *Voyages de Scarmentade en cinq pays* quelques mois plus tôt. *Scarmentade* était un ouvrage de jeunesse, inédit et non représenté, par rapport auquel Lemercier avait pris ses distances.[1] Cette « espèce de monstre littéraire dans lequel on faisait le tour de l'Europe », réarrangé par Alexandre Duval et Dumaniant, avait été créé à l'Odéon le 20 septembre 1808, sans l'autorisation de Lemercier.[2] Le *Moniteur universel* rappelle de la sorte la chute de cette pièce hétérodoxe au moment de la création de *Colomb* :

> Mais au moins, le plan de l'auteur, une partie de ses idées et de ses moyens ont dès lors cessé d'être un mystère pour le plus grand nombre des amateurs : on a présumé que Christophe Colomb, au lieu de voyager comme Scarmentado d'une extrémité de l'ancien Monde à l'autre, voyagerait de cet ancien Monde vers le nouveau, et pourrait bien être surpris faisant une traversée de quelques mille lieues dans l'espace de trois actes.[3]

Cabale ou non, l'échec de la deuxième représentation de *Christophe Colomb* n'arrête pas la poursuite des spectacles. En dépit des tumultes, la pièce reste à l'affiche jusqu'au 28 avril par la volonté du gouvernement, pour un total de huit représentations si l'on ne tient pas compte de la deuxième, interrompue au premier acte. Par ailleurs, à partir de la troisième représentation, le parterre s'avère beaucoup plus calme :

> La seconde représentation de *Christophe Colomb* n'avait pas été en effet une représentation : quelques scènes interrompues par un tumulte violent et suivies de rixes affligeantes ne peuvent mériter ce nom : c'est donc réellement hier que cette seconde représentation a eu lieu. Sans le trouble qu'elle avait excité, la pièce eût peut-être amené peu de monde ; mais à la nouvelle de ce trouble, une très vive curiosité s'est emparée de tous les esprits, et une foule immense s'est portée sur le théâtre impatiente de voir l'ouvrage, précisément parce que trois ou quatre jours auparavant on avait réussi à l'empêcher d'être donné.

---

1. « Si quelque chose excusait mon imberbe conscience, c'est que de plusieurs pièces dramatiques, qu'à cette date je risquai sur la scène française, je n'en osai faire imprimer aucune, et les condamnai moi-même au feu après leur réussite éphémère », Lemercier, *Vues générales du plan et des fictions*, dans *Atlantiade, ou la Théogonie newtonienne* (Paris : Pichard, 1812), p. ix. Le drame devait être représenté en 1792, comme en témoigne la première distribution conservée à la bibliothèque-musée de la Comédie-Française. Bibliothèque-Musée de la Comédie-Française, dossier « Lemercier », sous-dossier distribution. Le texte de la pièce a été perdu.
2. Voir Paul Porel et Georges Monval, *L'Odéon : histoire administrative, anecdotique et littéraire du Second théâtre français* (Paris : Lemerre, 1882), t. 1, pp. 236-37.
3. *Gazette nationale, ou le Moniteur universel*, 7 mars 1809.

> Cette représentation a été très paisible, et remarquable par la parfaite liberté qui a régné dans la manière de donner les suffrages : la pièce a été souvent et vivement applaudie, souvent et vivement sifflée ; et ici s'est trouvé naturellement résolu un problème qui paraissait assez difficile, c'est-à-dire le maintien de la liberté des suffrages et de la tranquillité, l'indépendance des opinions et la sécurité des spectateurs.[1]

Le fracas du 9 mars attire également un public de curieux qui n'a sans doute pas oublié les prouesses de *Pinto, ou la Journée d'une conspiration*. La première « comédie historique » de Lemercier avait suscité en 1800 un véritable scandale : cette pièce d'un genre nouveau où l'auteur se proposait de traiter un événement historique — qui est l'apanage du drame ou de la tragédie — selon le registre de la comédie régulière avait été considérée comme un ouvrage inclassable par la critique dramatique au moment de sa création.[2] *Plaute* représentait, de ce point de vue, une tentative de conciliation de ce genre nouveau, « prodrome avéré du drame romantique »,[3] et de la forme régulière de la haute comédie. Par la mise en scène du voyage, *Christophe Colomb* reprenait en revanche l'idée du fameux *Scarmentade* que Lemercier avait fait mine de récuser. Or, cette idée d'une pièce sur un voyage ne cesse de hanter Lemercier et si *Plaute* constitue une tentative de régularisation de la « comédie historique » fondée sur l'imitation de deux piliers de la tradition occidentale — Plaute et, de manière indirecte, Molière — *Christophe Colomb* représente une expérience tout à fait opposée, dans la mesure où Lemercier y fait définitivement éclater le cadre du théâtre classique en brisant sans hésitation les unités dramatiques. Le personnage éponyme se relie de surcroît à un ensemble de textes publiés au cours du siècle des Lumières où la figure du Génois est évoquée en tant que symbole d'une révolution littéraire qui se baserait sur la découverte de nouveaux horizons poétiques. De plus, si dans *Plaute* et même dans *Pinto*, l'auteur faisait appel à l'autorité de Molière, dans la *Note* accompagnant la première édition de la pièce, Lemercier définit son *Christophe Colomb* comme une « comédie shakespearienne ». Si l'on pense à l'image du visionnaire et du génie barbare si chère aux « dramaturges » du tournant des Lumières, et notamment à Louis-Sébastien Mercier, mais surtout au Shakespeare « mythe » fondateur du théâtre romantique,[4] on comprend toute l'importance d'une telle revendication de la part de l'auteur d'une pièce inclassable telle que *Pinto*. Le rôle et la signification de Colomb dans cette comédie peuvent être compris par rapport aux différentes valeurs symboliques attachées au voyage de

---
1. Ibid.
2. Sur *Pinto* et sa réception, voir aussi Lemercier, *Pinto, ou la Journée d'une conspiration*, édition critique par Norma Perry (Exeter : University of Exeter, 1976).
3. Jacques Truchet (éd.), *Théâtre du XVIIIe siècle* (Paris : Gallimard, 'Bibliothèque de la Pléiade', 1972), t. 1, p. lviii.
4. Voir Mara Fazio, *Il mito di Shakespeare e il teatro romantico. Dallo Sturm und Drang a Victor Hugo* (Rome : Bulzoni, 1992).

l'explorateur dans l'œuvre de Lemercier — où le personnage du navigateur est évoqué à plusieurs reprises — et dans la littérature du tournant du siècle, ainsi que par rapport à l'histoire de la réception de Shakespeare en France, dont la traduction de Le Tourneur représente une étape fondamentale.

Christophe Colomb et l'*Atlantiade* : mythe épique et rêve de puissance

En 1927, Paul Claudel rédige le premier jet d'un ouvrage mêlant musique et théâtre où il entend dépeindre « la vie de cet homme [...] telle que cela c'est passé non pas seulement dans le temps, mais aussi dans l'éternité » : son *Livre de Christophe Colomb* est créé à Berlin le 30 juin 1930.[1] Dans cet ouvrage complexe, qui mêle le protocole du drame à celui de l'opéra, Claudel se plaît à expérimenter des tonalités différentes et à alterner plusieurs registres.[2] Dans son étude consacrée à Christophe Colomb comme personnage de théâtre, Michel Autrand identifie dans le *Christophe Colomb* de Lemercier « un appel de l'être vers l'inconnu dont les manifestations sont d'un grand effet scénique » et définit son essai théâtral sur la vie du navigateur comme « le plus solide » et « le plus plaisant » avant le chef-d'œuvre de Claudel.[3] Entre Lemercier et Claudel — si l'on met de côté le mélodrame de Pixérécourt[4] et l'opéra niçois de Felicita Casella (1865) — il n'y eut pas de pièce portant à la scène le personnage de Colomb.[5] En dépit du succès d'*Alzire, ou les Américains* de Voltaire (1736) qui avait porté l'attention des auteurs dramatiques sur le Nouveau Continent et d'un essai dramatique de jeunesse de Rousseau jamais représenté,[6] le sujet complexe de la découverte de l'Amérique demeurait quasiment inexploité. En effet, ce sujet ne pouvait entrer

---

1. Paul Claudel, *Le Livre de Christophe Colomb*, dans *Théâtre* (Paris : Gallimard, 'Bibliothèque de la Pléiade', 1986), t. II, p. 1132.
2. Antoinette Weber-Caflisch, 'À quoi tient *Le Livre de Christophe Colomb* de Claudel', dans Jacques Houriez (éd.), *Christophe Colomb et la découverte de l'Amérique, mythe et histoire*, actes du colloque international organisé à l'université de Franche-Comté les 21, 22 et 23 mai 1992 (Paris : Les Belles Lettres, 1994), pp. 201-40.
3. Michel Autrand, 'Christophe Colomb et la scène française avant et après Claudel', dans Jacques Houriez (éd.), *Christophe Colomb et la découverte de l'Amérique*, pp. 163-81.
4. Pour une analyse du mélodrame de Pixérécourt par rapport à l'ouvrage de Lemercier, voir Stéphane Arthur, 'Les représentations théâtrales de Christophe Colomb au début du XIXe siècle', dans Sylvie Requemora-Gros, Loïc P. Guyon (éds), *Voyage et théâtre* (Paris : PUPS, 2011), pp. 149-66.
5. Le phénomène de cette absence n'est pas que français : ce n'est qu'après Claudel que la dramaturgie commence vraiment à s'intéresser au sujet du navigateur. Voir Guillermo Schmidhuber, 'Christophe Colombus, stage calls ! The discoverer as a theatrical character', dans David Bevan (éd.), *Modern Myths* (Amsterdam : Rodopi, 1993), pp. 109-17.
6. Même si l'auteur la définit comme une tragédie, par son style varié et sa structure elle ferait plutôt penser à un livret d'opéra. Sur la pièce de Rousseau, voir Henri Bédarida, 'Colomb héros de quelques drames français (de Rousseau à Claudel)', dans *Studi Colombiani*, I (1951), p. 176. Le texte de la pièce ouvre le volume *Supplément aux œuvres de J.-J. Rousseau* (Amsterdam-Lausanne : Grasset, 1779).

que malaisément dans le cadre des unités classiques. Ni la *comedia* de 1604 due aux soins de Lope de Vega ni la pièce historique bien plus récente de Thomas Morton ne connaissent à l'époque d'adaptations scéniques en France.[1]

Négligés par le théâtre, au XVIIIe siècle Christophe Colomb et le Nouveau Continent obtiennent un certain succès dans le genre épique dont *La Colombiade, ou la Foi portée au nouveau monde* (1756) de Madame du Boccage, et *Christophe Colomb, ou l'Amérique découverte* (1773) de Bourgeois, figurent parmi les exemples les plus connus.[2] L'*Amérique*, poème posthume et inachevé d'André Chénier, est un autre exemple de ce phénomène.[3] Dans la *Colombiade*, qui continue sur la voie inaugurée par Boesnier de L'Orme avec *Le Mexique conquis*,[4] la découverte du Nouveau Monde est présentée dans une perspective édifiante, le « nouvel Ulysse » devenant, par une curieuse analogie entre l'histoire et l'étymologie, le véritable annonciateur du Christ dans un continent sauvage. *Les Incas* de Marmontel marquent en revanche l'abandon de cette perspective chrétienne et européocentrique caractérisant les ouvrages de Mme du Boccage et de Boesnier. La laïcisation du thème s'accomplit avec *Le Nouveau Monde* de Lesuire,[5] qui constitue déjà un véritable « réquisitoire contre le fanatisme ».[6] À travers les différents avatars du personnage, il est possible d'entrevoir une évolution dont les étapes correspondent à différentes manières d'envisager le rapport colonisateur/colonisé mais qui tend également à investir le voyage du navigateur d'une valeur symbolique.

Le succès de la figure de Christophe Colomb dans le genre épique est lié à l'absence d'encadrement biographique précis de l'explorateur génois qui devient ainsi un personnage fictionnel, voire mythique, bien plus qu'historique.[7] Comme pour l'Ulysse de Dante, son voyage tend à transcender l'idée du simple

1. Voir Lope de Vega, *El Nuevo mundo descubierto por Cristóbal Colón, comedia* [1604], édition critique, commentée et annotée par Jean Lemartinel et Charles Minguet (Lille : Presses universitaires de Lille, 1980) ; Thomas Morton, *Columbus, or a World discovered, an historical play* (Londres, Miller, 1792) (création : Covent Garden, premier décembre 1792), exemplaire consulté BNF 8-RE-9470. Morton commence habilement sa pièce lorsque Colomb est déjà arrivé sur la côte américaine.
2. Respectivement (Paris : Desaint et Saillant, 1756) ; (Paris : Moutard, 1773).
3. (Paris : Librairie constitutionnelle de Baudouin frères/Foulon et compagnie, 1819).
4. (Paris : Desaint et Saillant, 1752).
5. (Paris : Quillau l'aîné, V. Duchesne, V. Tilliard, 1781).
6. La présence de Christophe Colomb dans le genre épique français a été étudiée par Michel Delon, 'Ce nouvel Ulysse méritait sans doute un autre Homère', *Europe*, 756 (avril 1992), pp. 76-84. L'ensemble de textes répertoriés par Michel Delon — auquel je suis redevable pour la première partie de cette esquisse — montre à la fois la présence constante du mythe de Colomb au sein des lettres françaises du XVIIIe siècle et les diverses significations que son mythe a acquises chez les différents auteurs.
7. En dépit de cette plasticité, comme l'a souligné François Jacob, la présence de Colomb dans le genre épique s'avère, à plusieurs égards, problématique : « Le personnage de Christophe Colomb […] se trouve à la fois *désincarné* et *dépassé*, et ne peut plus que difficilement répondre aux exigences qui sont celles d'un poème épique », François Jacob, 'Amérique épique : le cas de Christophe Colomb', dans Pierre Frantz (éd.), *L'Épique : fins et confins* (Paris : PUFC, 2000), pp. 207-24.

déplacement géographique. Madame du Boccage n'est d'ailleurs pas la seule à définir Colomb comme le « nouvel Ulysse » : dans ses *Fastes* (1779), Lemierre reprend la même expression en lui attribuant un sens quelque peu différent.[1] Dans cette « Odyssée de l'intelligence » que constituent les *Fastes*, le voyage de Colomb devient le symbole de la recherche du nouveau dans le domaine de la connaissance humaine.[2] Tout comme le fera Lemercier, Lemierre associe la figure du navigateur à celle du philosophe Newton : « Diane cependant sept fois avait décrit/ Cet orbe que Newton dans les cieux lui prescrit/ Lorsque, nouvel Ulysse, en péril extrême,/ Colomb se vit jeter par ses compagnons mêmes ».[3] La dimension historique du voyage de Colomb commence à disparaître avec *Colomb dans les fers à Ferdinand et Isabelle* de Langeac,[4] où l'auteur se sert de Colomb pour aborder la « thématique du génie persécuté », du « grand homme solitaire et sûr de sa mission historique malgré la détresse »,[5] et c'est justement dans cette double lignée que se situent les deux Colomb de Lemercier. Avant de composer sa comédie shakespearienne, Lemercier se relie en fait à la tradition épique en insérant la figure du navigateur dans le cadre d'une plus vaste allégorie sur l'histoire de l'homme et du cosmos héritant à la fois du Colomb-Ulysse de Lemierre et de la vocation descriptive de Mme du Boccage.

La première rencontre entre le navigateur et le dramaturge se réalise effectivement dans un texte mêlant le code épique aux thèmes de la poésie scientifique que Lemercier définit comme un poème narratif. Publiée pour la première fois en 1812, l'*Atlantiade, ou la Théogonie newtonienne* est le résultat d'une longue gestation qui commence bien avant la date de sa publication.[6] D'après ce qu'affirme Lemercier dans les *Vues Générales*, l'idée lui serait venue en 1783, en assistant à l'ascension de l'aérostat de Charles que l'auteur perçut comme un véritable spectacle dramatique.[7] Ce vaste poème constituerait la section consacrée à la « physique universelle » d'« un ouvrage divisé en quatre

---

1. Voir Lemierre, *Les Fastes*, IX, dans *Œuvres* (Paris : Maugeret, 1810), vol. III, p. 92.
2. Voir Édouard Guitton, *Jacques Delille (1738-1813) et le poème de la nature en France de 1750 à 1820* (Paris : Klincksieck, 1974), p. 557.
3. Lemierre, *Les Fastes*, p. 92.
4. (Londres-Paris : A. Jombert jeune, 1782).
5. Michel Delon, 'Ce nouvel Ulysse méritait sans doute un autre Homère', pp. 79-81. Le même sujet est exploité par la pièce espagnole *Cristoval Colón* (Barcelone : Viuda Piferrer, s.d.) légèrement plus ancienne, et par la toile de Pierre-Roch Vigneron *Christophe Colomb montrant ses fers à Ferdinand et Isabelle*, de la même époque que la pièce de Lemercier (Libourne, musée des Beaux-Arts et d'Archéologie).
6. Des fragments de l'œuvre avaient été publiés en 1808 : *Essais poétiques sur la théorie newtonienne tirés de l'Atlantiade, poème inédit* (Paris : Collin, 1808), un autre paraît dans l'édition de *Christophe Colomb*, voir *infra*.
7. « À peine commençai-je à réfléchir, que je comparai les succès publics du physicien [Charles] avec les succès des auteurs dramatiques », Lemercier, *Atlantiade, ou la Théogonie newtonienne*, p. lxxxi. L'*Atlantiade* est présentée comme le fruit d'une « pensée unique », d'un premier projet conçu à la veille de la Révolution (p. ix) et qu'il aurait abandonné et recommencé à plusieurs reprises mais qui a toujours été présent à son esprit.

parties comprenant les hautes généralités des sciences, de la législation, de la poésie, et de la guerre », complété par trois autres poèmes.[1]

Les Éléments de la philosophie de Newton (1738) de Voltaire — que Lemercier relit à la lumière des Trois règnes des la nature de Delille (1808) dont il emprunte la démarche allégorique[2] — constituent la source principale d'information de ce poème qui se veut un hommage à Newton. Soucieux du progrès des sciences, Lemercier profite également des connaissances des spécialistes contemporains.[3] En suivant la tradition de l'épique classique, il divise son ouvrage en six chants censés décrire l'ensemble du cosmos, de l'inanimé aux animaux, du simple à l'organique :

I. Gravitation universelle et effets de l'inclination des pôles ;
II. Théorie des marées et du système planétaire ;
III. Théorie de la lumière et thermodynamique ; « affinités chimiques » ; électricité et « détonations artificielles » ;
IV. Acoustique, révolution du globe, minéralogie, zoologie et botanique ;
V. « [A]ffections morales et physiques de l'âme et du corps, les éclipses des astres traitées par incidence, et les dissolutions de la matière organisée » ;
VI. L'Homme, les êtres animés, les volcans.

La démarche poétique de Lemercier consiste à « diviniser les principes fondamentaux que Newton a posés » : Lemercier propose un panthéon nouveau et complètement laïc où les divinités ne représentent que des personnifications d'autant de « forces abstraites ». Dieu — puissance primaire par excellence — est considéré comme une « cause inconnue et primitive », une « puissance ordonnatrice du monde » : en bon voltairien, Lemercier ne s'intéresse pas tellement à la définition de la nature et des attributs de la divinité, il se limite à poser comme nécessaire l'existence d'un être suprême dont le rôle demeure pourtant assez obscur.[4]

---

1. Homère et Alexandre ainsi que quelques fragments de Moïse avaient déjà paru en 1800 chez Renouard.
2. Delille, Les Trois Règnes de la nature [1808], VI, dans Œuvres Complètes (Bruxelles : Maubach, 1819), t. 4.
3. Pendant la rédaction, Lemercier s'est adressé, entre autres, au chimiste Thénard et au médecin Dupuytren, élève de Pinel. Sur sa collaboration avec les hommes de sciences de son siècle, voir Casimir-Alexandre Fusil, La Poésie scientifique de 1750 à nos jours : son élaboration, sa constitution (Paris : Scientifica, 1917), pp. 84-90. Lemercier fait lui-même quelques expériences de chimie, comme en témoignent les notes conservées dans la bibliothèque de Bayeux (ms 247).
4. Dans sa Notice sur Pascal, Lemercier renie justement la possibilité de prouver l'existence de Dieu à travers le raisonnement et la logique. Il affirme partager le jugement de Voltaire sur l'auteur des Provinciales : sans pouvoir être en accord avec la philosophie de Pascal, il invite la postérité à ne pas examiner « le corps de ses discours, mais la forme qui le revêt » (voir Lemercier, Notice sur Blaise Pascal, s.l., s.d.), pp. 16 et 21 ; extrait de la 2e livraison de la bibliothèque économique, Bibliothèque-Musée de la Comédie-Française, dossier « Lemercier ».

Dans ce cosmos fictionnel qui n'accorde qu'un rôle marginal à l'homme, Christophe Colomb est le seul personnage historique évoqué de manière explicite : il est le protagoniste d'un long discours de la Méditerranée au dieu son père, où la personnification de la mer évoque la figure du navigateur par le biais d'une périphrase d'abord et par son nom ensuite :

> Les hommes, quelque jour, libres d'ouvrir les mers,
> Cesseront d'ignorer quel est leur univers. […]
> Magnényme, te dis-je, en forçant ta barrière,
> Prêtera la boussole à l'Europe guerrière, […]
> Un seul docte Génois, conquérant plus grand qu'eux,
> Sûr investigateur de plages certaines,
> Colomb l'accomplira chez les races lointaines.[1]

En déhors de Colomb, les hommes sont présentés comme des êtres complexes dont la nature belliqueuse est la cause principale de leur propre décadence. L'histoire serait ainsi marquée par des contrastes entre différentes nations se servant de la religion[2] comme instrument de contrôle sur le peuple. L'auteur met en scène l'invasion de l'île d'Atlantide (nommée d'abord Eugée, bonne terre), qu'habite par le peuple vertueux des Symphytes par Atlas, souverain d'un peuple corrompu par la religion. Pour mettre fin au conflit, le chef des Symphytes s'immole pour ramener la paix et autorise la domination d'Atlas. D'après Lemercier, cette guerre « n'est que l'allégorie du combat des sciences et des erreurs fabuleuses »,[3] mais il est facile d'y voir, avec Édouard Guitton, une allusion aux bouleversements qu'a subis la France entre la prise de la Bastille et le couronnement impérial.[4]

L'insertion d'éléments diégétiques au sein d'un poème essentiellement didactique à la manière des *Travaux et les jours* altère la nature descriptive de l'ouvrage qui se fait ainsi proprement narrative.[5] Le lien avec la tradition épique, évoqué par la structure, est confirmé par Lemercier qui n'hésite pas à définir son *Atlantiade* comme une « épopée » ayant lieu dans le *theatrum mundi*,[6] topos qu'il

---

1. Lemercier, *Atlantiade*, p. 249. Cf. pp. 114–17 de la présente édition.
2. Dans ses inédits, Lemercier présente souvent la religion sous la forme d'une superstition aveuglante : dans un poème en alexandrins non titré, il définit notamment la « Foi » comme une « statue aveugle » regardant le ciel « les yeux levés, sans prunelle et sans vue » (Bibliothèque de Bayeux, ms 247).
3. Le rapport entre science et religion se clarifie dans un ensemble de manuscrits conservés à la Bibliothèque de Bayeux (ms 247) : « moi qui ne me fais point un honneur de mépriser la Philosophie, je crois que la sagesse fondée sur les sciences ne rend pas Athée et que les Religions que l'homme a faites et prêchées ont violé dans son ame la haute idée de Dieu ».
4. Édouard Guitton, *Jacques Delille (1738–1813) et le poème de la nature en France*, p. 557.
5. Pour Lemercier, un poème épique proprement dit doit à la fois « raconter et décrire et dialoguer tour-à-tour », les ouvrages entièrement descriptifs ou narratifs n'étant qu'une « mutilation impuissante du genre entier », *Cours analytique de littérature*, t. 3, p. 175.
6. « Le ciel, le monde deviennent le théâtre de l'épopée, et les principes moteurs en sont les dieux », Lemercier, *Atlantiade*, p. xxxiv.

développe dans une comparaison entre théâtre et genre épique. Dans son *Plan*, il assigne effectivement au théâtre et à la poésie une même fonction didactique mais il distingue entre poésie narrative — à vocation vulgarisatrice — et poésie dramatique, censée véhiculer, grâce à l'exemple, des enseignements de type moral.[1] Dans son ensemble, l'ouvrage ne possède pas seulement une vocation didactique : il s'agit d'une réflexion sur les possibilités d'hybridation entre l'*épos* et le genre scientifique constituant une recherche profonde sur le langage poétique et ses fonctions.[2] Le *Plan* constitue pourtant une mise à distance des poèmes mystiques et épiques de la tradition ancienne et moderne : les imitateurs d'Homère, et Virgile, Dante, Tasse et Milton n'offriraient pas un langage en mesure d'expliquer les mystères du fonctionnement de la Terre que seules la philosophie et la physique de Newton auraient su saisir. C'est donc de Newton même qu'il faut tirer la langue adaptée à la démarche descriptive,[3] mais la distinction entre sciences pures et poésie scientifique empêcherait le poète d'avoir recours à un lexique de spécialiste. « Docile aux leçons d'Horace [...] qui conseille aux auteurs d'en extraire [de la langue attique] les expressions qu'ils ont besoin de créer », Lemercier récuse le langage technique pur et dur en proposant une nouvelle nomenclature pour des concepts tels que la gravitation universelle, la force tangentielle et le magnétisme :

> Je me sers des formes allégoriques pour décrire les principes des choses, ainsi que l'astronomie emploie les axes, les zônes, les méridiens, [...] pour tracer aux yeux de ses disciples une image fixe des révolutions des cieux. Quelle que soit l'exactitude des sciences, il faut toujours qu'elles substituent les signes aux choses ; ces signes-là sont fictifs.[4]

La démarche allégorique est à la fois le principe ordonnateur de son poème et la source de ce nouveau langage dont le but serait de créer une mythologie capable d'expliquer par une figuration narrative les découvertes de la physique moderne. Le texte s'ouvre sur une invocation à la Lumière et à la Chaleur et la vocation allégorique de l'œuvre est explicite dès le début : « Au-dessus des humains existent des génies/ Non encore célébrés dans les théogonies,/ Êtres qui sous l'aspect d'allégoriques traits,/ Offrent de l'univers les principes secrets ».[5] Une liste de

---

1. Ibid., p. ix. L'opposition entre poésie dramatique et poésie épique représente également le principe organisateur du *Cours* de Lemercier. Tout en prenant ses racines dans une réflexion antique (elle commence déjà avec la *Poétique* d'Aristote), elle avait été relancée en 1797 par Goethe et Schiller avec leur ouvrage *Über epische une dramatische Dichtung* (*De la poésie épique et dramatique*).
2. Sur cet aspect de l'épique lemercien, voir Édouard Guitton, *Jacques Delille (1738-1813) et le poème de la nature en France*, pp. 554-59. D'après Guitton, l'*Atlantiade*, en dépit de ses défauts majeurs, constituerait le dernier véritable « De natura rerum » du siècle.
3. « Où seront donc mes cieux, mes profondeurs ? dans le système de Newton, et les forces virtuelles du monde en seront les divinités », ibid., p. xxxix.
4. Ibid., p. lxv.
5. Dans son *Cours*, Lemercier confie justement au « prodige allégorique » le rôle de « revêtir le vrai d'une forme évidente et positive » (t. 3, p. 187).

personnages — « ainsi qu'on place en tête d'un drame théâtral les noms des acteurs qui doivent y figurer » — est antéposée à l'action et chacun des phénomènes physiques est expliqué par le biais d'une allégorie fabuleuse.

L'allégorie est également le principe ordonnateur de l'action. Le texte se construit sur un double plan qui voit d'un côté les actions des hommes et de l'autre celles des divinités qui en constituent le pendant. Pour les événements les plus importants, Lemercier se sert du récit itératif : par une espèce de reprise allégorique, le même événement est raconté deux fois, selon les deux points de vue envisageables. Ainsi, le récit de la mort du chef des Symphytes est suivi de celui de la lutte entre Bione et Psycholie, dans une périphrase de six vers de longueur où l'auteur décrit le passage de la vie à la mort :

> Dans son sang qui fumait en ruisseaux épanché
> S'écoulait sa grande âme ; et Bione, assaillie,
> Par la victorieuse et fière Psycholie,
> Avec effort contre elle encor se débattant,
> Et rattachant la vie à son corps palpitant,
> Lui retire à regret la flamme qui l'anime,
> Et quitte en gémissant l'expirante victime.[1]

Ici, le signe diacritique « ; » indique, dans une sorte de métabase, un changement du niveau de la narration, d'un plan allégorique 1 (lutte de la science contre la superstition) à un plan allégorique 2 (allégorie mythologique du fonctionnement de la vie et du cosmos). Conscient de la complexité de son ouvrage, Lemercier ajoute des notes explicatives destinées à ceux qui ne sont pas initiés aux sciences.[2]

Le rapprochement entre l'*Atlantiade* et la comédie historique de *Christophe Colomb* ne se fonde pas que sur la présence du personnage du navigateur génois. Dans ces deux cas, l'allégorie devient un véritable régime de signification qui donne un sens nouveau aux récits mythiques du poème et au voyage de la comédie. De plus, les deux ouvrages sont liés par un rapport génétique qui témoigne de la presque contemporanéité de leur conception, dans la mesure où les vers consacrés à Colomb dans la version finale de l'*Atlantiade* sont le fruit de l'élaboration d'un hypotexte que Lemercier publie à la fin de l'édition de sa comédie historique.[3] En synthétisant le long *Fragment* publié en 1809, Lemercier se sert de Colomb pour essayer d'éclaircir le rôle de l'action humaine par rapport aux « lois immuables » de l'univers : le bon exercice de la raison, l'étude et l'observation de la nature constitueraient les seuls moyens d'exercer une marge

---

1. Lemercier, *Atlantiade*, V, pp. 210-11.
2. Par exemple, vers la fin du VI chant, Électrone avance dans la mer dont les vagues la retiennent. Nous lisons dans la note de Lemercier que « les corps résineux, vitreux, ne sont pas conducteurs du fluide électrique : l'eau en est conductrice, mais bien moins bonne que les métaux ». Quelques vers plus bas, la déesse est effectivement bloquée par des parois de verre, ibid., p. 271.
3. Voir pp. 114-17 de la présente édition.

de volonté au sein du plan général du cosmos que Lemercier pose comme un système dominé par la physique et non par une volonté particulière. La figure de Colomb prend aussi une valeur métapoétique dans la comédie historique de Lemercier où la célébration de Newton est remplacée par une réflexion sur les confins du monde dramatique que l'emploi d'un adjectif tel que « shakespearien » semble nécessairement impliquer au début de l'époque romantique.

« Shakespearien » et « romantique » : tradition et néologie

Au tournant du XVIIIe siècle, le *Shakespeare traduit de l'anglois* — fruit de la collaboration de plusieurs auteurs tels que Pierre Letourneur et Louis-Sébastien Mercier — propose, pour la première fois en France, la traduction intégrale du théâtre de Shakespeare,[1] après les morceaux traduits par Voltaire[2] et le recueil du *Théâtre Anglois* de La Place (1745-1748).[3] Les traducteurs se proposaient d'offrir un texte fidèle à sa source, de « plier » la langue française « à l'expression vraie de l'original ». Le projet, qui fut un succès de souscriptions, était sans aucun doute hardi : dans le pays de Racine et Molière « on posséderait un Shakespeare comme on avait autrefois un Homère, un Virgile, un Corneille ».[4] Tout aussi importante que l'ouvrage même, la *Préface* de cette traduction représentait l'un des premiers documents en langue française analysant de manière précise et détaillée le théâtre de Shakespeare en lui réservant un traitement comparable à celui des grands classiques. Shakespeare est en fait présenté par les auteurs de la *Préface* comme un génie atemporel, un « protée de l'art dramatique » qui a su exceller dans tous les genres connus et qui les aurait même « créés ».[5]

La *Préface* ou, pour mieux dire, le *Discours des différentes préfaces* contient très peu de matériel original : il s'agit d'un amalgame des préfaces de nombreuses

---

1. *Shakespeare traduit de l'anglois* (Paris : Impr. de Clousier, 1776-1782).
2. Le rapport qu'entretient Voltaire avec Shakespeare est extrêmement trouble et complexe. On passe de l'admiration des premières années au mépris exacerbé caractérisant la fin de la carrière dramatique du patriarche. Pour un aperçu général sur l'attitude changeante et incertaine de Voltaire par rapport à l'auteur d'Hamlet, voir l'introduction et l'ensemble des textes réunis par Theodore Bestermann, *Voltaire on Shakespeare* (Oxford : Voltaire Foundation, SVEC, 54, 1967). Sur l'idée d'un « horizon d'attente » de la traduction lié au goût français, voir André Billaz, 'Voltaire traducteur de Shakespeare et de la Bible : philosophie implicite d'une pratique traductrice', *Revue d'histoire littéraire de la France*, 3, 97 (1997), pp. 372-80.
3. La Place se contentait de proposer un choix de textes dramatiques anglais contenant de longs passages tirés de Shakespeare ainsi que sa *Vie*. Moins fidèle que celle de Letourneur, sa traduction comporte une domestication stylistique et dramaturgique tendant à dénaturer l'original anglais.
4. Jacques Gury, *Introduction*, dans Pierre Letourneur, *Préface du Shakespeare traduit de l'anglois*, éd. crit. par J. Gury (Genève : Droz, 1990), p. 29. Toutes les citations seront tirées de ladite édition.
5. Pierre Letourneur, *Préface*, p. xcvi ; xiv. En cela, Shakespeare est comme Homère, son génie « ressemble à l'Océan », p. cxxvi.

éditions anglaises du théâtre de Shakespeare et de tout un ensemble d'autres textes critiques mêlés pour créer finalement un discours unique et cohérent (il s'agit essentiellement de la préface de l'édition Samuel Johnson dans laquelle s'insèrent des passages tirés de Rowe, Pope, Hammer et quelques nouveaux morceaux).[1] La *Préface*, dans son ensemble, est une plaidoirie en faveur de l'œuvre de Shakespeare : ses auteurs effacent toute remarque négative ou commentaire sur les défauts de la dramaturgie shakespearienne contenus dans les éditions anglaises consultées. En dépit des mérites indéniables de l'ouvrage de Letourneur — qui montre par ailleurs une attitude traductologique très moderne pour l'époque —, il est important de réfléchir sur la portée volontairement polémique de ce texte et surtout sur l'usage instrumental que l'on y fait de la figure du dramaturge anglais : la *Préface* apparaît à plusieurs égards comme une réponse implicite au *Précis historique sur M. de Voltaire* où La Harpe louait encore une fois la supériorité de l'auteur de *Zaïre* en le confrontant à celui d'*Othello*.[2] Dans un argumentaire où l'on perçoit parfois l'esprit du *Du Théâtre* de Louis-Sébastien Mercier, Shakespeare devient ainsi un nouveau étendard des dramaturges contre le parti conservateur :

> La République des lettres [est] asservie à des tyrans. Il n'y a plus de liberté, et le génie ne peut se racheter de son esclavage, même par des chefs-d'œuvre. [...] Tout est enchaîné [et] cette servitude se perpétue d'âge en âge, jusqu'à ce que quelque déluge de barbares, quelques étonnantes révolutions [...] viennent tout à coup changer la scène du monde, anéantir les grands modèles et leurs tristes imitateurs.[3]

Ces modèles tant révérés ne seraient qu'une entrave au génie et corrompraient « l'originalité de la nature ».[4] La polémique contre La Harpe se fait de plus en plus explicite : en prônant le mélange des genres, les auteurs de la *Préface* affirment que Shakespeare ne faisait que prendre « ses personnages dans l'espèce humaine » et les « transport[er] vivants sur le théâtre ».[5] Cette affirmation contredit justement le système de La Harpe, d'après lequel le dispositif mimétique ne doit pas peindre des individus, mais « l'homme » en général.[6] La réponse de La Harpe

---

1. Dans son édition critique, Jacques Gury reconstruit dans le détail la genèse du texte et signale avec précision tous les hypotextes consultés par Letourneur et ses collaborateurs. Voir, à ce sujet, l'appareil de ladite édition.
2. Le pamphlet, composé pour être inclus dans une *Galérie Universelle des hommes de lettres*, fut imprimé en 1773 à Paris (s.l., s.d.).
3. *Préface*, pp. lxxix–lxxx. Par ailleurs, l'*Homo sum* terencien — véritable devise du siècle des Lumières — trouve sa juste place en exergue du premier volume. Voir Michel Delon, 'Homo sum, nihil a me alienum puto. Sur le vers de Térence comme devise des Lumières', dans Henri Plard (éd.), *Morale et vertu au siècle des Lumières* (Bruxelles : Éditions de l'Université de Bruxelles, 1986), pp. 17–31.
4. Ibid., p. xxv.
5. Ibid., p. lxxxv.
6. « [U]ne peinture où je verrai des caractères, des situations, de l'âme, aura toujours de quoi m'attacher, quand même je n'aurais pas connu un seul des personnages », La Harpe, *Lycée, ou Cours de littérature ancienne et moderne* (Paris : Pourrat Frères, 1838), t. 2, p. 8.

ne tarde d'ailleurs pas. Dans son examen *De Shakespear* [sic], il démonte systématiquement les arguments de la *Préface* et essaie de les invalider par des exemples textuels. Son analyse est essentiellement fondée sur des procédés ironiques où l'on perçoit l'esprit caustique de l'*Appel à toutes les nations de l'Europe* (1761) de Voltaire, dont il réaffirme encore une fois la supériorité. La Harpe n'hésite pas à définir l'œuvre de Letourneur, de Mercier — qu'il vise directement et à plusieurs reprises — et de leur équipe comme une « harangue de charlatans faite pour exalter le baume à deux sols ». Il réassigne finalement à ces « diamants bruts ensevelis sous les ordures » la place qu'ils méritent : « la nature vierge de Shakspear » ne serait faite que « pour réussir à la foire ».[1] Letourneur-Mercier et La Harpe représentent ainsi les deux pôles d'un débat concernant la dramaturgie shakespearienne qui — tout en prenant ses racines dans les réflexions de Voltaire sur cet « histrion barbare »[2] qu'il avait pourtant introduit en France — est au centre de la réflexion dramaturgique du tournant du siècle, qui entraîne parfois des réflexions menées à partir de la comparaison de l'œuvre de Shakespeare et de ses versions domestiquées. C'est le cas, par exemple, de la première adaptation par Ducis d'*Hamlet* datant du 30 septembre 1769, à laquelle Diderot consacre un compte rendu très peu élogieux.[3]

Dans leur ensemble, les adaptations de Ducis — qui commencent quelques années avant le grand travail de 1776 — reprennent les intrigues des drames shakespeariens tout en les présentant sous les formes de tragédies régulières. Son *Hamlet* de 1769 est suivi d'un *Roméo et Juliette* (1772), tiré de la version La Place et qui élimine, ainsi que toute tonalité comique, la scène du balcon. Son *Roi Lear* évacue le *mirror plot* de Gloucester et atténue, voire efface, les traits de folie du monarque. Dans le *More de Venise* (1782), le visage du protagoniste est décoloré pour éviter de « révolter l'œil du public et surtout celui des femmes »,[4] le fameux mouchoir est remplacé par un bandeau et l'oreiller par un bien moins vil poignard.[5]

---

1. La Harpe, *De Shakespear*, dans *Œuvres* (Paris : Verdière, 1820), t. V, pp. 175–302, passim. La Harpe n'avait pas complètement tort : au-delà des adaptations de Ducis, le théâtre de Shakespeare reste longtemps l'apanage des scènes lyriques ou des boulevards. Le *Roméo* de Ségur de 1796 ou les pantomimes tirées de *Macbeth* (Molène et Cubières, 1804) et d'*Othello* (1818) en sont autant d'exemples.
2. Lettre à d'Argental (19 juillet 1776, D20220). Dans cette lettre, Voltaire prend aussi ses distances vis-à-vis de l'œuvre de Letourneur.
3. La pièce fut âprement critiquée par Diderot qui affirmait préférer la *Sémiramis* de Voltaire et surtout « le monstre de Shakespeare » à « l'épouvantail de Monsieur Ducis », voir Diderot, *Hamlet, tragédie de M. Ducis*, dans *Œuvres complètes de Diderot, revues sur les éditions originales* […] par Jules Assézat (Paris : Garnier-Frères, 1875–1877), t. VIII, pp. 471–76.
4. Ducis, *Avertissement* de *Othello ou le more de Venise* (Paris : Barba, 1817), p. 7.
5. La question du déséquilibre stylistique est au cœur de la réflexion tout autant que le problème des unités. Le mot « mouchoir », issu du registre familier, n'apparaît que dans la version de Vigny (1829), et Lebrun est contraint de le substituer par le mot « tissu » dans son *Cid d'Andalousie* de 1825. Voir Pierre Antoine Lebrun, *Œuvres* (Paris : Didier & Cie, 1864), pp. 261–62 ; Alfred de Vigny, *Le More de Venise*, III, 9, dans *Œuvres complètes* (Paris : Delloye-Lecou, 1839), t. VI, pp. 133–34.

Si Shakespeare a tant de mal à s'affirmer en France, il y a bien des raisons externes, liées à une réflexion « nationaliste et quasiment politique » du bon goût français qui domine la critique théâtrale académique et n'accepte l'anglomanie que dans le roman, genre mineur. En Allemagne, par exemple, l'absence d'un État centralisé, d'une histoire et d'une culture nationale unitaire favorisent la diffusion d'un modèle étranger comme celui du théâtre shakespearien.[1] Mais il y aussi des raisons internes, liées directement à une vision encore normative de l'art : comme le rappelle Martine de Rougemont, par exemple, « là où les Allemands recourent dès 1750 au mot "esthétique", les Français conservent le mot "poétique", considérant que le propre de l'art est dans les techniques ».[2] Le corpus des adaptations de Ducis était conçu pour la scène, pour rencontrer le goût et les habitudes du public[3] et non pour une lecture d'érudits.[4] De ce point de vue, les tentatives de domestication de Ducis ont peut-être été plus utiles à la lente acclimatation de l'auteur d'*Hamlet* que les propos novateurs et révolutionnaires de Letourneur et Mercier.[5]

De plus, les deux mots *shakespearien* et *romantique* sont liés par une corrélation phylogénétique indirecte.[6] La *Préface* du *Shakespeare traduit de*

---

1. Pour une analyse comparée de l'influence de Shakespeare dans le développement du romantisme français et allemand, voir Mara Fazio, *Il mito di Shakespeare e il teatro romantico*, pp. 13-88.
2. Martine de Rougemont, 'Un rendez-vous manqué. Shakespeare et les Français au XVIIIe siècle', dans Roger Bauer, *Das Shakespeare-Bild in Europa zwischen Aufklärung und Romantik* (Bern-Frankfurt am Main-New York-Paris : Peter Lang, 1988), p. 104. Rougemont souligne encore que l'esthétique de Hegel avait été traduite sous le titre de poétique.
3. De là la recherche du spectaculaire et l'emploi de machines propres aux « tragédies à voir » de la fin du XVIIIe siècle. Sur les adaptations de Ducis et leurs réalisations scéniques, voir 'Ducis, Shakespeare et les Comédiens Français, I. De *Hamlet* (1763) à *Roméo et Juliette* (1777)', *Revue d'histoire du théâtre* (1964), pp. 327-50 et id., « Ducis, Shakespeare et les Comédiens Français, II. Du *Roi Lear* (1783) à *Othello* (1792)', *Revue d'histoire du théâtre* (janv.-mars 1965), pp. 5-37.
4. Bien au contraire, le *Shakespeare* de Letourneur, ouvrage destiné à la lecture et non à la scène, a contribué sans doute à « une des révolutions de l'expérience romantique en France » c'est-à-dire à « faire accepter l'idée, autrefois absurde, d'un théâtre de la lecture ». Voir José Lambert, 'Shakespeare en France au tournant du XVIIIe siècle. Un dossier européen', dans Dirk Delabastita et Lieven d'Hulst (éds), *European Shakespeares. Translating Shakespeare in the Romantic Age* (Amsterdam-Philadelphia : John Benjamin's publishing Company, 1993), p. 38.
5. Voir aussi Joseph H. McMahon, 'Ducis : unkindest cutter ?', *Yale French Studies*, 33 (1964), pp. 14-25.
6. La traduction de Letourneur est remaniée et republiée en 1821. Cette version, due aux soins de Guizot, se complète d'une nouvelle *Vie* de Shakespeare. Un an avant le premier *Racine et Shakspeare*, ce dernier devient encore une fois l'instrument d'une réflexion sur le théâtre : d'après Guizot, la scène française devait s'intéresser — à l'exemple du théâtre élisabéthain — à l'histoire nationale et devenir un moyen de rassembler les foules, un élément de cohésion nationale. Voir *Œuvres complètes de Shakespeare, traduites de l'anglais par Letourneur.*

l'anglois est normalement évoquée par les histoires littéraires pour une raison précise : elle contient la première occurrence du mot « romantique » dans un texte imprimé en France.[1] Le terme apparaît comme équivalent néologique de l'anglais *romantic* dans la traduction d'un passage tiré de Samuel Johnson,[2] il ne se réfère pas directement à Shakespeare mais — comme l'explique une note du traducteur — l'adjectif désigne une typologie des paysages, que les déterminants *pittoresque* et *romanesque* ne sauraient définir correctement.[3] Cette opposition, reprise par Mercier dans la *Néologie*, relie donc « romantique » à une perception, à une réaction subjective face à un objet (un paysage, dans le cas de la *Préface*) ne pouvant se définir par rapport aux catégories du « faux » et du « bizarre ». Le romantique représente ainsi quelque chose que l'« on sent » mais que l'« on ne définit pas » :[4] la nature spécifique de ce concept semble ainsi déjà relier la notion de romantique à l'idée de sublime.[5]

En 1791, l'*Encyclopédie méthodique* dirigée par Panckoucke souhaite que le mot *romantique* entre dans la langue en tant que forme lexicalisée et en 1806, dans son *Dictionnaire des Beaux-arts*, Millin est heureux d'en constater un usage désormais répandu.[6] Pourtant, en 1801, le *Supplément* du *Dictionnaire de l'Académie* relie encore le mot à la description du paysage, mais une relation sémantique — qui trouve justement son aboutissement dans le *Racine et Shakspeare* de Stendhal — unissant ainsi le terme à l'idée de modernité commence déjà à se mettre en place. L'opposition romantique-shakespearien / classique se révèle particulièrement pertinente à partir de 1810[7] mais ses prémices sont déjà visibles au début du siècle. Dans le *Nouveau Paris*, Mercier propose

---

Nouvelle édition, revue et corrigée par F. Guizot et A. P[ichot], traducteur de Lord Byron, précédée d'une notice biographique et littéraire sur Shakespeare, par F. Guizot (Paris : Ladvocat, 1821). La *Vie* ouvre le premier des treize volumes.

1. La *Préface* précède d'un an l'impression de René-Louis de Girardin, *De la Composition des paysages, ou des moyens d'embellir la nature autour des habitations, en joignant l'agréable à l'utile* (Genève-Paris : Delaguette, 1777), où le mot « romantique » apparaît également. Sur l'histoire du mot en Europe, voir Hans Eichner (éd.), *«Romantic» and its cognates, the European history of a word* (Buffalo : University of Toronto press, 1972).
2. Gury, *Introduction*, p. 43.
3. Letourneur, *Préface*, pp. cxviii–cxxiv.
4. Comme l'affirme Friedrich Schlegel dans une lettre qu'il adresse à son frère en 1797, l'idée de romantique se relie à un sentiment de l'ineffable : pour l'interpréter, il faudrait une définition de « cent vingt-cinq pages ». Voir Fulvio Tessitore, *Contributi alla storia e alla teoria dello storicismo* (Rome : Edizioni di Storia e Letteratura, 1995), vol. 2, pp. 483–85.
5. Mercier, *Néologie ou vocabulaire de mots nouveaux* (Paris : Moussard-Ramadan, 1801), t. I, pp. 229–30. Mercier parle par exemple d'un style « sublimisé » à propos de la Bible (p. 266).
6. Voir Maurice Z. Schroder, 'France', dans Hans Eichner (éd.), *«Romantic» and its cognates*, p. 265.
7. Voir à ce sujet Pierre Frantz, 'L'invention du classicisme aux sources de la modernité', dans Daniela Gallingani, Claude Leroy, André Magnan, Baldine Saint-Girons (éds), *Révolutions du Moderne* (Paris : Méditerranée, 2004), pp. 116–18.

effectivement le langage de l'historien Tacite et du « poète » Shakespeare comme formes adaptées à saisir et à décrire les « contrastes » de son époque.[1] En 1801, avant Nodier et Madame de Staël,[2] dans un article paru sur le *Mercure de France*, soulignant le caractère moderne de Shakespeare, Chateaubriand le compare à Molière, en introduisant pour lui la catégorie du « génie ».[3] Aussi, avec toutes les réserves et les oppositions venant de la critique conservatrice — c'est le cas de Geoffroy — ou même les hésitations de certains auteurs dramatiques souvent considérés comme des protoromantiques — c'est le cas d'Arnault[4] —, un Shakespeare plus authentique commence à susciter en France une certaine curiosité : c'est ainsi qu'un très jeune Stendhal peut s'intéresser à la « traduction excellente » de Letourneur plus qu'à ses devancières édulcorées et domestiquées.[5]

La critique moderne a montré à quel point l'idée reçue d'une « révolution romantique » soudaine et rapide est l'effet illusoire d'une légende que la critique romantique aurait elle-même engendrée.[6] Les innovations ayant caractérisé cette révolution se mettent en place bien avant la *Préface* de *Cromwell* et la bataille d'*Hernani*, et les dates de ces grands bouleversements ont souvent une valeur symbolique ou conventionnelle. À plusieurs égards, 1809 représente effectivement en France une année charnière dans l'évolution de l'esthétique dramatique et de l'esthétique tout court.[7] À un an de distance de la publication des *Satires contre Boileau et Racine* de Mercier, Constant publie la première version de *Wallstein* et la préface correspondante, Chateaubriand ses *Martyrs* et Viollet-le-Duc fait imprimer son *Nouvel Art poétique*. En ce qui concerne la scène, Pixerécourt fait représenter sa *Citerne* et — surtout — le Théâtre-Français remet

---

1. Mercier, *Le Nouveau Paris* (Paris : Fuchs, [1799]), t. 1, pp. xxii–xxiii.
2. Voir Jacques Misan-Montefiore, 'Shakespeare et les origines du drame romantique français', *Studi Francesi*, 49 (2005), pp. 22–31.
3. Chateaubriand, *De l'Angleterre et des Anglais*, dans *Souvenirs et morceaux divers* (Londres : Colburn, 1815), t. 1, pp. 83–160.
4. Sans condamner finalement ni l'un ni l'autre — à condition bien sûr qu'ils demeurent dans les scènes subalternes —, Arnault associe Shakespeare au mélodrame, avec lequel il partagerait son identité profonde. Le « sublime » Shakespeare lui sert également d'appui pour plaider la supériorité du vers sur la prose. Voir Antoine-Vincent Arnault, *De Shakespeare et du mélodrame*, dans *Œuvres. Critiques philosophiques et littéraires* (Paris-Leipzig : Bossange, 1827), t. 2, pp. 279–86.
5. Lettre à Pauline Beyle du 7 juillet 1804, Stendhal, *Correspondance générale*, édition par Victor de Litto (Paris : Champion, 1997), t. 1, p. 172.
6. Voir Michel Autrand, 'Les sinistrés du théâtre classique', dans *Jeux et enjeux des théâtres classiques (XIXe-XXe siècles)*, actes du colloque du 2 et 3 mars 2001, présentés par Marianne Bury et Georges Forestier, *Littératures Classiques*, 48 (2003), pp. 151–59 ; Florence Naugrette, 'La périodisation du Romantisme théâtral', dans Roxane Martin et Marina Nordera (éds), *Les Arts de la scène à l'épreuve de l'histoire. Les objets et les méthodes de l'historiographie des spectacles produits sur la scène française (1635-1906)* (Paris : Champion, 2011), pp. 145–54 ; Michel Autrand, 'Sur la légende du drame romantique', *Revue d'histoire littéraire de la France*, 4 (2008), pp. 821–47.
7. René Bray, *Chronologie du Romantisme (1804-1830)* (Paris : Boivin, 1932), pp. 5–7.

à l'affiche trois adaptations des drames de *Macbeth, Hamlet* et *Othello* par Ducis.[1]

À l'exception d'*Hamlet*, ces versions édulcorées de Shakespeare obtiennent un succès assez modeste : en 1809 *Hamlet* est repris les 18, 21 et 24 janvier, le 10 mars, le 20 avril, les 9 et 17 septembre ; *Macbeth* les 7 et 14 janvier, alors qu'*Othello* n'est représenté qu'une fois le 6 mars.[2] L'accueil des reprises des trois tragédies témoigne d'un changement de goût important qui semble déjà ouvrir la voie aux hardiesses théâtrales des romantiques : « il y a plus de Shakespeare dans Talma que dans M. Ducis » ;[3] « J'aime mieux Shakespeare tout nu que Shakespeare habillé et garrotté par M. Ducis »[4] — lit-on désormais dans la presse. Le peu de succès de Ducis semble ici plutôt lié au jeu « forcené » et déjà « romantique » du grand Talma qu'au mérite de l'écrivain. Dans un passage qui rappelle de près les positions de la *Préface* de Letourneur et Mercier, Viollet-le-Duc, entre autres, invitait les auteurs dramatiques à se débarrasser des modèles classiques et à s'inspirer de Shakespeare pour « agrandi[r] l'arène » du théâtre français.[5] Pourtant, ailleurs, la même année, on stigmatisait encore « les monstruosités de Gilles Shakespeare ».[6] Tout en gardant une position intermédiaire, le critique de la *Gazette de France* déplorait les « bizarreries » de ce « genre de spectacle monstrueux » caractérisé par un « ridicule mélange » de tons, sans que cela l'empêche « d'admirer les brillantes qualités de ce poète ». La rivalité politique et les conflits avec l'Angleterre ne faisaient qu'augmenter la réticence des Français à accepter le théâtre anglais. Il demeure ainsi que, en 1809, la dramaturgie shakespearienne est encore perçue comme une espèce théâtrale envahissante. Dans un pareil climat, l'adjectif « shakespearien » ne constituait guère un déterminant neutre pour une pièce que l'auteur ne définissait pas moins comme une « comédie » : la réception du *Christophe Colomb* de Lemercier fut, pour le moins, problématique. Tout d'abord, le mot « shakespearien », n'existait pas. Le terme avait déjà été employé en tant que substantif par Voltaire dans une lettre à La Harpe du 14 janvier 1778 et en 1784 par Restif de La Bretonne dans la *Prévention nationale*, mais il faut attendre les années 1820 pour que l'adjectif soit utilisé de manière systématique, tout en gardant une fréquence d'usage très basse.[7] Comme le souligne le critique de la *Gazette nationale, ou le Moniteur universel*

---

1. Pour une vue d'ensemble sur l'année, voir l'excellent article de David H. Carnahan, 'The romantic debate in French daily press of 1809', *Publications of the Modern Languages Association of America*, 53 (1938), pp. 475-501.
2. Cf. *Registres des feux* 332 et 333, Bibliothèque-Musée de la Comédie-Française.
3. *Gazette de France*, 23 janvier 1809. Le compte rendu se réfère à la reprise d'*Hamlet*.
4. *Journal de l'Empire*, 21 janvier 1809.
5. Viollet-le-Duc, *Nouvel Art poétique*, poème en un chant (Paris : Martinet, 1809), p. 12.
6. *Journal de l'Empire*, 8 septembre 1809.
7. Voir le *Trésor de la langue française* (Paris : Éditions du Centre national de la recherche scientifique, 1941-1974), s.v. « shakespearien ».

lors de la première représentation de *Christophe Colomb*, « cette épithète » avait « paru non moins étrangère à notre art dramatique qu'à notre oreille, à notre théâtre qu'à la langue française » ; par ce « néologisme », Lemercier aurait essayé de faire passer dans le domaine de la haute littérature son innovation hétérodoxe, grâce à une pièce qui n'est « pas une imitation de la scène anglaise adaptée aux formes françaises » mais « une comédie anglaise avec toutes ses licences ».[1]

Langue poétique et langage dramatique : deux registres de l'imitation

Isabelle Soto-Alliot et Claude Couffon voient la versification de *Christophe Colomb* comme l'expression de « fermes répliques cornéliennes » ;[2] de son côté, Bédarida parle de « vers éloquents que les amateurs du théâtre classique » auraient « mal accueilli[s] » :[3] c'est justement le recours à des constructions métriques peu utilisées qui se trouve au centre de la polémique. S'il est vrai que la prose de *Pinto* rend cette pièce plus « neuve » par rapport à *Christophe Colomb*,[4] le choix du vers rapproche encore une fois la bataille de *Christophe Colomb* de celle d'*Hernani*. La versification de *Christophe Colomb*, sans atteindre le niveau d'innovation de l'alexandrin syncopé du premier Hugo, a souvent recours à des constructions syntaxiques qui en altèrent la régularité :

COLOMB.
Le vent se tient ?

PINÇON.
Bon frais. //

Scène II.

COLOMB, *assis, à* FERRAGON.
Les chefs mutins ? ...

FERRAGON.
Liés,
Jetés à fond de cale, //un lourd boulet aux pieds.[5]

---

1. *Gazette nationale, ou le Moniteur universel*, 7 mars 1809.
2. Isabelle Soto-Alliot et Claude Couffon (éds), *Christophe Colomb vu par les écrivains français* (Carion : Amiot Lenganey, 1992), p. 31.
3. Henri Bédarida, 'Colomb héros de quelques drames français (de Rousseau à Claudel)', p. 196.
4. Pierre Frantz, 'Le théâtre sous l'Empire : entre deux révolutions', p. 190.
5. Lemercier, *Christophe Colomb*, III, 1-2. Le distique proposé, cité à simple titre d'exemple, concentre un phénomène « d'enjambement au vers » et une « rupture énonciative ». Je reprends la terminologie de l'étude stylométrique menée par Jean-Michel Gouvard, 'L'alexandrin d'*Hernani*. Étude des procédés de dislocation du vers dans le théâtre de Victor Hugo', dans Christelle Reggiani, Claire Stolz, Laurent Susini (éds), *Styles, Genres, Auteurs. Jean Bodel, Adam de La Halle, Des Périers, Viau, Voltaire, Hugo, Bernanos* (Paris : PUPS, 2008), pp. 163-93. Voir aussi Jean Gaudon, 'Sur *Hernani*', *Cahiers de l'Association internationale des études françaises*, 35 (1983), pp. 101-20.

Ce dialogue, à cheval entre deux scènes, se compose d'une séquence de deux alexandrins divisés en quatre répliques de longueur syllabique variable imitant le naturel d'un dialogue enlevé. On retrouve ainsi la même excitation dans le dialogue entre Colomb et Salvador qui précède l'arrivée de Diégo sur la caravelle de son père :

> COLOMB, *avec transport, étant à la croisée.*
> Frère !
>
> SALVADOR.
> Eh bien !
>
> COLOMB.
> Frère !
>
> SALVADOR.
> Eh quoi !//
>
> COLOMB.
> Là-bas, voyez-vous poindre
> À l'horizon, un feu qu'un autre semble joindre ? ...
> Là-bas ! là-bas !
>
> SALVADOR.
> Ma foi,// je n'aperçois là-bas
> Qu'un vide, et qu'un temps noir, comme autour de nos mâts.[1]

Dans ce passage, les six syllabes du premier hémistiche forment quatre répliques différentes où les mètres se confondent avec la phrase et s'effacent, dans une scène qui tend à mimer le rythme du parler spontané. Aux expériences menées sur l'alexandrin dans *Christophe Colomb* correspond une solide réflexion théorique. Dans son *Cours*, Lemercier se montre très critique envers la technique de l'enjambement qu'il n'arrête pourtant pas d'utiliser. Ses analyses concernant l'emploi de l'alexandrin chez Racine, et notamment dans le récit de Théramène, montrent à quel point cette recherche de naturel et d'un langage poétique intercalé des pauses et des souffles propres aux émotions réelles lui était chère.[2] *Christophe Colomb* présente aussi les mêmes expédients de fracture de l'alexandrin caractérisant la construction d'*Hernani*.[3] Ce traitement particulier de l'unité métrique s'associait enfin à des choix lexicaux mêlant le style haut de la tragédie au grossier de la farce dont la fameuse rime « coquin/requin », si âprement réprimandée, n'est que l'exemple le plus connu.[4] L'emploi de

---

1. Lemercier, *Christophe Colomb*, III, 4.
2. Lemercier, *Cours analytique de littérature*, t. 1, pp. 476–78.
3. Sur le style d'*Hernani*, voir encore Yves Gohin, 'Regards sur le renouvellement du vers dans *Hernani*', dans Victor Hugo, *Hernani*, éd. présentée par Y. Gohin (Paris : Gallimard, 1995), pp. 205–13.
4. « Bientôt du haut du pont lancé par ces coquins/ Ils le feront descendre au pays ... des requins », Lemercier, *Christophe Colomb*, III, 8.

l'alexandrin que fait Lemercier, de surcroît dans une comédie brisant les unités, ne pouvait laisser indifférents les partisans du bon goût qui y voyaient un attentat dirigé contre le vers roi de la tragédie qui semblait déjà annoncer le projet d'un « alexandrin aussi beau que de la prose » de la *Préface* de *Cromwell*.[1] Ce n'est peut-être pas un hasard si les séquences où cette spécificité stylistique se fait plus importante se concentrent dans l'acte III, c'est-à-dire à la section qui, d'un point de vue structurel, montre au moins le même degré de complexité. La recherche de naturel du vers qui, sans renoncer à la rime essayait d'imiter la langue parlée, correspondait probablement à une tentative de reprise du *blank verse* shakespearien. Cette reprise de Shakespeare au niveau microstructural du vers et de la réplique se manifeste de manière plus marquée dans la macrostructure de la comédie.

Catherine Treilhou-Balaudé a rangé Lemercier parmi les héritiers de Ducis qu'elle présente essentiellement comme des « adaptateurs faussaires » de Shakespeare.[2] À la rigueur, cette définition pourrait bien s'appliquer à des pièces telles que *Le Frère et la Sœur jumeaux*, comédie régulière de 1816 imitée de la *Nuit des Rois*, mais si l'on tient compte de productions telles que *Christophe Colomb* ou *Jeanne Shore* (1824), drame où Lemercier mélange les versions de Shakespeare et de Rowe,[3] on constate une différence majeure entre les travaux de Lemercier et ceux de Ducis. Le but principal de Ducis consistait à transposer certains des effets spectaculaires du théâtre anglais dans le système esthétique et dramatique français. Sans sortir des règles imposées par la hiérarchie générique, Ducis essayait de créer des tragédies inspirées de Shakespeare mais dont les hardiesses étaient contenues. Par rapport aux positions de Voltaire, qui conçoit Shakespeare comme un génie barbare et, partant, inadapté à la France, Ducis semble avoir des opinions plus souples. Pour lui, l'auteur d'*Hamlet* représente le « plus étonnant poète tragique qui ait peut-être jamais existé » : son théâtre n'est pas en lui-même imparfait, mais ses aspérités doivent être travaillées pour qu'elles soient reçues et acceptées dans le temple de la Comédie-Française.[4] La conception de Lemercier est encore différente : pour lui Shakespeare représente d'abord, comme Eschyle, un génie primitif,[5] mais tout à fait digne de faire partie

---

1. Sur l'alexandrin de Victor Hugo et ses implications dans l'esthétique théâtrale de son époque, voir Guy Rosa, 'Hugo et l'alexandrin de théâtre aux années 30 : une question secondaire', *Cahiers de l'Association internationale des études françaises*, 52 (2000), pp. 307–28.
2. Catherine Treilhou-Balaudé, 'Shakespeare et l'esthétique romantique du drame. Idéaux et apories', dans *Le Drame romantique. Rencontres nationales de dramaturgie du Maure*, p. 3.
3. Voir *infra*.
4. Comme l'affirme Ducis, l'« affranchissement des règles, cette indépendance même poussée à l'excès » ne « diminuent en rien la gloire de Shakespeare », mais lorsque l'on adapte ce poète à la scène française « la sévérité de nos règles et la délicatesse de nos spectateurs nous charge de chaînes que l'audace anglaise brise et dédaigne ». Ducis, *Avertissement* du *Roi Lear*, dans *Œuvres* (Paris : Nepveu, 1823), t. 1, p. 32.
5. Voir, par exemple, dans l'annexe de la présente édition, les *Réflexions sur les bonnes et les mauvaises innovations dramatiques*, où Lemercier définit justement Shakespeare comme « l'Eschyle anglais ».

de la haute littérature. « Quels que soient les vices des drames de Shakespeare, des morceaux si inspirés [il se réfère au monologue final de *Richard III*] le placent à côté des génies rares et supérieurs dans la tragédie ».[1] Lemercier clarifie ses idées à propos du théâtre shakespearien dans un texte qu'il rédige et publie un an avant sa mort :

> On l'a nommé justement l'*Eschyle anglais*, parce qu'il égale l'Eschyle antique en hauteur, en majestueuse simplicité des traits. On eût pu le nommer aussi l'*Euripide anglais*, parce qu'il n'est pas moins naïf, moins pathétique, moins philosophique en ses créations que son devancier. Il s'assimile par sa suprême intelligence à l'esprit athénien, non en s'asservissant à leurs formes classiques, mais en appliquant le jeu de ses drames aux annales de sa patrie, aux chroniques des aïeux de ses contemporains, en ressuscitant aux yeux du peuple britannique les héros de sa propre histoire. S'il cherche ailleurs des personnages, c'est afin d'accomplir la peinture des variétés de toutes les passions théâtrales par la variété des influences de climats divers et de préjugés locaux.[2]

En 1839, pour Lemercier Shakespeare n'est plus seulement l'Eschyle anglais, génie primitif et perfectible, il est aussi l'Euripide anglais ; dans son *Cours*, Lemercier compare Euripide à Racine : tous les deux — à deux époques et à deux latitudes différentes — ont su conduire la tragédie au degré maximal de perfection. Dans cette perspective, comparer Shakespeare à Euripide n'est-ce pas le comparer à Racine en le présentant comme l'exemple d'une esthétique théâtrale aboutie ? Parfaitement adapté au contexte historique où son œuvre dramatique avait été conçue, par son caractère « sublime » le génie de Shakespeare est pour Lemercier un génie universel.

Sans proposer ici un éloge explicite de Shakespeare, Lemercier s'approprie effectivement pour la création de Christophe Colomb certains des procédés du théâtre shakespearien — ou bien ceux qui étaient perçus comme tels — dans la création d'une œuvre qui ne renonce pas à l'appellation de « comédie ». La structure de la pièce est complexe : si dans les deux premiers actes, se déroulant au cours d'une seule journée à Grenade et ses environs, l'unité de temps et de lieu est en quelque sorte respectée,[3] le troisième acte déplace la scène à l'intérieur du vaisseau de Colomb qui s'apprête à terminer sa traversée. L'acte met en scène les neuf derniers jours du voyage, qui a lieu à six mois de distance de l'entretien entre

---

1. D'après Lemercier, Shakespeare serait inférieur seulement à Corneille dans le traitement de la « terreur tragique ». Lemercier, *Cours analytique*, t. 1, p. 280.
2. Lemercier, *Notice* sur *Troilus et Cressida*, dans *Chefs-d'œuvre de Shakspeare* [sic], *Jules César et la tempête*, trad. M. Jay et Mme Louise Colet, avec notices critiques et historiques [...] par la plupart des collaborateurs et D. O'Sullivan (Paris : Belin-Mandar, 'Bibliothèque anglo-française', 1839), p. 92, je souligne.
3. Le premier acte se déroule dans le port de Pinos, le deuxième dans le palais de Grenade : la souplesse de l'unité de lieu caractérisant la comédie permet effectivement qu'elle corresponde à une ville entière et à ses environs.

le héros et la reine Isabelle du second acte. Bref, les deux actes se déroulant sur le vieux continent adhèrent aux unités, alors que dans le troisième acte – se déroulant sur un bateau en mouvement – l'unité de lieu n'est pas seulement violée mais en quelque sorte abolie.[1] La réception tardive du spectacle se concentre uniquement sur le bateau : pour Hugo, toute « l'action se passe sur le pont d'un vaisseau » ;[2] « le public, embarqué dès le premier acte dans la caravelle du navigateur génois, descendait au troisième sur les rivages d'Amérique », affirme Stendhal en repensant aux soirées à l'Odéon. Le spectacle demandait pourtant trois décors différents. La pièce s'ouvrait sur une scène de repas autour d'une table de déjeuner dressée sous un « *berceau de treillage* », derrière laquelle on pouvait voir la maison de Colomb. La rencontre entre la reine et Colomb avait lieu dans « *une salle du conseil, dans le palais* » de Grenade. Le troisième acte présentait néanmoins le décor spectaculaire qui resta gravé dans la mémoire du public :

> *Le théâtre représente l'intérieur d'un vaisseau et la chambre de l'amiral : on aperçoit au dessus les ponts, les mâts et les agrès du vaisseau ; et dans la chambre, tous les ustensiles nécessaires à la marine. Il est nuit.*

La scène était donc organisée sur deux niveaux : la section verticale d'une partie du bateau permettait de montrer les actions des mutins en haut et l'intérieur de la chambre de Colomb en bas. Les deux niveaux constituaient deux espaces scéniques communicants, auxquels s'ajoutait le dehors de la scène, lieu imaginaire de passage d'un vaisseau à l'autre par lequel Diégo pouvait rejoindre son père. Ce décor était adapté au dynamisme du dernier acte, qui s'opposait aux deux précédents dont la dramaturgie était beaucoup plus statique.

Les trois décors représentent donc autant de cadres où le protagoniste est appelé à déployer son génie. Comme le souligne Stendhal, *Christophe Colomb* offre avant tout le portrait « d'un grand homme luttant contre la médiocrité qui veut l'étouffer » :[3] dans chaque acte, le navigateur génois doit surmonter des obstacles s'élevant entre lui et le Nouveau Monde.[4] Au début, sa femme s'adresse à un prêtre et à un médecin — Pharmacos et Salvador « deux personnages grotesques et bouffons »,[5] les seuls rôles vraiment comiques de la pièce — pour essayer de le convaincre de ne pas partir. Elle se sert alors des amours liant son fils Diégo à une fille de la cour d'Isabelle pour chercher inutilement à le retenir.

---

1. Stendhal, *Racine et Shakspeare*, II (Paris : Marchands de Nouveautés, 1825), p. 18.
2. Victor Hugo, *Discours de réception à l'Académie Française* (3 juin 1841), dans *Littérature et philosophie mêlées* (Paris : Hachette, 1868), p. 153.
3. Stendhal, *Qu'est-ce que le Romanticisme ?*, p. 216.
4. Contrairement à son modèle historique, le héros de Lemercier ne cherche pas une nouvelle vie pour l'Orient : il est conscient que son voyage le mènera vers un nouveau continent qu'il définit comme « les Indes occidentales ».
5. Michel Delon, 'Ce nouvel Ulysse méritait sans doute un autre Homère', p. 32.

Au deuxième acte, Colomb use de toute son éloquence pour convaincre les nobles et la cour de soutenir son entreprise : Isabelle de Castille — avatar du monarque illuminé — l'autorise à partir. Dans l'acte final, Colomb affronte l'Océan et les mutins et parvient à toucher la côte américaine.

Au-delà de la division en trois actes, il existe un autre type de scansion possible, fondée sur les temps et les lieux de l'action d'où résulte en revanche une comédie bipartite. Cette structure particulière se révèle analogue (quoique inversée) à celle de la *Tempête* shakespearienne, dont la première partie concernant le naufrage se déroule justement sur la mer alors que la seconde, confinant l'action et les personnages sur l'île, représenterait l'adhésion la plus complète à l'unité de lieu et de temps (les trois heures de durée de la pièce créent une correspondance parfaite entre temps de l'action et temps dramatique) que l'auteur d'*Hamlet* n'a jamais réalisée. La référence structurelle à la *Tempête* n'est pas le fait du hasard : la portée du voyage de Colomb chez Lemercier implique une contamination entre le code épique et le code dramatique dont le modèle se trouve, d'après l'auteur, dans la comédie shakespearienne du naufrage. D'après Lemercier, la *Tempête* constitue effectivement par la « transposition » spatiale et le développement épisodique par « incidents » l'exemple d'une « épopée dialoguée ».[1] De plus, si on s'en tient à la définition d'épos héroï-comique proposée par Lemercier, la contamination épique peut également justifier le mélange de tons.[2] Legouvé définit *Pinto* comme une « comédie de la tragédie » :[3] par le ton de certains passages et le sérieux qui domine, *Christophe Colomb* pourrait bien être considéré comme une comédie de l'épopée.

Par rapport à *Pinto*, la comédie shakespearienne de Lemercier se signale donc par une concentration de l'action sur un personnage unique : si le valet portugais était le véritable moteur de la conspiration, il se servait des autres personnages pour mener à bien son entreprise. En dépit de la dimension grotesque de l'histoire caractérisant ce premier drame de Lemercier, le rôle du peuple est encore fondamental pour le renversement du régime politique et le maintien du nouvel ordre. Dans la pièce de 1809, comme dans un poème épique, Colomb dépasse les difficultés s'opposant à son entreprise comme autant d'exploits autonomes, son génie extraordinaire étant le seul moyen dont il dispose pour les vaincre. En dépit de la double division envisageable — l'une dictée par les trois actes, l'autre par l'organisation de l'espace et du temps scénique — et de la cohérence interne de chaque acte, Lemercier assure une cohésion d'ensemble fondée sur l'adhésion à l'unité d'action : les actions mineures sur lesquelles les trois actes se fondent (l'intrigue amoureuse du fils de Colomb, les différents obstacles à surmonter)

---

1. Lemercier, *Cours analytique de littérature*, t. 3, pp. 142–43.
2. « L'[épopée] héroï-comique est, de même, le récit en vers d'une action merveilleuse, mais tour-à-tour noble, gaie, grave et légère », ibid., p. 67.
3. Voir l'article d'Ernest Legouvé dans la *Revue de Paris* (nouvelle série, 1836), t. 26, p. 41.

convergent parfaitement dans l'action centrale qu'est la découverte du Nouveau Monde.[1] Par ailleurs, le décalage temporaire provoque un effet de discontinuité annonçant la structure disjointe de pièces telles que *Ruy Blas* ou *Hernani*.[2] L'unité d'action était d'ailleurs la seule unité posée comme nécessaire dans la *Préface* du *Shakespeare traduit de l'anglais*. Les connivences avec ce texte théorique ne s'arrêtent pourtant pas là. À plusieurs égards, la comédie de Lemercier montre à quel point l'auteur aurait appris et intériorisé les mécanismes dramaturgiques shakespeariens tels qu'ils étaient réélaborés et systématisés dans la *Préface* de Letourneur-Mercier.[3] L'exemple le plus frappant de cette connivence est le rapport reliant le traitement des unités à la question controversée de l'illusion théâtrale que le XVIIIe siècle commençait déjà à remettre en doute. Dans l'article « action » de l'*Encyclopédie*, Diderot avait montré à quel point l'illusion théâtrale est le fruit d'un choix délibéré de la part du spectateur :

> L'illusion théâtrale consiste à faire oublier ce qu'on sait, pour ne penser qu'à ce qu'on voit. [...] Je sais par cœur le cinquième acte de *Rodogune* mais j'en oublie le dénouement. [...] j'aurai beau le savoir d'ailleurs, je me le dissimulerai, pour me laisser jouir du plaisir d'être ému.[4]

Si les Encyclopédistes avaient compris l'importance d'une participation active et volontaire du spectateur, la critique conservatrice semble en revanche pencher encore pour cette idée chimérique d'illusion. De toute façon, lorsque Cailhava d'Estandoux plaide pour l'illusion et la vraisemblance et dresse une liste de cas de figure où l'illusion dramatique est effectivement brisée par les auteurs de théâtre (il cite, entre autres, Plaute et Goldoni), il ne fait que montrer à quel point elle était souvent perçue comme une simple convention.[5] Si La Harpe souligne sa « fragilité »,[6] Jean-Baptiste Pujoulx reprend la question de l'illusion d'un point

1. De ce point de vue, *Christophe Colomb* présente une structure diégétique comparable à celle de l'*Henri V* shakespearien qui montre effectivement la même discontinuité dans l'unité.
2. Sur les notions de disjonction et de discontinuité du drame, voir Christian Biet et Christophe Triau, *Qu'est-ce que le théâtre ?* (Paris : Gallimard, 2006), pp. 428–30. Sur la notion de diégèse appliquée au théâtre, voir Cesare Segre, 'Fra teatro e romanzo : la lunghezza del testo', dans Franco Piva (éd.), *Il romanzo a teatro*, atti del Convegno internazionale della Società universitaria per gli studi di lingua e letteratura francese (SUSLLF), Vérone, 11–13 novembre 2004 (Fasano : Schena, 2005), pp. 14–16 ; et Cesare Segre, *Teatro e romanzo. Due tipi di comunicazione letteraria* (Turin : Einaudi, 1984).
3. Lemercier connaît parfaitement le *Shakespeare traduit de l'anglois* qu'il évoque également dans son *Cours* et dont il tire même de longues citations. Voir Lemercier, *Cours analytique*, t. 1, pp. 280–82.
4. *Encyclopédie*, nouvelle édition (Genève : Pellet, 1777), p. 463.
5. Cailhava d'Estandoux, *De l'Art de la comédie, ou Détail raisonné des diverses parties de la comédie et de ses différents genres, suivi d'un traité de l'imitation, où l'on compare à leurs originaux les imitations de Molière et celles des modernes ... terminé par l'exposition des causes de la décadence du théâtre et des moyens de le faire refleurir* (Paris : Didot aîné, 1772–1776), t. 1, pp. 299–303.
6. *Œuvres complettes de Jean Racine*, Commentaires de M. de La Harpe (Paris : Agasse, 1807), p. 121.

de vue éminemment technique concernant les procédés de mise en scène, dans une réflexion qui semble finalement en dénoncer l'impossibilité.[1] Bien avant le fameux article du *Globe* contre les unités aristotéliciennes qui relie implicitement l'illusion — « incomplète » par définition — à un acte volontaire,[2] la *Préface* de Letourneur-Mercier offre une solution alternative. Dans un long passage tiré de Samuel Johnson qui semble déjà annoncer la notion de « *willing suspension of disbelief* » élaborée par Coleridge en 1817, les auteurs de la *Préface* s'attaquent aux critiques dénonçant l'absence des unités aristotéliciennes dans le théâtre de Shakespeare. Letourneur et Mercier adoptent une stratégie défensive particulière : d'après les détracteurs de Shakespeare, enfreindre les unités correspond à enfreindre l'illusion, mais cette illusion même n'aurait rien de réel, elle ne serait que le fruit de l'« imagination », d'une soumission volontaire du spectateur.[3] Par conséquent, les unités de temps et de lieu ne sont pas seulement inutiles, mais aussi nuisibles, dans la mesure où, tout en étant une « entrave » au génie, elles n'apporteraient aucun avantage au spectateur.[4] De son côté, l'académicien Lemercier pose le respect des unités comme nécessaire pour l'illusion dramatique mais cette condition ne s'appliquerait qu'à la « haute comédie » : en dernière analyse, l'unité d'action serait la seule qu'il faudrait vraiment respecter dans les autres genres. Dans un passage très ambigu qu'il glisse dans la conclusion du chapitre consacré aux unités dans son *Cours*, l'auteur de *Pinto* arrive même à affirmer que « leur application parfaite est idéale et de pure théorie, ou du moins n'est *pas toujours réelle et indispensable* » ![5] Ce que Lemercier considère comme

---

1. Jean-Baptiste Pujoulx, *Paris à la fin du dix-huitième siècle* (Paris : Mathé, 1801), pp. 128–33. Comme le souligne Pierre Frantz, la « notion d'illusion n'a rien d'objectif en vérité mais [...] sert à l'expression d'un certain nombre de besoins. [...] il y a aujourd'hui une coexistence entre un théâtre de l'image qui fait appel au "réalisme" visuel et un théâtre qui le refuse. L'un fait-il moins illusion que l'autre ? ». Voir Pierre Frantz, *L'Esthétique du tableau dans le théâtre du XVIIIe siècle* (Paris : PUF, 1998), pp. 42–43.
2. « Dans un tableau, nous ne croyons pas voir des arbres, des verdures, des troupeaux, et cependant un tableau nous plaît. Il est de même de l'illusion théâtrale. C'est en perspective qu'elle nous fait voir des objets, mais sans que jamais nous les confondions avec la réalité. Qui de nous prend Talma pour Oreste [...] ? L'illusion théâtrale n'est donc point une illusion complète », *Le Globe*, 24 décembre 1825. Sur la question de l'illusion théâtrale par rapport au drame romantique, voir Frederick Burwick, 'Illusion and Romantic Drama', dans Gerald Ernest et Paul Gillespie, *Romantic Drama* (Amsterdam-Philadelphia : John Benjamins Publishing, 1994), pp. 59–80.
3. Marmontel avait déjà redéfini le caractère imparfait de l'illusion théâtrale en la traitant justement de « demi-*illusion* » correspondant à une « erreur continue et sans cesse mêlée d'une réflexion qui la dément » (*Éléments de littérature*, s.v. « illusion »). Stendhal semble reprendre cette idée d'imperfection qu'il précise par la catégorie de la discontinuité : « l'illusion parfaite » est un « moment » qui dure « infiniment peu » ; l'illusion complète ne peut pas exister, dans la mesure où le spectateur est conscient d'applaudir « Talma et non le Romain Manlius » (*Racine et Shakspeare*, 1823, cité dans Christian Biet et Christophe Triau, *Qu'est-ce que le théâtre ?*, pp. 480–91).
4. *Préface*, pp. c–cv.
5. Lemercier, *Cours analytique de littérature*, t. 2, p. 157.

tout aussi important que l'unité d'action, c'est en revanche ce qu'il définit comme « l'unité de vue, c'est-à-dire la tendance vers une seule leçon morale, ou une seule vérité philosophique », dont la fonction principale consisterait à susciter une impression précise et un souvenir unique auprès du spectateur.[1] Cet effet, que la critique moderne a défini justement (du côté réceptif) comme « unité d'impression »,[2] serait — d'après la critique romantique des années 1820 — le trait caractéristique du théâtre de Shakespeare.[3]

Ainsi relu à la lumière des éloges de Shakespeare qui traversent la réflexion théorique de Lemercier de 1804 à 1839, mais aussi de son rapport à la *Préface* de Letourneur-Mercier, l'adjectif *shakespearien* perd toute sa prétendue innocence : au-delà des implications qu'un déterminant tel que *shakespearien* pouvait avoir en 1809, il faut également tenir compte du sens que le terme peut acquérir chez Lemercier au sein de sa réflexion théorique et par rapport à l'ensemble de sa production dramatique. Shakespeare, pour Lemercier, est avant tout un auteur qui a contaminé le mode tragique et le mode épique : si dans son *Cours* de littérature il est souvent cité dans les sections concernant la tragédie et l'épopée, il n'est jamais évoqué dans le volume consacré à l'art de Thalie. Définir comme *shakespearienne* une pièce comique signifie en quelque sorte remettre en question les limites entre les genres et mettre en doute son identité générique.

En devenant un exploit individuel, le débarquement de Colomb perd sa dimension proprement historique. La pièce ne constitue guère, contrairement à *Pinto*, une « représentation, inquiète et problématique, de la manière dont les individus subissent et font l'histoire »[4] quoique sa structure, le mélange des tons et la versification soient déjà des mécanismes dramaturgiques pleinement romantiques. Le caractère sublime du protagoniste, le ton sérieux qui domine la pièce, la noblesse de l'entreprise de Colomb devenue presque mythique, le danger de la mort au troisième acte (le risque du naufrage et du lynchage de la part des mutins), tout ferait penser à un sujet de tragédie.

Dans *Pinto*, c'est l'ensemble de la conspiration — sujet encore une fois éminemment tragique — qui subit une déformation grotesque dérivant de l'abaissement du registre vers le ton comique. Dans *Christophe Colomb*, la découverte du Nouveau Continent subit un autre type de réduction, dans la mesure où elle devient l'acte unique d'un héros. Cette même réduction n'implique guère un abaissement de ton : au contraire, c'est la présence encombrante du

---

1. Ibid., p. 158.
2. Anna Maria Scaiola, *Dissonanze del grottesco nel romanticismo francese* (Rome : Bulzoni, 1988), p. 65.
3. « *Othello, Macbeth, Richard III* offrent, comme la nature, la réunion de tous les tons ; et pourtant qui oserait dire que ces chefs-d'œuvre ne laissent pas dans l'esprit une idée nette, précise et d'une admirable unité ? », *Le Globe*, 19 octobre 1826.
4. Guy Rosa, 'Entre *Cromwell* et sa préface', *Revue d'histoire littéraire de la France*, 6 (1981), p. 907.

protagoniste,[1] son « moi » s'affirmant aussi bien thématiquement que d'un point de vue dramaturgique, qui subit plutôt une amplification. Si cette comédie shakespearienne de Lemercier ne peut pas être considérée comme un drame romantique, le protagoniste de la pièce se révèle à plusieurs égards très proche de ces figures mythiques, de ces incarnations du « génie » caractérisant la poésie romantique des années 1820.

Du « hardi navigateur » au « génie » solitaire et romantique

Les efforts de Lemercier pour assurer la cohésion dramatique ne lui épargnent pas les sévères critiques des journaux : pour la *Gazette nationale, ou le Moniteur universel* (16 mars 1809), la pièce comporte « trois actions distinctes qui occupent chacun des actes ». Effectivement, en dépit de la cohérence de leur ensemble, chaque acte peut être conçu comme une pièce qui trouve en elle-même sa conclusion : *Christophe Colomb* retrouve son unité d'action dans un parcours linéaire dont les trois actes représentent autant d'étapes. Sans atteindre le niveau de fragmentation du « drame à stations » à la Strindberg, la comédie est fondée sur « un moi central » que l'auteur « tient à isoler et exhausser ».[2] Cet aspect n'échappe pas aux détracteurs de Lemercier, qui rapprochent la comédie du *Walstein* de Constant, dont il partagerait les ambitions et les défauts :

> L'auteur de *Walstein* a mis en lumière l'expression l'*individualité* théâtrale. Il voit dans ce système, qui consiste à offrir aux spectateurs la vie presqu'entière d'un personnage célèbre, un grand mobile d'intérêt ; il croit que la comédie peut ainsi acquérir un nouveau degré d'utilité, offrir d'autres leçons que celles jusqu'ici données, agrandir, élever la sphère de l'instruction que nous attendons d'elle. M. Lemercier avait mis ce principe en pratique avant qu'il ne fût proclamé, dans une dissertation littéraire d'ailleurs pleine de mérite, écrite avec beaucoup de talent et remplie d'observations très judicieuses.
>
> Il paraît que ce système a le grand inconvénient de mettre ceux qui le suivent en contradiction avec eux-mêmes. M. Constant, en effet, vante dans son écrit la tragédie allemande, et fait, autant qu'il est en lui, une tragédie

---

1. Le rôle de Colomb concentre l'attention d'un point de vue aussi bien qualitatif que quantitatif. Le personnage éponyme est présent dans 25 scènes sur un total de 30 et même dans les scènes d'où il est absent (I, 1 ; I, 5 ; I, 6 ; III, 7 ; III, 8), il est l'objet des considérations des autres personnages.
2. Peter Szondi, *Théorie du drame moderne* (1965), trad. de Sybille Muller (Paris : Circé, 2006), pp. 42–50. La subjectivité caractérisant la perspective adoptée par Lemercier, la scansion nette entre les trois actes où le protagoniste affronte les autres personnages et les nombreux obstacles, les différents plans correspondant à différents niveaux de conscience séparant Colomb des autres personnages ainsi que le ton « épique » et l'importance — qualitative et quantitative — accordée au monologue tendraient à rapprocher cette « comédie du moi » du *Stationendrama*. Pourtant, la cohésion entre les trois actes et la confluence des actions satellites vers l'action principale distinguent nettement la pièce de Lemercier du genre proto-expressionniste et expressionniste.

française ; M. Lemercier vante les richesses de notre scène, et fait une pièce anglaise, autant qu'il a cru pouvoir l'oser.[1]

Au-delà de la transgression des unités et de la structure de l'alexandrin classique, c'est en effet le caractère même de Colomb qui se signale par sa nouveauté. Si l'on peut entrevoir dans la « sublimité » du personnage certains des traits caractéristiques du héros shakespearien, Lemercier le relie à la tradition du voyage métalittéraire : Colomb représente à plusieurs égards un double de l'écrivain, son voyage prend les proportions d'une excursion métapoétique. Cette conception du voyage acquiert une signification plus nette si l'on repense à l'image de Christophe Colomb que renvoient les lettres françaises du tournant du XVIIIe siècle qui tendent à associer l'expérience de l'explorateur à celle du novateur en littérature. Cette image se précise et se définit dans un poème de Millevoye dont le titre éloquent d'*Invention poétique* (1806) relie l'exploration géographique à l'innovation littéraire :

> Variez votre sujet, parcourez d'autres rives [...]
> Trouvez, loin de Paris et loin de vos rivaux,
> Des nouvelles couleurs et des objets nouveaux [...]
> L'ardent navigateur, dont la course lointaine
> Conquit à l'Univers la rive américaine,
> Trembla-t-il d'un projet par lui seul entrepris ? [...]
> Il est, il est encore des îles inconnues
> Où les lois d'Apollon ne sont point parvenues [...]
> Et sachons préférer, en dépit de l'orage,
> Au long calme du port les dangers du naufrage.[2]

En se rapprochant de la tradition classique, Millevoye revitalise le topos antique de l'écriture comme voyage[3] et invite les poètes à sortir de l'esclavage des formes et des thèmes conventionnels de l'art afin de trouver du nouveau dans des territoires inconnus du poétique. Déjà à partir de Chateaubriand, qui présente l'explorateur comme un génie dont l'entreprise serait comparable à l'acte créateur de la divinité,[4] la symbolique du voyage de Colomb devient progressivement

---

1. *Gazette nationale, ou le Moniteur universel*, 11 mars 1809.
2. Charles Hubert de Millevoye, *L'Invention poétique*, dans *Œuvres* (Bruxelles : Laurent, 1837), pp. 87–89.
3. L'analogie entre écriture et traversée de la mer est très fréquente chez les auteurs latins. Je signale certains passages faisant partie du canon de lectures de Lemercier : Ovide, *Fastes*, I, 3 ; III, 789 ; IV, 18 ; *Art d'aimer*, I, 772 ; III, 748 ; Stace, *Silves*, V, 3, 237 ; Virgile, *Géorgiques*, II, 41. Sur la portée majeure de cette analogie dans la littérature européenne, voir Ernst Robert Curtius, *La Littérature européenne et le Moyen Âge latin*, trad. de Jean Bréjoux (Paris : PUF, 1956), pp. 219–24.
4. « Colomb dut éprouver quelque chose du sentiment que l'Écriture donne au créateur quand, après avoir tiré la terre du néant, il vit que son ouvrage était bon. *Vidit Deus quod esset bonum.* Colomb créait un monde ». Chateaubriand, *Voyage en Amérique* (1827), dans *Œuvres* (Paris : Dufour et Mulat, 1852), t. 3, p. 119.

un cliché dans l'imaginaire romantique. La figure du navigateur qui contient « plusieurs [hommes] en un seul » — symbole du génie moderne et romantique — revient par exemple chez Lamartine.[1] « Il n'y a rien que l'homme ne tente » : dans *Les Mages*, Hugo reprend lui aussi la métaphore du voyage de l'écriture en évoquant encore Colomb, emblème du génie dont la « vergue peut être une aile » ; Colomb « brille » aussi dans cette « constellation » d'esprits illustres déployée à la fin de son *William Shakespeare*, « éclatante de diamants célestes » et qui « resplendit dans le clair de l'horizon ».[2]

Millevoye n'est d'ailleurs pas le premier à vouloir explorer, à la manière de Colomb, les « îles inconnues » de la littérature : en 1767, dans son *Essai sur le genre dramatique sérieux*, Beaumarchais s'était servi de la même analogie dans un texte associant la découverte du Nouveau Monde au dépassement des confins fixés par le « despotisme goût ».[3] Si chez Millevoye l'idée d'une recherche du nouveau en littérature demeure abstraite et générique, Beaumarchais associait l'exploration géographique de Colomb à l'affranchissement des règles et des normes du classicisme qu'il posait comme nécessaire pour le renouveau du théâtre français :

> En quel genre a-t-on vu les règles produire des chefs-d'œuvre ? N'est-ce pas au contraire les grands exemples qui de tout temps ont servi de base et de fondement à ces règles, dont on fait une entrave au génie en intervertissant l'ordre des choses ? […] Le *Nouveau Monde* serait encore dans le néant pour nous, si le *hardi navigateur génois* n'eût pas foulé aux pieds ce nec plus ultra des colonnes d'Alcide.[4]

La légende liée à la création de *Pinto* prétendait que la pièce devait son origine à la suite d'un pari de l'auteur : Lemercier affirmait pouvoir innover sans sortir des règles de l'art en démontrant que, même après Beaumarchais, la nouveauté au théâtre n'était pas impossible. Il est d'ailleurs probable que Lemercier ait également emprunté l'idée d'une pièce telle que *Christophe Colomb* dont le sujet représentait un cas véritablement unique pour le théâtre français, au topos antique et à la tradition poétique de l'époque.

L'élément qui relie la comédie de Lemercier à cette tradition est donc avant tout l'usage métaphorique du voyage. « Il préfère, les nuits, vider un écritoire/ À

---

1. Colomb — homme « achevé » — « compléta l'univers » : ses découvertes ont fait « avancer […] l'œuvre de Dieu » en atteignant « l'unité morale de l'être humain ». Lamartine, *Christophe Colomb* (Aix-en-Provence : Alinéa, 1992), ch. LXVII, passim.
2. Hugo, *Les Mages*, VI, dans *Les Contemplations* (Paris : Hachette, 5ᵉ édition, 1858), vol. 2, p. 335 ; Hugo, *William Shakespeare* (Bruxelles-Leipzig-Milan-Livourne : Lacroix, 1864), p. 568.
3. J'emprunte cette expression à l'ouvrage de Bernard Franco, *Le Despotisme du goût. Débats sur le modèle tragique allemand en France* (Waldstein : Verlag, 2006).
4. Beaumarchais, *Essai sur le genre dramatique sérieux*, dans *Œuvres*, édition par Pierre Larthomas (Paris : Gallimard, 'Bibliothèque de la Pléiade', 1988), p. 122, je souligne.

barbouiller, biffer et chiffrer du grimoire ... » ;[1] dès la scène d'ouverture, voyager et écrire se révèlent deux actions complémentaires et indissociables, comme en témoigne également la scène du naufrage final (III. 16) :

> J'écris
> Où j'aperçus un monde, à quel banc je péris.
> (*Il met ses papiers dans les barils*) [...]
> Nous livrerons aux flots, avant d'être engloutis,
> Ces secrets qui pour tous seraient anéantis ;
> Afin que l'Océan, mon dernier légataire,
> En porte l'héritage au reste de la terre.

Si la structure de la pièce inverse le schéma proposé dans la *Tempête* de Shakespeare, la volonté de jeter le livre à la mer, geste accompli par Prospero qui renonce définitivement à sa magie,[2] est ici chargée d'une signification différente : Prospero abandonne « le livre » pour entrer dans la société, Colomb est prêt à renoncer à la vie afin de sauver ses écrits de l'oubli parce qu'il est conscient de la gloire posthume que cette « bouteille à la mer » lui assure. Par le recours à la métaphore de la navigation, Lemercier semble ici faire allusion à une tradition posant l'équivalence de l'auteur au livre où s'inscrivent également les *Sonnets* de Shakespeare.[3] Dans l'ouverture du *Convivio* de Dante, auteur fétiche de Lemercier, « le poète devient matelot, son esprit ou son œuvre devient barque » ;[4] « Composer, c'est *Vela dare* » :[5] la métaphore filée du voyage de l'écriture qui pénètre la pièce du début à la fin est effectivement annoncée indirectement par la référence aux *Géorgiques* que Lemercier choisit comme exergue — « *Labor improbus omnia vincit* »[6] — mais la présence d'une inquiétude toute moderne et presque romantique se fait évidente à partir de la première description du héros :

> Tout ce que fait Christophe aujourd'hui me confirme
> Qu'il a l'âme troublée, ou bien le corps infirme
> C'est à vous, Salvador, c'est à vous, Pharmacos,
> De lui rendre l'humeur ou l'esprit en repos :

1. Lemercier, *Christophe Colomb*, I, 1. L'analogie se précise aussi grâce à des indices périphériques : ainsi l'Inquisition « qu'on vient d'établir » et qui « brûle de zèle » peut bien figurer la censure (ibid.).
2. Sur les différentes significations du personnage de Prospero, voir Harlod Bloom, *Shakespeare. The Invention of the Human* (Londres : Fourth Estate, 1999), pp. 662-75.
3. Voir Alessandro Serpieri, *I Sonetti dell'immortalità : il problema dell'arte e della nominazione in Shakespeare* (Milan : Bompiani, 1975).
4. Voir Ernst Robert Curtius, *La Littérature européenne et le Moyen Âge latin*, p. 220 ; Dante, *Convivio*, a cura di Giorgio Inglese (Milan : Rizzoli, 1993), II, 1.
5. Virgile, *Géorgiques*, II, 41, cité d'après Curtius, *La Littérature européenne et le Moyen Âge latin*, p. 219.
6. Virgile, *Géorgiques*, I, 145-146. L'effort (« *labor* ») nécessaire pour dépasser les obstacles matériels se montre ainsi analogue et homologue à l'effort nécessaire pour surmonter les difficultés de l'écriture.

Introduction

> C'est peu que d'un démon sa tête possédée
> En je ne sais quel lieu le promène en idée ;
> Passant de ville en ville, allant de cours en cours,
> Pour des embarquements demander du secours,
> Il nous traîne à sa suite, et moi, me rend malade : […]
> Aux mains des armateurs il offre tout son bien,
> Nous ruine en voyage, et se réduit à rien :
> Il sèche, il ne dort plus, ni ne boit ni ne mange.[1]

Dans la scène d'ouverture, Béatrix, femme de Christophe Colomb, propose un portrait du navigateur qui, tout en s'inscrivant dans le type du génie mélancolique tel que le présente déjà Aristote dans le *Problème XXX*,[2] n'évoque pas moins la description de Colomb qu'offre Beaumarchais dans son *Essai* :

> Le génie curieux, impatient, toujours à l'étroit dans le cercle des connaissances acquises, soupçonne quelque chose de plus que ce qu'on sait ; agité par le sentiment qui le presse, il se tourmente, entreprend, s'agrandit, et rompant enfin la barrière du préjugé, il s'élance au delà des bornes connues.[3]

Le navigateur devient le symbole du génie en littérature, mais Lemercier mène aussi une réflexion sur le rapport existant entre le génie et le reste de la société. L'image qu'en propose Béatrix — qui prend parfois un ton ridicule[4] — montre à quel point le grand-homme et, dans ce cas, le génie auraient du mal à trouver leur place dans la société contemporaine :

> les hommes bizarres
> Entrent dans les palais comme ces bêtes rares,
> Ces singes, ces oiseaux, qu'on y mène en passant,
> Pour en offrir aux rois l'aspect divertissant ?[5]

La haute fréquence de termes tels que « frénésie », « fureur », « folie » dont la pièce est parsemée, et de manière plus générale l'insistance sur le lexique de la maladie mentale contribuent à créer un portrait de Colomb tel qu'il est vu par les autres personnages. Cette image du fou, qui met en relief, par contraste, l'image de Colomb-visionnaire véhiculée par le monologue et les tirades du navigateur, fait de ce personnage l'emblème du génie persécuté et incompris. Figé

---

1. Lemercier, *Christophe Colomb*, I, 1.
2. « [T]ous ceux qui ont été des hommes d'exception, en ce qui regarde la philosophie, la science de l'État, la poésie ou les arts, sont-ils manifestement mélancoliques, et certains au point même d'être saisis par des maux dont la bile noire est à l'origine », Aristote, *Problème XXX, I*, trad. et notes par Jackie Pigeaud, 953a10), p. 83. Sur la mélancolie chez le philosophe grec et sur la tradition liée à sa vision de l'humeur noire, voir Fabrice Roussel, 'Le concept de mélancolie chez Aristote', *Revue d'histoire des sciences*, 41, 3-4 (1988), pp. 299-330.
3. Beaumarchais, *Essai sur le genre dramatique sérieux*, p. 123.
4. « Dieu daigne préserver/ Toute femme qui se veut être heureuse en sa vie/ De ces gens appelés hommes de génie ! », Lemercier, *Christophe Colomb*, I, 6.
5. Ibid., I, 2.

dans le regard des autres, Colomb est un homme « singe », une « bête », « joué des grands et des petits » et à la fois un visionnaire, « Satan » et en même temps « ange secourable » ; son regard perce la réalité et atteint des niveaux de compréhension que l'homme commun ne connaît pas :[1]

>   COLOMB.
>   Là-bas, voyez-vous poindre
> À l'horizon, un feu qu'un autre semble joindre ? ...
> Là-bas ! là-bas !
>
>   SALVADOR.
>   Ma foi, je n'aperçois là-bas
> Qu'un vide, et qu'un temps noir, comme autour de nos mâts.[2]

Colomb est victime de son esprit supérieur qui l'empêche d'avoir un contact direct avec le reste de l'humanité : il est appelé à l'éduquer, à la guider, mais son génie ne lui permet pas d'avoir un échange d'égal à égal avec les autres personnages.[3] Il n'est pas non plus un personnage entièrement positif : dans une courte réplique qui semble faire écho au *Colomb* de Lesuide, Lemercier glisse effectivement un jugement négatif sur les conséquences sociopolitiques de la découverte de l'Amérique et sur les effets néfastes de la colonisation sur les natifs américains. Interrogé sur le comportement à adopter envers les populations locales, le héros répond sans montrer trop de scrupules.[4]

Le protagoniste de la comédie partage encore avec le Colomb de Delille son « air inspiré » et presque divin,[5] mais c'est le modèle du monologue de *Pinto* (II, 5) qui se manifeste dans l'emploi des didascalies et dans une construction du discours dont l'organisation se rapproche du flux de conscience :[6]

---

1. « On me traite partout comme un visionnaire [...] Je dois bien le paraître à cette populace/ Et sachant que l'erreur est telle en tous les rangs/ Les clameurs et les ris me sont indifférents » ; « J'aurais de ma raison un vengeur, l'avenir », ibid., I, 2.
2. Ibid., III, 4.
3. Une des caractéristiques du génie est justement cette idée de distance le séparant du reste de la collectivité. Le Colomb de Lemercier semble ici évoquer la vision d'un génie « élevé au-dessus de toutes les considérations humaines » telle que la décrit Raynal dans son *Histoire philosophique et politique des Établissements et du commerce des européens dans les deux Indes* (Paris : Pellet, 1780), p. 15 (première édition : 1770).
4. « Gagnons les habitants, rendons-nous les soumis », Lemercier, *Christophe Colomb*, III, 14. Lemercier s'exprime de manière explicite contre l'esclavage fondé sur « l'infériorité organique » de certaines ethnies — « iniquité barbare » aux « effets terribles » — et en faveur de l'égalité entre les peuples dans ses *Réflexions sur le danger des applications de la conjecturale doctrine orthophrénique* (pp. 12-13). Outre de Lesuide, cette vision désenchantée du colonialisme semble encore une fois dériver de la lecture de Raynal.
5. Dans le poème de Delille, les matelots croient voir dans Colomb qui apaise la mer « le dieu qui maîtrise les flots ». Delille, *Les Trois Règnes de la nature*, p. 186.
6. Cf. Alexander Minski, *Le Préromantisme* (Paris : Armand Colin, 1998), p. 61.

« Rien », disent-ils, ces gens me tueront dès l'aurore,
« Trente-deux jours passés en mer, et rien encore ? » […]
Vainement je menace, exhorte, ou flatte, ou prie,
Mes ressorts sont à bout ; chacun murmure et crie.
Pourtant … de mes raisons quand je me ressouviens ! …
Ce pays des Atlas connu des anciens,
Et ce bras d'un colosse au coin d'une île Açore,
Tourné vers une terre opposée à l'aurore,
Ces doutes des premiers et derniers voyageurs,
Ces hauts bancs, ces poissons près des côtes nageurs,
La figure du globe, et tout notre hémisphère
Plein d'hommes … Oui, dans l'autre est sans doute une terre
Plus au sud, plus au nord, que sais-je ? … Mais par-là
(Avec véhémence.)
D'autres, si ce n'est moi, reconnaîtront cela.
Alors, en me pleurant, vous me rendrez justice,
Aveugles compagnons, qui jurez mon supplice !
(Avec réflexion.)
Quel homme eût plus à vaincre arrêté dans un plan ?
Seul devant la nature, et contre l'Océan,
L'une me dit : Poursuis ; et l'autre en ma carrière
Me dit : Recule, et vois mon immense barrière.
O ma chère compagne et les jours et les nuits,
Ma boussole ! c'est toi qui seule me conduis ….
Instruis-moi, réponds-moi, me restes-tu constante ?
Quel écart ! … cèdes-tu toi-même à la tourmente ?
De ta direction pourquoi tant décliner ?
En tes balancements, vas-tu m'abandonner ?
Non ! … vers ton pôle-nord tu reviens plus fidèle. […]
(Avec recueillement.)
Je ne sais ; … mais hier, observant les passages
Des courants variés … l'ouest, et certains nuages …
Quelques écueils … la sonde enfin trouvant un fond …
Oui, si la terre est loin, mon esprit se confond.[1]

Ce passage qui annonce la verve et l'énergie de l'alexandrin hugolien, montre Colomb en proie à une espèce de délire mystique. Véhémence, réflexion, recueillement : dans une sorte de climax descendant, les didascalies scandent les différents états d'âme du tempérament atrabilaire en proie à une crise passant de la violence (dispersion d'énergie) au repos (le méditation qui suit le relâchement d'énergie). En reliant la bile noire à l'élément aérien, Aristote associe ces alternances entre agitation et repos à la dispersion de la semence masculine.[2] Ici, l'idée d'une dispersion d'énergie est plutôt liée à l'acte créateur du génie impliqué

---

1. Lemercier, *Christophe Colomb*, III, 3.
2. Voir Aristote, *Problème XXX*, 953b40-954a1.

par la signification métapoétique qu'assigne Lemercier au voyage et la symptomatologie aristotélicienne n'est reprise que dans l'alternance entre agitation et repos. Colomb est défini comme un être antithétique, ange et bête à la fois — et l'on connaît la fortune de cette opposition dans l'esthétique romantique –, tantôt lucide tantôt en proie à son délire. Cette connotation inscrit encore le personnage dans la représentation traditionnelle de l'atrabilaire : Jackie Pigeaud a souligné le caractère « polymorphe » du tempérament mélancolique, qui permet au sujet de contenir dans les différents « stades » de son humeur — au moins en puissance — « tous les caractères de tous les hommes ».[1]

Capacité de voir l'invisible et de défier les forces de la nature, rupture avec une société qui ne le comprend pas : Colomb annonce pleinement la notion de « génie », de l'« homme océan » qui, victime de sa grandeur, est ainsi condamné à la solitude. « Plus au sud, plus au nord, que sais-je ? … Mais par-là » : Colomb abandonne l'étude des cartes pour se laisser porter par son instinct, par son génie — dont la boussole représente à la fois le guide et une sorte de corrélat objectif. Conscient d'être incompris par les « aveugles » matelots, Colomb partage ses visions avec les « anciens » et son entreprise ne sera comprise que bien plus tard : son « amère puissance »[2] le condamne à être une figure de mauvais temps et de mauvais lieu. *Pinto* offrait avant tout une analyse lucide des mécanismes réglant le fonctionnement de l'état moderne et post-révolutionnaire, *Christophe Colomb* représente en revanche une réflexion aiguë sur la condition du génie. « Les cours ont, je le sais, plus d'écueils que les mers » (III, 7) ; « Je prouverai qu'un homme, à travers la tempête,/ Peut seul, et sans les rois, tenter un conquête » (I, 3) : sans que la réflexion politique soit mise au centre de son drame, Lemercier fait allusion — comme l'avait fait Langeac dans son poème — au rapport difficile avec l'autorité politique caractérisant sa vie personnelle ainsi que celle d'autres hommes de lettres subissant les hostilités du pouvoir impérial. L'évocation d'une autorité politique potentiellement hostile renvoie — il est vrai — à la censure et au contrôle exercé par Napoléon sur le théâtre, mais elle semble également figurer l'opposition des « cabales », « entraves » néfastes pour le génie créateur. Une autre lecture, qui n'exclut pas l'assimilation de Colomb au poète, consiste à voir dans le personnage du navigateur un avatar de Napoléon. On ne peut pas rejeter la possibilité d'identifier dans la pièce une référence parodique dissimulée à l'épopée politique de Bonaparte, même si cette assimilation n'est guère percevable à travers la

---

1. Voir l'introduction de Jackie Pigeaud, dans Aristote, *L'Homme de génie et la mélancolie. Problème XXX*, tr. et notes par J. Pigeaud (Paris : Rivages, 1988), pp. 15–16.
2. Massimo Colesanti se sert de cette expression dans la description des héros des poèmes de Vigny, voir 'Vigny o la condizione del poeta', dans Giovanni Macchia, Luigi De Nardis, Massimo Colesanti (éds), *La letteratura francese dall'Illuminismo al Romanticismo* [1974] (Milan : Rizzoli, 2000), p. 545.

réception de l'époque (comme elle l'était en revanche pour *Pinto*) et la continuation des reprises fut justement assurée par la police impériale.[1]

La conquête de Colomb n'est qu'une victoire partielle, son navire échoue et le navigateur ne peut atteindre la côte qu'en l'abandonnant :

>   COLOMB [...].
> Sauvez-vous ; sur le pont nous restons les derniers.
> [...]
> (*Ils sortent tous vivement*)
>
>   **Scène XVII.**
>   *Colomb, Diégo.*
> [...]
>   COLOMB [...].
> Je pressens que déjà tout est sûr en ce port.
> Peut-être de ma gloire, au retour poursuivie,
> Naîtra l'ingratitude ; et peut-être l'envie,
> Pour tout prix, chez nos rois me forgera des fers :
> Les cours ont, je le sais, plus d'écueils que les mers :
> Mais quand, par un prodige aussi grand que le nôtre,
> J'étonne un hémisphère en lui découvrant l'autre,
> Il n'est aucun pouvoir qui parvienne à m'ôter
> L'honneur que l'univers m'aura vu mériter ;
> Et s'il revient quelqu'un de la côte où nous sommes,
> Mon salaire à venir ne dépend plus des hommes.

L'abordage du nouveau continent se fait hors de la scène et le rideau tombe sur Colomb et Diégo sur le pont du navire. Dans la tirade finale, qui évoque l'image du héros enchaîné du poème de Langeac, le héros prend conscience de la grandeur de son entreprise et des risques que sa gloire comporte. Deux actes supplémentaires auraient dû peindre « le moment de triomphe » du navigateur « sur les esprits et sur la cour » et non « l'image des persécutions qu'a subies Colomb pour salaire de ses services » : ce projet, qui devait compléter le triptyque des actes de la comédie, n'a jamais été réalisé.[2] La dernière apparition de Colomb au sein du macrotexte de Lemercier remonte en revanche à 1819, dans le chant quatorze de la *Panhypocrisiade*, quand l'auteur revient sur la question du génie et de la grandeur de l'homme. Le navigateur est présenté d'abord comme un « rêveur en délire » puis comme un « demi-dieu » dont l'entreprise reçoit la

---

1. Il existe néanmoins des connivences entre les deux personnages : les origines italiques, les rapports à l'Angleterre, l'éloignement de la « terre natale ». Voir Stéphane Arthur, 'Les représentations théâtrales de Christophe Colomb', pp. 161–62.
2. Voir la *Note* finale de la pièce dans la présente édition.

bénédiction des déités océaniques :¹ on serait tenté d'y voir la réalisation de ces deux actes complétant le *Colomb* de 1809. Cette apothéose du héros est pourtant suivie par un triste démenti : dans les pages conclusives du chant quatorze, Lemercier insère un court dialogue en vers alexandrins qu'il avait déjà publié en annexe de sa traduction des *Vers dorés* de Pythagore, trois ans avant la création de sa comédie shakespearienne :

> PYTHAGORE.
> J'instruis les mortels.
>
> HOMÈRE.
> J'éternisai leur gloire.
>
> [...]
>
> COLOMB.
> J'acquis un nouveau monde.
>
> CÉSAR.
> Et j'ai mis l'autre aux fers.
>
> THÉMIS.
> Vous donc volez aux cieux ; vous tombez aux enfers.²

Le texte met en scène des grands hommes du passé (Pythagore, Homère, Brutus l'ancien, Attila, Sylla, Omar, Tibère, Colomb, César) dont la vie entière est réduite à six syllabes : ce petit ouvrage brachylogique (six vers disposés en dix répliques, chacune constituée d'un seul hémistiche, suivis d'un vers final) est une morne réflexion sur le rôle de l'homme sur la Terre et sur le rapport de ses actions à la temporalité. Les différentes images de Colomb dans l'œuvre de Lemercier établissent un rapport de continuité avec les *Hérologues*. Dans ce recueil de poèmes, Odin offrait l'exemple de la force morale du grand homme face à la mort, en opposant à la caducité du corps la possibilité d'éterniser l'être immatériel grâce à la gloire. Dans l'Homme renouvelé, contenu dans le même volume, Lemercier insiste sur l'idée de bonheur consistant justement en la poursuite d'un idéal de perfectibilité.³ Cette idée de perfectibilité était également présente dans

---

1. Voir Lemercier, *La Panhypocrisiade, ou le Spectacle infernal du seizième siècle, comédie épique* (Paris : Firmin Didot, 1819), pp. 340-50.
2. Lemercier, *Le Jugement des siècles*, dans *Traduction des vers dorés de Pythagore et deux idylles de Théocrite ; suivie d'un Dialogue entre Démocrite et Hippocrate et d'un Discours sur la métempsychose* (Paris : Barba, 1806), pp. 30-31. Dans la version de la *Panhypocrisiade* (XIV, pp. 352-53), le titre est quelque peu différent (*Le Jugement de Thémis*) et Lemercier y ajoute une tirade antinapoléonienne où César se plaint d'une destinée qu'il considère injuste et Thémis lui répond : « Toi qui dans l'univers, né pour tout subjuguer,/ Tuant la liberté que tu lui pus léguer/ Laissas par ton exemple, en sanglant héritage/ L'empire à des Nérons qu'adora l'esclavage ». Par la disqualification de César, présenté comme l'archétype de l'empereur, Lemercier stigmatise toute forme de gouvernement impérial.
3. Voir Lemercier, *Hérologues, ou Chants des poètes rois, et l'Homme renouvelé, récit moral en vers* (Paris : Renouard, 1804), troisième entretien.

l'*Atlantiade*, où le voyage de Colomb, « [s]ûr investigateur de plages certaines », incarne l'image du progrès de l'humanité.[1]

Le message du Jugement et de Colomb est en revanche marqué par un noir pessimisme. Sous les yeux implacables de Thémis, toute grandeur — dans le bien et dans le mal — s'efface. Cette réflexion, qui n'est pas sans implication politique, raille l'ambition et la gloire en insistant sur leur caractère fugitif. Même si la disposition typographique suggère que Colomb sera parmi les bienheureux qui iront « au ciel » — et on comprend d'emblée le sens ironique d'une pareille affirmation de la part du voltairien Lemercier —, la construction de cet étrange dialogue se fonde sur une diminution du grand homme dont les exploits peuvent être réduits à la longueur d'une poignée de syllabes. La figure de Colomb dans la comédie de Lemercier consiste à plusieurs égards en une amplification de la réflexion menée dans ce court dialogue ; l'absence dans la pièce de toute référence à la gloire posthume du héros confirme le constat amer que l'on peut tirer de la sentence de Thémis : face au « jugement des siècles », toute action humaine ne peut qu'être réduite aux proportions de l'infiniment petit. Le Colomb de Lemercier, en dépit de sa grandeur, demeure la victime des « amères dérisions de la vie », de ce « désespoir » antique — bénédiction et misère du génie — pour lequel la modernité romantique a retrouvé le nom de « mélancolie ».[2]

De l'histoire à la légende, de la légende à l'oubli

Jean-Marie Thomasseau a comparé les tumultes engendrés par *Christophe Colomb* à une bataille d'*Hernani* avant la lettre, analogue seulement à celle qui avait suivi la création à la Comédie-Française d'*Édouard en Écosse, ou la Nuit d'un proscrit*,[3] « drame historique » en trois actes et en prose d'Alexandre Duval (18 février 1802).[4] Même si les autres séances se déroulent de manière assez calme, c'est évidemment la deuxième représentation de *Christophe Colomb* qui reste gravée dans la mémoire collective. Un an après la création, le *Mémorial dramatique* de Charrin fait un éloge de la pièce de Lemercier et revient justement sur la bataille qui l'avait accompagnée :

---

1. Voir *supra*.
2. Victor Hugo, *Préface*, dans *Cromwell*, chronologie et introduction par Anne Ubersfeld (Paris : Flammarion, 1968), p. 68.
3. Jean-Marie Thomasseau, 'Le vers noble ou les chiens noirs de la prose ?', p. 40.
4. Dans l'article 'Drame' de l'*Encyclopédie moderne*, Lemercier rapproche la pièce de Duval de son *Colomb* en les présentant comme de bons exemples du genre intermédiaire : d'après Lemercier, les deux ouvrages montreraient des « héros historiques » présentés « sous l'aspect de leurs mœurs privées ».

> Des idées sublimes, des expressions mâles et énergiques, de beaux vers soutiennent cet ouvrage, vraiment original dans son plan, dans ses détails et dans son exécution.
>
> Cette pièce, qui fut applaudie par les uns, sifflée par les autres, donna lieu à des rixes sanglantes, et le cours des représentations fut interrompu à la septième ou huitième.

Dans son plaidoyer, l'anglophile Charrin transforme la comédie en un combat esthétique où « le génie triomphe » contre « l'impuissance des règles » qui voudraient « enchaîner son audace ».[1] Les doctes de l'Institut sont d'une opinion radicalement opposée. Quelques mois après la création de *Christophe Colomb*, Lemercier est élu à l'Académie française. Dans son discours de réception, Philippe-Antoine Merlin de Douai consacre à la pièce un très sévère examen. Cette comédie shakespearienne aurait porté une offense irréparable à l'édifice du classicisme, elle aurait dépassé en hardiesse le scandale de *Pinto* :

> Je ne dois en parler que pour protester, au nom de vos vrais amis, contre l'abus que vous y avez fait de vos talents, en vous écartant [...] de l'unité de temps et de lieu [...] que vous n'aviez déjà que trop offensée dans *Pinto*. [...] Si, tout récemment, dans des leçons publiques et savantes sur l'art dramatique, vous n'aviez pas solennellement professé une doctrine réparatrice de l'exemple que vous avez donné, l'Académie n'aurait pas pu [...] vous admettre dans son sein [...], elle aurait sacrifié son estime pour vous à la crainte d'encourager les jeunes élèves de Melpomène et de Thalie à suivre la route que vous leur aviez si imprudemment ouverte.[2]

L'élection à l'Académie marque un tournant réactionnaire dans la production de l'auteur qui affiche une haine de plus en plus intense à l'égard des auteurs dits novateurs. Si son classicisme se fonde sur des convictions profondément enracinées dans son esprit, sa virulence envers la nouvelle école est aussi sollicitée par cette espèce de pacte avec les autres académiciens : le fauteuil quatorze est offert au dramaturge qui, « nourri de l'étude des anciens, pénétré de leur esprit [...] identifié avec eux » a « fait reparaître *Agamemnon* sur la scène française ».[3]

Ayant « planté » avec ses comédies historiques « le premier jalon » du « romantisme dramatique », comme l'affirme *La Quotidienne* lors des reprises de *Pinto* à la Porte Saint-Martin en 1834,[4] Lemercier devient par la suite l'un des détracteurs les plus acharnés de ce même mouvement que son œuvre avait contribué à fonder. Dans *Christophe Colomb*, Lemercier avait opté pour une

---

1. Charrin, *Mémorial dramatique, ou almanach théâtral pur l'an 1810, contenant l'analyse raisonnée et critique de toutes les pièces jouées aux différents Théâtres de la Capitale en l'an 1809* (Paris : Hoquet-Barba, 1810), quatrième série, pp. 77-79.
2. Réponse de Merlin, dans *Discours de Lemercier pour son élection à l'Académie Française, 5 sept. 1810* (Paris : Baudouin, 1810), pp. 29-33.
3. Ibid.
4. *La Quotidienne*, 22 novembre 1834.

versification expérimentale tendant les cordes de l'alexandrin et défigurant sa structure classique : après la prose de *Pinto*, il s'agissait bien d'une recherche sur la dramaturgie en vers consistant en une tentative de conférer à l'alexandrin la souplesse et le naturel du parler spontané. Si les académiciens ne peuvent que se réjouir du retour de l'auteur d'*Agamemnon*, quelques mois avant son élection, Louis-Sébastien Mercier publie une *Épître à M. Lemercier, auteur de Pinto et de Christophe Colomb* dans laquelle il met en œuvre une scission nette entre les deux visages de Lemercier. Par l'invitation à chasser le « sombre Atrée » de la scène française, Mercier blâme implicitement le tournant réactionnaire du dramaturge. En exprimant le souhait que leurs muses puissent être « toujours sœurs », Mercier exhorte enfin son « homonyme » à poursuivre la route de Schiller et de Shakespeare.[1]

La pièce est encore évoquée en 1815 dans *Le Géant noir*, à la suite de la chute du *Christophe Colomb* de Pixerécourt.[2] De plus, dans la préface de l'édition de son mélodrame, celui-ci n'hésite pas à montrer son admiration pour la pièce de Lemercier, à laquelle son ouvrage doit beaucoup :

> Depuis que je m'occupe de littérature, j'ai constamment désiré de mettre en scène cet homme extraordinaire.
>
> J'avais ébauché, il y a douze ans, la pièce que j'offre aujourd'hui au Public [...] Je m'étais [...] décidé à l[a] finir pour le Théâtre de la Gaîté, quand M. Lemercier fit jouer à l'Odéon, en 1809, sa comédie *Shakespearienne*, intitulée CHRISTOPHE COLOMB. J'avoue ici, avec la franchise qui fait la base de mon caractère, que je dois beaucoup à cet auteur distingué. Pour la première fois, j'avais, comme lui, enfreint les règles dramatiques et fait une pièce irrégulière. Ce que les beaux vers et le très grand talent de M. Lemercier ne purent faire adopter par des spectateurs français, je crus ne devoir point le risquer, après lui, avec des moyens bien inférieurs.[3]

Mercier et Charrin ne sont pas les seuls à comprendre le potentiel révolutionnaire de *Christophe Colomb*. En repensant aux tempêtes qui ont suivi la représentation de la pièce, August Wilhelm von Schlegel confirme, non sans une touche d'ironie, la peur des partisans du bon goût qui voyaient dans cette comédie un nouvel attentat aux « saintes unités » du théâtre français :

---

1. *Journal de Paris*, 10 mars 1810. L'intégralité du texte est dans l'annexe. On reconnaît, derrière le « Professeur altier » dont parle Mercier, le visage le plus conservateur de Lemercier, qui enseignait à l'époque à l'Athénée de Paris.
2. *Le Géant Noir, chronique innocente (qui n'est pas périodique)*, 2e noirceur (Paris : Delaunay, 1er octobre 1815), p. 91.
3. René-Charles Guilbert de Pixerécourt, *Christophe Colomb, ou la Découverte du Nouveau Monde*, mélodrame historique en trois actes, en prose et à grand spectacle, Musique de M. Darondeau, représenté pour la première fois à Paris, sur le Théâtre de la Gaîté, le 5 septembre 1815 (Paris : Barba, 1815), pp. iv-v.

> Depuis l'époque où j'ai donné ce cours, la représentation de son *Christophe Colomb* a excité à Paris un tel tumulte, que plusieurs champions du système de Boileau ont eu les membres meurtris en remplissant les devoirs de leur vocation. […] Chez lui, au milieu du cercle de ses relations bourgeoises, Colomb passe pour fou, à la cour il n'obtient qu'avec peine un bien faible secours, et enfin sur son vaisseau une émeute est prête à éclater lorsqu'on aperçoit les côtes désirées et que le cri de : terre ! terre ! termine la pièce.[1]

En 1818 Stendhal présente *Christophe Colomb* comme l'exemple réussi d'une pièce moderne où l'action remplace la froideur du récit ; ni Racine ni Alfieri n'auraient pu traiter ce sujet aussi bien que Lemercier :

> Cette suite d'actions de l'un des plus grands de nos compatriotes, oserez-vous la remplacer par de froids récits ? Qui les fera, ces récits ? Qui les écoutera ? Et surtout quelle confiance un homme sensé a-t-il à un récit ? Dans un récit, on me dicte mes sensations ; ainsi le poète ne peut toucher qu'une classe d'auditeurs. Quand, au contraire, nous voyons un fait se passer sur le théâtre, chacun de nous en est touché à sa manière, le bilieux d'une façon, le flegmatique d'une autre. Par là, la tragédie s'empare d'une partie des avantages de la musique. Supposez Racine ou Alfieri traitant le sujet de Christophe Colomb, et nos yeux seront privés du spectacle le plus intéressant et le plus moral […]. Quelles semences de grandes actions vous jetez dans ces cœurs en leur faisant voir le généreux Colomb, méprisant les clameurs de son équipage prêt à le massacrer ! Et c'est de tels effets que votre théorie étroite et surannée voudrait nous priver.[2]

Dans le deuxième *Racine et Shakspeare*, Stendhal se montre plus critique envers cette comédie shakespearienne qui a désormais vieilli ; il l'évoque pourtant parmi ces ouvrages fondateurs qui — « ridicules aujourd'hui » — avaient fait « du bruit en naissant ».[3] Grace à Mercier, Schlegel et Stendhal, *Christophe Colomb* devient donc l'un des symboles de la réforme du théâtre, l'étendard des partisans du romantisme naissant qui ont trouvé dans la dramaturgie étrangère le moyen essentiel pour le renouveau de la scène nationale.

Quant à Lemercier, en dépit de son retour au classicisme, il ne quitte pas le projet de remettre en scène sa comédie shakespearienne. Le premier avril 1824, le dramaturge fait représenter au théâtre français son *Richard III et Jeanne Shore*. Il s'agit d'un « drame historique » où l'auteur n'hésitait pas à « sortir de la règle de l'unité de temps »[4] et à recourir au mélange de tons que le jeu de Talma dans

---

1. August Wilhelm von Schlegel, *Cours de littérature dramatique*, trad. Necker de Saussure (Genève-Paris : Lacroix, 1832), t. II, p. 121, n. 1.
2. Stendhal, *Qu'est-ce que le Romanticisme ?*, pp. 215–16.
3. Stendhal, *Racine et Shakspeare*, II (Paris : Marchands de Nouveautés, 1825), pp. 18–19.
4. Lemercier, *Richard III et Jeanne Shore* (Paris : Firmin Didot, 1824), p. xi. Sur cette pièce et son dénouement, voir Barbara T. Cooper, 'Les *Jane Shore* des années 1820 et leurs dénouements différents : les cas de François Andrieux et de Népomucène Lemercier', dans Florence Naugrette et Sylvie Robardey-Eppstein, *Changements de dénouement et réécritures de la fin dans le théâtre européen des XVIIIe et XIXe siècles : causes, modalités, enjeux*, à paraître chez les Classiques Garnier.

le rôle de Richard ne faisait qu'accentuer.[1] Deux semaines plus tard, Lami lit à l'Athénée ses *Observations sur la tragédie romantique*,[2] où la question de la tragédie n'est abordée qu'afin de dissuader les auteurs tentés d'imiter Shakespeare et Schiller, dramaturges proprement « romantiques » dont les hardiesses ne sont pas faites pour la scène française. La même année, vers la fin de novembre, le bureau des censeurs autorise la représentation de *Christophe Colomb*. Bernard, alors directeur de l'Odéon, refuse pourtant à l'auteur la possibilité de la reprendre et allègue comme excuse les agitations de 1809 :

> *Christophe Colomb* est revenu de la censure avec la permission de le représenter. Maintenant je nous dois, je me dois à moi-même, de vous remettre les observations qui m'ont été faites au sujet de la reprise de cet ouvrage : on est loin d'attaquer son mérite, au contraire, mais tout le monde prévoit [??] une scène lorsqu'on le verra sur l'affiche. On assure que l'autorité même interviendra lors de la représentation et que les études seront inutiles.
>
> Tous les autres à qui j'en ai parlé, sont absolument de cet avis. D'un autre côté, je dois consulter mes intérêts, puis-je au commencement de mon [? mandat], risquer une pièce qui pourrait, malgré le talent qui y règne, causer un scandale qui ne peut que nuire à mon entreprise ? Puis-je abandonner l'étude des pièces nouvelles pour une reprise dont le succès est même douteux ?[3]

Après cette nouvelle déception, la veine anti-romantique de Lemercier se concrétise dans les textes théoriques accompagnant les nouvelles éditions de ses œuvres et notamment dans ses 'Remarques sur les bonnes et les mauvaises innovations dramatiques', publiées en 1825 dans la *Revue encyclopédique*. Dans cet essai, Lemercier tente de dissuader les jeunes écrivains d'emprunter la voie nouvelle du mélange des genres et de l'imitation des théâtres étrangers. Conscient du caractère ambigu de ses œuvres, qui ne cessaient pas de contredire la sagesse de ses affirmations théoriques d'académicien, Lemercier n'hésite donc pas à revenir sur ses comédies historiques, et notamment sur *Christophe Colomb* :

> Après avoir médité ce puissant exemple et celui de l'*Amphitryon* latin et français, je m'efforçai d'appliquer aussi les formes comiques à l'histoire, de traiter familièrement les grands, comme les Muses traitaient les Dieux, et de créer la Comédie historique, dans la conjuration de *Pinto*, dans la *Journée des Dupes*, du cardinal de Richelieu, dans la conquête de *Christophe Colomb*. Je pris le soin, dans la première de ces innovations, de m'écarter peu de l'unité de lieu, et de m'astreindre à celles de temps et d'action ; dans la seconde, plus rectifiée et mise en vers, je respectai les trois unités strictement ; dans la troisième, où j'associai le comique à l'héroïque, je m'affranchis entièrement des règles de temps et de lieu, je ne conservai que celle d'action. Ces essais

---

1. Comme le revendique l'auteur, Talma aurait su mêler dans son Richard « à la fois le sourire, l'épouvante, et le rire le plus sinistre », Lemercier, *Notice sur Talma* (Paris : Rignoux, 1827), p. 18.
2. (Paris : Ponthieu, 1824).
3. Lettre de Bernard, directeur de l'Odéon, 16 novembre 1824, bibliothèque de Bayeux, ms 248.

d'un disciple parurent un progrès utile aux genres secondaires, à l'époque où l'on encourageait les innovations raisonnables ; mais ces extensions des ressorts de l'art n'étaient pas l'affranchissement de ses lois les plus importantes : elles n'autorisent pas la mixtion confuse de ses principes élémentaires et le renversement total de ses méthodes.[1]

Sa polémique contre les partisans d'une réforme plus radicale ne se fait d'abord que par des observations argumentées. Tout en admettant la présence de certains caractères intéressants dans le théâtre étranger, et notamment chez Schiller, Lemercier invite les jeunes auteurs dramatiques à imiter les modèles français ou antiques. Ses affirmations ne contredisent finalement pas sa pratique dramaturgique : la maîtrise des genres intermédiaires et des modèles étrangers est compliquée, leur usage est dangereux. Les théâtres allemand et anglais doivent rester l'apanage des auteurs plus mûrs afin d'éviter que l'enthousiasme de la jeunesse ne se laisse pervertir par leur esthétique étrange et irrégulière.

Ses positions sont encore modérées en 1827, lorsqu'il publie son article 'Drame' dans l'*Encyclopédie méthodique*, et ne peut pas se passer de revenir sur sa comédie shakespearienne :

> Lorsque je mis en scène *Christophe Colomb*, je sentis que cet homme extraordinaire, aux prises avec l'ignorance des cours et de ses parents, en lutte avec l'insubordination des forçats qui lui servirent de matelots, ne pouvait se produire en héros tragique sans paraître défiguré. Les applaudissements unanimes dont le public couvrit la première représentation de l'ouvrage où j'exposai naïvement la découverte du Nouveau-Monde, prouva la puissance spéciale du drame. Les rixes sanglantes qui interrompirent son succès, n'ayant été que la suite de querelles personnelles, n'ont point infirmé la valeur de cette expérience dramatique.

Dans cet article, Lemercier — qui s'apprête à publier son recueil de *Comédies historiques* — revient sur ses positions radicales et se sert de l'exemple de Louis-Sébastien Mercier pour légitimer les genres intermédiaires. Lemercier précise également ses vues envers les dramaturgies allemandes et anglaises : l'imitation de ces modèles étrangers est donc possible, à condition qu'elle demeure l'apanage du drame et non de la haute tragédie. Sa comédie shakespearienne est en quelque sorte déclassée et présentée comme un « drame » : même si dans ce passage Lemercier utilise sans doute le terme au sens étymologique de « pièce dramatique », l'ambiguïté du choix terminologique vise probablement à justifier les irrégularités de son ouvrage.[2] De ce point de vue, l'exclusion de *Christophe Colomb* du recueil des *Comédies historiques* est probablement liée à une volonté

---

1. 'Remarques sur les bonnes et les mauvaises innovations dramatiques', lues à l'Académie française, le mardi 5 avril 1825, publiées dans la *Revue encyclopédique*, XXVI — avril 1825.
2. Lemercier, 'Drame', dans M. Courtin, *Encyclopédie moderne ou dictionnaire abrégé des sciences, des lettres et des arts* (Paris : Bureau de l'Encyclopédie, 1827), t. X, pp. 502-15. L'article et les *Remarques* se trouvent dans l'annexe de la présente édition.

de mettre à distance une pièce qui lui avait presque coûté l'élection à l'Académie. De plus, quoique la page de titre indique l'année 1828, les *Comédies historiques* ont été publiées le 19 décembre 1827, soit quatorze jours après la *Préface de Cromwell* :[1] par l'exclusion de *Colomb* et par cette publication si empressée, Lemercier tente d'éradiquer la généalogie anglaise, « shakespearienne » et prétendument romantique du genre de la comédie historique qu'il avait inventé avec *Pinto*.

Deux ans avant la création d'*Hernani*, le souvenir du scandale provoqué par *Christophe Colomb* était encore très vif. En rappelant les hardiesses de la comédie shakespearienne de Lemercier, les *Éphémérides universelles* (1828) soulignent, non sans quelques inexactitudes historiques sur la reconstruction des événements, que « jamais représentation ne fut plus orageuse » :

> Ce fut moins une chute qu'un combat : l'Odéon vit son parterre transformé en un champ de bataille sanglant, et la force des baïonnettes, qui du reste tranchait alors toutes les questions en Europe, fut encore obligée d'intervenir dans ce débat tout littéraire. Le sabre usurpa le domaine de la férule, et Christophe Colomb n'acheva même pas son premier voyage.[2]

La célébrité du bizarre Lemercier et de sa comédie « shakespearienne » dépasse également les limites de l'hexagone. Lemercier, dont la traduction de son *Ode à l'hymen* par Vincenzo Monti avait déjà été publiée en Italie,[3] connaît grâce à la traduction du *Cours* de Schlegel une certaine renommée.[4] Ugoni d'abord et Spini vingt ans plus tard brossent le profil du dramaturge dans leurs sommes du théâtre français.[5]

Lemercier ne tarde pourtant pas à abandonner sa modération d'académicien et à prendre les tons de l'invective. Les grands triomphes du théâtre romantique seront pour lui autant de défaites : sa haine se concrétise, à la fin des années vingt

---

1. *Bibliographie de la France*, année 1827, n° 7549, p. 1042, entrée 7908.
2. *Éphémérides universelles ou tableaux religieux, politique, littéraire, scientifique et anecdotique, présentant pour chaque jour de l'année un extrait des annales de toutes les nations et de tous les siècles, depuis les temps historiques jusqu'à nos jours* [1828], deuxième édition (Paris : Corby, 1835), t. 3, p. 170. Le critique confond la première et la deuxième représentation.
3. Lemercier, *Ode à l'hymen, mise en musique par Cherubini*, s.l., s.d., BNF Y-3359 ; Vincenzo Monti, *Ode ad Imeneo*, dans *Versioni poetiche di Vincenzo Monti*, éd. Giosué Carducci (Florence : Barbera, 1869), p. 402. Voir la lettre où Monti — *Istoriografo del regno* d'Italie — remercie Lemercier pour l'envoi de l'*Ode*, Bibliothèque de Bayeux, ms 249. La réponse enthousiaste de Lemercier, conservée à Forlì, est transcrite dans Franca Zanelli Quarantini, 'Autografi francesi (XIX secolo) del "Fondo Piancastelli" di Forlì', *Francofonia*, 28 (1995), p. 64.
4. La traduction du *Cours* de Schlegel par Giovanni Gherardini est publiée pour la première fois à Milan chez Giusti en 1817.
5. Voir Camillo Ugoni, *Della letteratura italiana nella seconda metà del secolo XVIII* (Brescia, per Nicolò Bettoni, 1822), t. III, p. 85 et G. Spini, 'Delle Innovazioni letterarie in Francia (1800-1815)', *Rivista Europea. Giornale di Scienze morali, letteratura ed arti* (novembre-décembre 1845), pp. 593-39, reproduits dans l'annexe.

et au cours des années trente, en une production satirique demeurée manuscrite dont la deuxième annexe de la présente édition propose un aperçu. En 1829, il publie *Caïn, ou le Premier Meurtre*, une « parodie-mélodrame » chargée d'hostilité contre les représentants de la « nouvelle école » :

> Romantisme, tu nous choques
> Par ton manque de bon sens :
> Tes discours sont équivoques,
> Et tes sujets repoussants.

Il entend surtout se dissocier de l'expérience des Hugo et des Dumas, qu'il traite justement d'« enfants trouvés » :

> Tous ces beaux fils d'origine étrangère,
> Des bords germains viennent incognito.
> À qui fait-on l'honneur d'en être père ?
> C'est à l'auteur de *Plaute* et de *Pinto*.
> L'ingrat qu'il est, renie à droite, à gauche,
> De tels bâtards par son goût réprouvés,
> Qui de folie et d'esprit en débauche
> Ne sont, dit-il, que les enfants trouvés.[1]

Lemercier paye très cher son acharnement contre Victor Hugo et ses partisans. Bien avant le récit mythique du « soir à jamais mémorable » où la création d'*Hernani* aurait décrété la libération de l'art,[2] Gautier commence à en construire le mythe dans les journaux, où le récit de la bataille est évoqué à chaque reprise de la pièce au fil des années.[3] Dans son *Discours de réception à l'Académie*, Hugo, qui prend le fauteuil de son ennemi Lemercier, éclipse rapidement son ancien rival. Il refuse d'exprimer un jugement sur l'ensemble de l'œuvre de Lemercier, s'en remet à la postérité et minimise son rôle de novateur. L'auteur d'*Hernani* ne peut pourtant pas se passer d'examiner *Christophe Colomb*, pièce connue pour son immense succès de scandale. Hugo revient sur la comédie shakespearienne de Lemercier sans mentionner les désordres qui en avaient marqué le spectacle. Dans cet éloge se concentrant sur le classicisme d'*Agamemnon*, il minimise les hardiesses de son prédécesseur. D'après Hugo, qui n'évoque pas l'unité de

---

1. *Caïn, ou le Premier Meurtre*, parodie-mélodrame en trois actes mêlée de couplets et précédée d'un prologue (Paris : Constant-Chant pie, 1829). La *Préface* est reproduite dans l'annexe de la présente édition. Une étude plus précise sur cette pièce, sur la *Panhypocrisiade* et sur le rapport de Lemercier aux romantiques a été présentée au Colloque International de Gargnano (Séminaires Balmas) : 'Les divertissements des diables. Le Pandémonium de Lemercier et les enfers burlesques dans le théâtre au début du XIXe siècle', dans Liana Nissim, Alessandra Preda, *Les Lieux de l'enfer dans les lettres françaises* (Milan : LED-Edizioni Universitarie di Lettere Economia Diritto, 2014), pp. 141–57.
2. Théophile Gautier, *Histoire du romantisme* (Paris : Charpentier, 1874), p. 172.
3. Agnès Spiquel, 'La Légende de la bataille d'Hernani', dans Marie Dollé (éd.), *Quel scandale* (Vincennes : Presses universitaires de Vincennes, 'Culture et Société', 2006), pp. 13–27.

temps, dans *Colomb* l'unité de lieu est « à la fois rigoureusement observée » et « audacieusement violée ». Tout en soulignant le caractère novateur d'une pièce allant « de l'ancien monde au nouveau », Hugo fait mine d'ignorer les changements de décor impliquant un lieu différent pour chaque acte et plus généralement l'étendue de l'action qui dure plusieurs mois.[1]

La mort de Lemercier et la nouvelle de l'arrivée de Victor Hugo à l'Académie française assurent à *Colomb* une modeste renommée hors de la France : l'article de Magnin traduit et paru dans le *Boletín Oficial de Instrucción pública* revenait sur la question rebattue du hiatus existant entre la théorie dramatique de Lemercier et ses « essais de poète » qui le rapprochaient de « l'école réformatrice ».[2] De toute façon, cette attention de la critique sur Lemercier est surtout liée à la renommée de son successeur et n'est pas durable. C'est la parole de Victor Hugo et, ensuite, le mythe d'*Hernani* forgé par les romantiques qui l'emportent. Même Charles Labitte, journaliste et critique littéraire qui avait de l'estime pour Lemercier, tout en soulignant la « hardiesse » et « l'originalité » de *Christophe Colomb*, relit ce « drame romantique » comme une préfiguration d'*Hernani* et du théâtre romantique en général plutôt que comme un ouvrage digne d'être analysé de manière autonome.[3] La construction de la légende du théâtre romantique fait en sorte que l'histoire de la bataille de *Christophe Colomb* — cette « chute retentissante » qui fut presque « un succès »[4] — se perd progressivement dans les plis de l'histoire littéraire.[5]

---

1. Victor Hugo, *Discours de réception à l'Académie française*, pp. 153–83, passim.
2. Voir les extraits de la *Revue des deux mondes* (26 juin 1841), pp. 840–53 et *Boletín Oficial de Instrucción pública*, pp. 506–16 dans l'annexe.
3. Charles Labitte, 'Poètes et romanciers modernes de la France. Népomucène Lemercier', *Revue des deux mondes* (15 février 1840), p. 471.
4. Porel et Monval, *L'Odéon*, t. 1, p. 241.
5. Je tiens à remercier Pierre Frantz et Thomas Wynn pour leurs attentives relectures et leurs conseils précieux et stimulants qui ont été fondamentaux pour la réalisation de ce travail. Toute ma gratitude à Chetro De Carolis pour son minutieux travail de révision des épreuves.

NOTE SUR LA PRÉSENTE ÉDITION

La Pièce

Contrairement à *Pinto, ou la Journée d'une conspiration* qui se signale par une histoire éditoriale longue et tourmentée, *Christophe Colomb* ne connaît qu'une édition publiée en 1809 :

[1] CHRISTOPHE COLOMB
[2] blanc
[3] CHRISTOPHE COLOMB, / Comédie historique / en trois actes et en vers / par / NÉPOMUCÈNE LOUIS LEMERCIER / Représentée pour la première fois sur le théâtre de S. M. Impératrice et Reine, le 7 mars 1809. / [filet] / Labor improbus omnia vincit / [filet] / [Fleuron] / À PARIS, / Chez Léopold COLLIN, rue Gît-le-Cœur, n° 7. / DE L'IMPRIMERIE DE DIDOT JEUNE / 1809.
[4] blanc
[5]-7 NOTE / *Publiée la veille du jour de la première représentation de* Christophe Colomb.
[8] PERSONNAGES
[9]-83 texte de la pièce
[84] blanc
[85]-86 NOTE.
[87]-91 FRAGMENT
[92-96] blanc
6 cahiers In-8°, signatures de [1] à 6, couverture en papier.

Exemplaires examinés : BNF 4D-7446 ; BNF GD 451 (dans un recueil factice relié en cuir portant sur le dos « Lemercier/Théâtre » et qui contient également : *Louis IX en Égypte, Le Corrupteur, Baudouin Empereur* et *Plaute, ou la Comédie latine*) ; Biblioteca Casanatense (Rome) COMM 526 9. Ces exemplaires ne comportent pas de corrections ni de signes de lecture importants.

Le texte de cette édition est fidèlement reproduit dans l'un des volumes consacrés aux « comédies en vers » de la *Suite du Répertoire du Théâtre Français* par Lepeintre-Desroches, où l'on retrouve également les deux Notes et le Fragment.[1]

---

[1]. Paris : Chez Veuve Mme Veuve Dabo, à la librairie stéréotype, rue Hautefeuille n° 16, 1822, pp. 179-258, format In-16. Il s'agit du t. 11 des comédies en vers, vol. 28 de la *Suite*. Exemplaire examiné : BNF YF-5431. L'ensemble de la collection a été republié au cours du siècle.

Christophe Colomb est précédé de *Plaute, ou la Comédie latine*, et suivi de *Le Frère et la Sœur jumeaux*, imitation bien régulière de la *Nuit des Rois*. Dans l'édition Lepeintre-Desroches, la première note est appelée « Note de l'auteur », pour la distinguer des notes et des notices de l'éditeur, qui ne sont pourtant pas présentes dans le texte de *Christophe Colomb*.[1] La pièce a également été l'objet d'une édition moderne en 1928, due aux soins de Charles Grimm.[2] Il s'agit d'une édition scolaire, accompagnée d'une introduction et d'une bibliographie très modestes, d'un lexique bilingue franco-anglais et sans véritable vocation scientifique. Très difficile à trouver aujourd'hui, cette édition — qui présente la pièce comme le « portrait du premier blanc américain, grand découvreur de leur continent »[3] — témoigne néanmoins d'un certain intérêt pour la comédie de Lemercier au début du siècle dernier.

Vu l'absence du manuscrit de théâtre et de tout texte préparatoire, la présente édition est fondée sur le texte de 1809. Suivant une habitude éditoriale courante, la graphie a été modernisée, alors que la ponctuation originale a été reproduite. Les fautes et les erreurs évidentes ont été discrètement corrigées.

Annexe I. Réception de Christophe Colomb (1809-1845)

L'annexe retrace la réception de la pièce dans la presse périodique contemporaine et dans les principaux textes de théories dramatiques où la comédie de Lemercier est évoquée en France et à l'étranger. Elle contient également la lettre de Bernard de 1824 où le directeur de l'Odéon refuse de reprendre *Christophe Colomb* en dépit de l'autorisation de la censure.

Annexe II. Lemercier et l'« école romantique ». Textes et documents

L'annexe reproduit un certain nombre d'écrits théoriques — imprimés ou manuscrits — censés éclaircir le rapport complexe de Lemercier au romantisme français. Les documents proposés sont rangés par ordre chronologique.

'Remarques sur les bonnes et les mauvaises innovations dramatiques', lues à l'Académie française, le mardi 5 avril 1825, *Revue Encyclopédique*, XXVI (avril 1825)

---

1. La notice sur Lemercier se trouve dans le t. 10 des tragédies, soit vol. 10 de la *Suite*.
2. Népomucène Lemercier, *Christophe Colomb*, Comédie historique en trois actes et en vers. Edited by Charles Grimm with Introduction, Notes, and Vocabulary (New York-Londres : Century Co, 1928).
3. « It portrays the character of the first white American, the great discoverer of their continent », ibid., p. vi.

Article 'Drame', dans M. Courtin, *Encyclopédie moderne ou dictionnaire abrégé des sciences, des lettres et des arts* (Paris : Bureau de l'Encyclopédie, 1827), t. X, pp. 502-15

Pot-pourri-préface, dans *Caïn, ou le Premier Meurtre* (Paris : Constant-Chantpie, 1829), pp. 1-11

Bibliothèque de Bayeux, ms 245 : *Douce ironie du peintre Guérin*

Bibliothèque de Bayeux, ms 456 : *Mot du peintre Gros, illustre élève de David*.

Bibliothèque de Bayeux, ms 243 : *Avis d'un ancien contemplateur des révolutions de la politique et des beaux arts*

Bibliothèque de Bayeux, ms 245 : *Sur les révolutionnaires en littérature*

Ils ont été sélectionnés sur la base de deux critères : d'un côté, les textes contenant le mot « romantique » ou une allusion à la « nouvelle école » ont été soigneusement répertoriés et triés ; de l'autre, l'anthologie propose des textes où Lemercier aborde directement la question des modèles étrangers — notamment anglais et allemand — par rapport aux différents genres du théâtre français. Comme dans le reste du volume, la graphie des textes imprimés a été modernisée, alors que celle des manuscrits a été fidèlement respectée. Les notes originales sont signalées par des chiffres arabes entre parenthèses et reproduites directement à la fin de chaque texte.[1]

---

[1]. Sauf indication différente, les informations historiques sur Colomb et ses voyages sont tirées de Paolo Emilio Taviani, *L'avventura di Cristoforo Colombo* (Florence : Il Mulino, 2001) et Alice Bache Gould, 'Nueva lista documentada de los tripulantes de Colón en 1492', dans *Bol. de la R. Academia de Historia*, LXXXV (1924), pp. 34-49, 145-59, 353-79 ; LXXXVI (1925), pp. 332-491 ; LXXXVII (1925), pp. 25-59 ; LXXXVIII (1926), pp. 721-84 ; CX (1937-1942), pp. 91-162.

Christophe Colomb

Comédie historique
en trois actes et en vers
par
Népomucène Louis Lemercier

Représentée pour la première fois sur le théâtre de
S. M. l'Impératrice et Reine, le 7 mars 1809

Labor improbus omnia vincit

NOTE

Publiée la veille du jour de la première représentation de
Christophe Colomb[1]

L'auteur de la pièce nouvelle qu'on donnera demain à l'Odéon croit devoir prévenir le public qu'il ne l'a pas intitulée *comédie schakespirienne* pour affecter d'introduire un genre étranger sur la scène, mais seulement pour annoncer aux spectateurs que son ouvrage sort de la règle des trois unités : le sujet qu'il traite l'a contraint d'en omettre deux, celle du lieu et celle du temps ; il n'a conservé que celle de l'action.

L'auteur se flatte qu'on excusera une licence qu'il lui était impossible de ne pas prendre dans le sujet qu'il a choisi, espérant intéresser par la représentation d'un personnage tel que Christophe Colomb, dont la découverte fut une si grande époque [*sic*] dans les annales du monde. Cette particularité d'un événement et d'un caractère extraordinaires ne peut faire exemple. Il a fallu que l'auteur s'affranchît cette fois des règles reçues ; règles *qu'il* a strictement observées dans toutes les pièces qu'il a faites pour le Théâtre Français ; *règles dont les chefs-d'œuvre des maîtres de l'art dramatique ont consacré l'excellence, et qu'on accuse faussement de rétrécir la carrière du génie.* Quelle nation peut opposer à la nôtre des modèles qui égalent en perfection *Cinna*, *Athalie*, et *Tartuffe* ?

Cette déclaration témoignera le respect que l'auteur de *Colomb* porte à l'opinion générale, et prouvera qu'il n'a pas la prétention d'ouvrir des routes neuves, mais qu'il ne veut que tenter toutes celles que l'art peut offrir.[2]

N'ayant jamais eu le dessein de suivre le genre de composition que j'ai adopté dans la pièce que je publie, je pense qu'il est inutile de le justifier par une préface ; il me suffit de dire que si un beau sujet s'offrait encore, que l'on ne pût traiter sans sortir de nos règles, je ne croirais pas déplaire aux vrais amis de l'art en prenant la même route.

Une discussion littéraire n'apprendrait rien de plus aux hommes éclairés qui savent juger, et ne persuaderait pas les esprits prévenus qui, tout convaincus qu'ils soient au fond, ont pris le parti de sembler ne pas l'être, et de ne pas m'entendre.

Mon seul devoir est ici de témoigner ma vive reconnaissance aux nombreux spectateurs qui m'ont honoré de leurs marques d'estime, et appuyé de leurs suffrages, ou instruit de mes fautes par leurs leçons bienveillantes.

1. Cette note paraît en réalité dans la *Gazette nationale, ou le Moniteur universel* le 7 mars 1809, soit le jour même de la création.
2. Ce n'est que cette première partie de la note qui paraît dans la *Gazette nationale, ou le Moniteur universel*. Cf. l'article reproduit dans l'annexe.

PERSONNAGES

	MM.
CHRISTOPHE COLOMB, *savant Génois.*	Dugrand
DIÉGO, *fils du premier lit de Colomb.*	Firmin
SANTANGEL, *seigneur d'Aragon.*	Clozel
PHARMACOS, *médecin.*	Perroud
SALVADOR, *aumônier.*	Walville
PINÇON, *frère du capitaine de ce nom.*	Fusil
FERRAGON, *chef de galères, armateur.*	Rosambeau
MENDOZE.	Thénard
QUINTANILLE, *trésorier du roi.*	Camaille
JUAN DE COLOMA.	Ferdinand
TRINA, *officier de vaisseau.*	Rousselle
UN COURIER DE LA COUR.	Gobelain

	M.LLES
ISABELLE, *reine de Castille, épouse du roi Ferdinand.*	Delisle
BÉATRIX HENRÍQUEZ, *femme de Colomb.*	Molière

GRANDS D'Espagne.
COURTISANS.
MARINIERS du Port.
MATELOTS.

La scène se passe au port de Pinos en Espagne, à quelques lieues de Grenade.

CHRISTOPHE COLOMB

COMÉDIE HISTORIQUE

ACTE PREMIER.

Le théâtre représente le port : on voit un berceau de treillage sous lequel est dressée une table de déjeuner, devant la maison de Colomb.

Scène I.

Béatrix, Salvador, Pharmacos, Diégo.

BÉATRIX.[1]
Asseyons-nous : parlons de ce pauvre Christophe,
De mon mari ; sa tête à chaque instant s'échauffe
Sur ce projet maudit d'aller je ne sais où,
Et je crains tout-à-fait qu'il ne devienne fou ;
(montrant Diégo)
Voilà, mon cher beau-fils, qui sait quel est son père,
Et qui de son bon sens comme moi désespère.
Vous, dévot aumônier, Salvador, mon cousin,
Et vous, grand Pharmacos, habile médecin,[2]
Je vous ai réunis au frais, à cette table,
Pour obtenir de vous un avis profitable.

SALVADOR.
Ainsi soit-il.

PHARMACOS.
    Mangeons, car j'ai bon appétit ;
La chair porte conseil.

---

1. Contrairement à ce qu'indique Lemercier dans la liste des personnages, Béatrix Enríquez de Arana n'était pas la femme de Colomb, mais sa maîtresse.
2. Il s'agit bien de deux personnages inventés par Lemercier modelés d'après les caractères stéréotypés du prêtre dévot et du médecin savant. Après quelques hésitations, ils sont persuadés de la bonté des idées de Colomb et font épreuve d'une grande fidélité à leur maître au cours du troisième acte. En dépit de leur caractère comique et burlesque, ils se révèlent deux personnages tout à fait positifs, dont la valeur dépasse parfois celles des nobles réticents qui ne veulent pas s'engager dans le dangereux voyage.

SALVADOR.
Moi, l'esprit me nourrit.

BÉATRIX.
Je choisis en vous deux pour secours véritable
L'homme le plus humain et le plus charitable
Ayez attention ; j'aurai bientôt fini.

PHARMACOS, *buvant.*
Frère, à votre santé !

SALVADOR.
Docteur, soyez béni !

BÉATRIX.
Tout ce que fait Christophe aujourd'hui me confirme
Qu'il a l'âme troublée, ou bien le corps infirme :
C'est à vous, Salvador, c'est à vous, Pharmacos,
De lui rendre l'humeur ou l'esprit en repos :
C'est peu que d'un démon sa tête possédée
En je ne sais quel lieu le promène en idée ;
Passant de ville en ville, allant de cours en cours,[1]
Pour des embarquements demander du secours,
Il nous traîne à sa suite, et moi, me rend malade :
Vous voilà sur un port tout voisin de Grenade,
De Lisbonne à Cordoue il m'avait fait courir.
Eh bien ! ces jours derniers, au risque d'en périr,
Il voulait m'emmener pour rejoindre son frère,
Qui griffonne en son nom chez le roi d'Angleterre.[2]
Aux mains des armateurs il offre tout son bien,
Nous ruine en voyage, et se réduit à rien :
Il sèche, il ne dort plus, ni ne boit ni ne mange.

PHARMACOS, *mangeant.*
Trop jeûner exténue.

SALVADOR.
À moins que d'être un ange.

BÉATRIX.
Depuis plus de sept ans, voilà pourtant son train !

1. La frénésie et l'incapacité à trouver du repos sont à la fois des traits saillants du génie et les signes funestes d'une humeur mélancolique selon la tradition de la littérature médicale.
2. Béatrix fait ici allusion à Bartolomé Colomb (1461-1514), qui s'était rendu en France et en Angleterre pour plaider la cause de son frère et y chercher des financements.

Voyez son fils Diégo, n'en est-il pas chagrin ?
À Grenade, il aimait une jeune personne,
Et si Christophe part, il faut qu'il l'abandonne.

PHARMACOS.
Baste ! j'ai fait de tout assez ample examen.

SALVADOR.
Vous suivez l'appétit, et moi la règle. *Amen.*
(*Tous se lèvent*)

BÉATRIX.
Ça, docteur, maintenant que m'allez-vous répondre ?

PHARMACOS.
Que le mal de Colomb ne tient qu'à l'hypocondre
Et que, par l'atrabile un peu trop excité,
Au système des sens l'équilibre est ôté.[1]
Telle décoction, relâchant sa manie,
Abattrait ses vapeurs, qu'il prend pour du génie.
Bien purgé, vous verriez votre sublime époux
Suivre l'ordre commun, et ressembler à tous,
Et buvant et mangeant, comme tant d'autres hommes
Bonnement animal, être ce que nous sommes.[2]

BÉATRIX.
Fort bien ! assurez-vous, par un coup d'œil nouveau,
Si votre art peut encor lui calmer le cerveau ;
Mais le sage aumônier qu'aura-t-il à nous dire ?

---

1. En conformité avec le texte de l'*Encyclopédie*, le médecin associe les altérations cyclothymiques à des causes purement organiques, dont l'origine se trouverait dans le bas-ventre, et relie de manière implicite les humeurs changeantes de Colomb à la manie. « Les ouvertures des cadavres des personnes mortes de cette maladie, ne présentent aucun vice sensible dans le cerveau auquel on puisse l'attribuer ; tout le dérangement s'observe presque toujours dans le bas-ventre, et surtout dans les *hypocondres*, dans la région épigastrique ; le foie, la rate, l'*utérus* paraissent principalement affectés et semblent être le principe de tous les symptômes de la manie », cf. *Encyclopédie*, s.v. « Mélancolie », je souligne.
2. La purge que propose le médecin, thérapie fondée sur l'évacuation, s'apparente à la solution de l'exorcisme proposée plus bas par le prêtre, dans la mesure où les deux remèdes consistent finalement en une espèce d'expulsion du génie, présenté par les deux personnages comme un élément étranger, parasitaire et néfaste, étant pour l'un une humeur pathogène et pour l'autre un démon envahissant.

SALVADOR.

Que le démon d'orgueil a produit son délire
Et que la vanité de se trop distinguer
Est ce qui nuit et jour le porte à divaguer.
Il veut tenter lui seul, malgré le ciel contraire,
Tout ce qu'aux Portugais l'aide de Dieu fit faire ;
Et ce malin esprit qui paraît l'embraser,
Sans mes dévots sermons, ne peut s'exorciser.[1]

BÉATRIX.

Ah ! sermonnez-le donc de la belle manière,
Et que pour son salut on dise une prière ;
Car il est le jouet des grands et des petits :
Il n'attire chez soi qu'étrangers et bandits.
Entre eux, qui de ses fonds rend-il dépositaire ?
Tantôt c'est un seigneur, et tantôt un corsaire,
Jugez comme on le vole ! Il a dix créanciers,
Et doit ce qui lui reste à tous ses ouvriers.

DIÉGO.

Mon père, j'en conviens, n'est pas très raisonnable,
Mais est trop scrupuleux pour rester insolvable.
S'il tendait à gagner, il le pourrait souvent ...

BÉATRIX.

Mon mari s'enrichir ! non, il est trop savant.
Aimant mieux rêver creux, et courir les provinces
Que d'employer son temps dans les bureaux des princes ;
Et s'usant à chercher dans un monde idéal
Ce qu'il trouve en Espagne ou bien en Portugal,
Il préfère, les nuits, vider un écritoire
À barbouiller, biffer et chiffrer du grimoire ...

SALVADOR.

Quoi ? de l'art des sorciers a-t-il la passion ?
Jésus ! qu'il prenne garde à l'Inquisition ...
Car, de par Ferdinand et de par Isabelle,
On vient de l'établir : elle brûle de zèle !

---

[1]. Aux yeux du religieux, les manifestations externes du génie sont l'extériorisation d'un délire généré par une possession. Par leur regard dogmatique, le médecin et le moine interprètent la réalité selon un système de lecture similaire : qu'il s'agisse d'une maladie de l'âme ou du corps, Colomb a besoin d'être sauvé en expulsant l'élément qui le trouble.

DIÉGO.
Digne homme, calmez-vous, mon père, homme de bien,
Ne fait le charlatan ni le nécromancien,
Ses cartes, son grimoire et sa sorcellerie,
Ce sont les hauts calculs de la géométrie,
Et dans cet univers qu'il mesure en tout lieu
Il ne recherche pas ce que veut cacher Dieu.

BÉATRIX.
Bon ! défends-le ! deviens aussi sot que ton père.
Ah ! puissiez-vous tous deux fuir au bout de la terre,
Et laisser vivre en paix la triste Béatrix ! ...
(*On entend rire dans la coulisse*)
Qu'entends-je sur le port ? Quel tumulte ! quels ris !
Là, ne voilà-t-il pas le peuple qui le raille !

Scène II.

Les Précédents, Colomb.

DIÉGO, *aux mariniers, qui suivent son père en riant.*
Vous riez de mon père, insultante canaille !
Loin, marauds, loin d'ici, fuyez, ou par la mort ! ...

COLOMB, *à son fils.*
Pourquoi te fâches-tu contre les gens du port ?
Ne suis-je pas le fou dont on rit par la ville ?
Mieux vaut que d'y passer pour être un imbécile.
La foule rit de moi, moi je ris de plus d'un.
Croire ce qu'on lui dit, c'est le lot du commun.
On me traite partout comme un visionnaire :
Nos seigneurs en cela sont aussi du vulgaire.
Ignorants et lettrés, gens d'Église et de cours,
Tous ont tenu sur moi les mêmes, vains discours.
On me juge insensé dans la plus haute classe,
Je dois bien le paraître à cette populace ;
Et sachant que l'erreur est telle en tous les rangs,
Les clameurs et les ris me sont indifférents.
Quand je me promenais à Madrid, à Lisbonne,
Chacun des passagers rencontrant ma personne.
Me désignait du doigt comme un timbre fêlé,
Mon cerveau, grâce à Dieu, n'en est pas plus troublé.
Dès que nous toucherons au port de la Tamise,

Si ma présence à Londres amuse la sottise,
M'entendra-t-on, contre elle appelant un soutien,
Gronder de bonnes gens qui ne devinent rien ?
Non, non ; j'irai plus loin, sans bruit et sans colère,
Porter la vérité qu'on nomme ma chimère ;
Et si même à ce but je ne peux parvenir,
J'aurai de ma raison un vengeur, l'avenir.
Ne t'étonne donc pas de mon insouciance ;
D'autres sujets d'humeur lassent ma patience.
Quoi ! mes propres amis, ma femme ou mes neveux,
Trahissent mes secrets, déconcertent mes vœux ?
Un billet arrivé m'appelle en Angleterre ;
Mais bon ! de mon départ on répand le mystère,
Et la cour espagnole, éveillée à ce bruit,
Veut que son cabinet de mes pas soit instruit.
Ce qu'on me refusait m'est offert par caprice :
Il fallut ces jours-ci que soudain je partisse,
Pour quel lieu devinez : pour le conseil d'État ;
Je ne doutais donc plus d'un heureux résultat.
L'un des plus hauts appuis qui me restât près d'elle
Me présente lui-même à la reine Isabelle.
Le cardinal Mendoze alors s'est offensé
De ce qu'en ma faveur l'autre l'eût devancé.[1]
L'honneur de m'introduire en ce pays d'intrigue
Est disputé par eux comme un sujet de brigue.
J'aurais dû venir seul, et les flatter tous deux.
Ai-je appris chez les rois ce métier hasardeux ?
Je vais droit, et j'y fais mille fautes pour une ;
Tandis que sans talents chacun court la fortune,
J'ai cru qu'il suffisait, sans se faire valoir,
Du fruit des longs travaux, du fond d'un vrai savoir ;
Mais, puisque sans adresse on ne réussit guère,
Cet art des courtisans, il faut que je l'acquière ;
Et pour atteindre au but qu'on s'est bien proposé,
Le besoin du succès rend tout chemin aisé.

---

1. Issu d'un lignage de haute noblesse espagnole, le Cardinal Pedro González de Mendoza (1428-1495) assura un appui économique fondamental à l'entreprise de Colomb. Son engagement et celui de sa famille contribuèrent aussi à convaincre la reine Isabelle.

BÉATRIX, *à Pharmacos et à Salvador.*
Quoi ! vous ne dites rien de tant d'extravagance !
Quoi ! l'emploi qu'il a fait de quatre jours d'absence,
Est d'aller à la cour faire rire de lui,
Pour que le peuple entier s'en égaie aujourd'hui !
Christophe, ignores-tu que les hommes bizarres
Entrent dans les palais comme ces bêtes rares,
Ces singes, ces oiseaux, qu'on y mène en passant,
Pour en offrir aux rois l'aspect divertissant ?
Ignores-tu cela, toi qui sais tant de chose ?
Es-tu donc un bouffon, pour aimer qu'on te glose ?

COLOMB, *haussant l'épaule en riant.*
Mon fils, va me chercher l'un des frères Pinçon,[1]
Et dis-lui d'amener l'armateur Ferragon.
(*Diégo sort*)

BÉATRIX.
Encore des vauriens et des chefs de galères ! …

COLOMB, *avec douceur.*
Ma femme, du ménage arrangez les affaires,
Laissez votre mari vaquer à ce qu'il doit.
(*Béatrix va au médecin, et lui parle bas*)

PHARMACOS, *à Béatrix.*
Tandis qu'il parle et marche, on l'écoute, on le voit
Au symptôme apparent, d'abord je pronostique
Qu'un même objet l'entête, et qu'il est lunatique.

BÉATRIX, *bas à Salvador, en s'en allant.*
Tâchez dans son bon sens de le faire rentrer.
Chut ! adieu.

SALVADOR.
De la grâce il faut tout espérer.

---

1. Les trois frères Martín Alonso, Vincent Yáñez et Francisco Pinzón, issus d'une riche famille de marins de Palos, furent respectivement capitaine de la Niña et capitaine et timonier de la Pinta. C'est bien de Francisco qu'il est question ici dans la pièce.

Scène III.

Colomb, Salvador, Pharmacos.

SALVADOR.
Je veux au nom du ciel vous rendre à la prudence.

PHARMACOS.
Moi, je vous veux de cœur, parler en confidence.

COLOMB, *sans les écouter, à soi-même.*
Suis-je assez malheureux, de n'avoir pu jamais
À Gênes, ma patrie, inspirer mes projets !

SALVADOR.
Était-ce là qu'un sage eût porté sa requête ?
Il sait qu'en son pays nul homme n'est prophète.

COLOMB, *à soi-même.*
Charles-Huit, qui dans Naples a perdu ses Français,
Par ma seule entreprise eût eu de grand succès.
Ma conquête n'eût pas coûté tant de victimes.

SALVADOR.
Il aurait triomphé, s'il eût payé nos dîmes.

PHARMACOS.
Comme de sa chimère il est préoccupé !

COLOMB, *à soi-même.*
Ce roi de Portugal dit que je l'ai trompé.
Lorsqu'il m'a cru, pourquoi nommer d'autres pilotes
Qui, sans avoir rien vu, sont rentrés sur les côtes ?

PHARMACOS.
Il siérait que du moins votre esprit s'avouât
Qu'il était naturel que l'affaire échouât.

COLOMB, *à soi-même.*
Subir tant de refus, et durant sept années,
Pour un plan glorieux aux têtes couronnées,
Peu coûteux, infaillible, et plus clair que le jour !
Mais j'espère aujourd'hui sur le vent de la cour
La reine se rendra : mes discours l'ont saisie …
Autrement, droit à Londres.

PHARMACOS.
Ah ! quelle frénésie !
Mon art vous doit, mon cher, de votre déraison
Sciemment avertir pour votre guérison.
Vous babillez tout seul, gesticulez de même,
N'écoutez pas les gens, devenez rouge ou blême,
Regardez tout sans voir, et ces différents tics
Sont de vrais pronostics et de sûrs diagnostics,
D'un feu qui, déréglant votre machine entière,
Courant de la cervelle à la moelle épinière
De votre pauvre corps, qui, je pense, maigrit,
Agite malgré vous les membres et l'esprit.
Purgatifs, lotions, extrémités baignées,
Eau froide sur le crâne, et bénignes saignées,
Vaincraient, j'en suis garant, votre aliénation.

COLOMB, *éclatant de rire.*
Quoi ! vous aussi, docteur ?

SALVADOR.
Sa consultation,
Hélas ! n'est pas un jeu dont votre ami s'égaie :
Son savoir l'a dictée, et votre état m'effraie.
Mais lui suffira-t-il d'un secours corporel,
S'il n'y joint de ma voix l'aide spirituel ?
Par le raisonnement commençons donc la cure ;
Redoutez votre tête, et laissez-nous conclure.

COLOMB, *voulant les quitter.*
Salut !

SALVADOR.
Ne rien entendre, est-ce avoir l'esprit sain ?

COLOMB.
Quoi ! vous, homme érudit, vous, subtil médecin,
Tous deux par la lecture instruits dès votre enfance,
C'est à me croire fou que va votre science !
Passe encor pour nos grands, fiers de ne rien savoir !
Mais vous !... ah ! que ceci fera nettement voir
Combien aux préjugés les hommes s'enracinent,
Et comme faussement leurs livres endoctrinent !
D'où provient leur soupçon de mon dérangement ?
Que présentai-je enfin à leur étonnement ?
On tourna le commerce, à gauche, vers l'aurore ;
Moi, je veux qu'au couchant, à droite, on tourne encore.
Voilà tout ! néanmoins je suis au rang des fous,
Pour rompre une habitude où les peuples sont tous.
Ô le plus grand des maux pour un mortel qui pense !
De tout ce qu'il pressent il a pleine évidence ;
Mais la conviction n'en saurait arriver,
Si tout lui ferme accès à le pouvoir prouver,
Et sous l'œil et le doigt s'il ne met pas les choses,
On croit de les nier avoir cent graves causes.

SALVADOR.
C'est que la vérité se voit, je vous le dis.

COLOMB, *vivement*.
Vous croyez, sans le voir, mon frère, au paradis !
Moi-même, en bon chrétien, je crois à l'autre monde.
Croyez au mien de même.

SALVADOR.
Ô démence profonde !

COLOMB.
J'en jure ! qu'on me donne un vaisseau maintenant ;
Et mes pieds toucheront un nouveau continent.

PHARMACOS, *gravement.*
Le grand Sénèque pense, et c'était un génie,
Qu'autour du continent la mer est infinie.[1]
En aveugle, ira-t-on se perdre en pleine mer ?

SALVADOR, *gravement.*
Moïse, et dans la bible on sut tout renfermer,
N'écrivit même point que la terre fût ronde :
Quelques savants l'ont dit ; mais sur lui je me fonde.

COLOMB.
Sénèque ...

PHARMACOS.
Savait tout.

COLOMB.
Et Moïse ...

SALVADOR.
Tais-toi.[2]

COLOMB.
Ce qu'il dit de la sphère, est-ce article de foi ?
Sans goûter sa physique, on révère la bible.

SALVADOR.
Il faut de Belzébuth tout l'orgueil invincible
Pour savoir qu'à dater de la création,
Tant d'hommes ont connu la navigation,
Et prendre des chemins pour explorer des terres
Par un bout, où jamais n'en ont cherché nos pères.

1. Contrairement à ce que prétend Pharmacos, Sénèque est souvent cité, à partir de la biographie du navigateur attribuée à son fils Fernando Colombo, comme l'un des génies qui avaient préconisé le voyage vers le Nouveau Monde. Cf. *Le Historie della vita e dei fatti di Cristoforo Colombo per D. Fernando Colombo suo figlio. Due volumi a cura di Rinaldo Caddeo* (Milan : Edizioni Alpes, 1929-1930), t. 1, pp. 47-50 ; Sénèque, *Medea*, 375-79 et, avec une référence explicite au trajet mythique de l'Espagne aux Indes, Sénèque, *Naturales quaestiones* I, [préface], 13, « *Quantum enim est, quod ab ultimis littoribus Hispaniae usque ad Indos iacet ? Paucissimorum dierum spatium, si navem suus ferat ventus* ».
2. L'insistance sur Moïse est peut-être un héritage de Lope de Vega : dans le *Nuevo Mundo*, le prophète est effectivement évoqué à plusieurs reprises. Dans le premier tableau de l'acte deux, Pinzón met en doute la sûreté de l'entreprise, en citant l'exemple du voyage inspiré de l'Exode : « *Si esto fuera inspiración,/ Dios le enseñara la tierra,/ cual hizo a Moisén y a Aarón* » (« Si cela était de l'inspiration/ Dieu lui aurait montré la terre/ comme il la montra à Moïse et Aron », v. 1053-55) ; par la suite, il le définit encore ironiquement « *nuevo Moisen* » (1074).

PHARMACOS.
Si la terre est un globe, on peut voguer dessus :
Mais loin vers l'occident une fois descendus,
Comment de par-dessous remonter la carrière ?
Vous tomberez en bas la tête la première.

COLOMB, *éclatant de rire.*
Merveilleux argument de ce siècle fameux !

SALVADOR.
Il s'en rit.

PHARMACOS.
Triste effet du désordre nerveux !

COLOMB, *avec chaleur.*
Savez-vous qu'il me faut une bonne cervelle
Pour être ainsi traité sans que je vous querelle ?
Mais de ma femme, vous, vous apaisez l'humeur
Et vous, de ma maison, vous êtes directeur ;
Je vous chéris tous deux, et vous excuse encore,
De penser que ma tête ait besoin d'ellébore.[1]
Avez-vous feint pourtant de ne m'entendre pas ?
De chez la reine ici j'arrive de ce pas ;
Je la quitte ; Pérès, le prélat de Tolède,
Juan de Coloma,[2] m'ont flatté de leur aide :
J'ai fait voir à la cour, sans être contredit,
Qu'aux marchands du Levant j'ôterai leur crédit.
Ils tirent leurs trésors de l'Inde orientale,
Moi, je fendrai les mers vers l'Inde occidentale.

PHARMACOS.
Cette Inde, quelle est-elle ?

COLOMB.
On ne la connaît point.

SALVADOR.
Où l'atteindre, sans carte ?

---

1. Comme en témoigne l'*Encyclopédie* (s.v. « Ellébore »), cette plante était employée pour soigner les maladies « du corps et de l'âme ». En 1792, Philippe Pinel — médecin connu par Lemercier — avait préparé l'article « Ellébore » de l'*Encyclopédie méthodique*.
2. Juan Peréz, frère franciscain qui rencontra Colomb en 1491, fut de ceux qui le soutinrent auprès de la reine d'Espagne. Juan de Coloma, homme politique lié à Jean II d'abord et à Ferdinand II ensuite, très fidèle à la couronne d'Espagne, travailla lui aussi comme intermédiaire entre les monarques et Colomb.

COLOMB.
Oh ! voilà le grand point.

PHARMACOS.
C'est ce point justement qui fait votre folie.

COLOMB.
Et cependant mon offre était presque accueillie,
Sans les débats d'un duc avec un cardinal,
Et sans mon vœu formel qu'on m'élût amiral.

SALVADOR.
Amiral ! vous ?

COLOMB.
Oui, certes. Il m'en faut la puissance
Pour forcer l'équipage à toute obéissance.
Ce que seul on conçut, on doit seul l'accomplir,
Ou la faute d'autrui nous expose à faillir.

PHARMACOS.
Vous ne fûtes jamais commandant d'une flotte.

COLOMB.
Non ; mais je saurai l'être, avec un bon pilote.

SALVADOR.
S'il faut civiliser un pays asservi,
Battre des nations, vous n'avez point servi :
Vous n'êtes, ni soldat, ni chef de gens de guerre.

COLOMB.
Je saurai leur métier, s'il convient de le faire.

PHARMACOS.
S'il faut choisir un port …

SALVADOR.
Régir une cité …

COLOMB.
Je l'apprendrai.

SALVADOR.
De qui ?

COLOMB, *vivement.*
De la nécessité.
L'homme ferme est par elle armé de toute pièce,
Et seule en tous les arts elle est notre maîtresse.

SALVADOR.
Sa confiance !...

PHARMACOS.
Elle est d'un augure assez bon.

SALVADOR.
Je doute qu'en partant un prudent compagnon
S'offre sur votre bord à risquer le voyage.

COLOMB.
Si la reine y souscrit, et j'en ai le présage,
Le vaillant Salcedo, l'adroit Guttières,[1]
Déjà se sont offerts.

PHARMACOS, *ironiquement.*
Même à venir sans frais.
Tous deux, fort mal en cour, font, dit-on, banqueroute :
Tous les aventuriers cherchent fortune en route.

COLOMB.
D'accord ; mais j'ai pour moi des gens en dignité :
Du noble Santangel le fils en est tenté,[2]
Il doit me joindre ici de la part de la reine.
Même, en vos deux emplois, il en est que j'emmène.
Le prieur Marchena promet d'écrire au roi,[3]
Quel honneur ce serait aux soutiens de la foi,
De prêcher leur morale aux nations lointaines ;
Et de bons médecins, veillant nos quarantaines,
Viendront sur mes vaisseaux, ou bien pensionnés,
Enrichis et fameux, ils seront ramenés.

1. Il s'agit de Pedro de Salcedo, « *paje* » de Colomb (à ne pas confondre avec Diego de Salcedo, qui partit en Jamaïque en 1514) et Pedro Gutiérrez, « *repostero de estrados del rey* », qui firent partie de l'équipage de la Santa Maria. Contrairement à ce qu'affirme Lemercier en conformité avec la tradition populaire, les compagnons de voyage de Colomb n'étaient pas que des « diables incarnés » sortis des prisons d'État.
2. Les Santángel étaient une riche famille de juifs convertis au christianisme et très proches de la cour. Le « noble » Luis de Santángel était attaché au roi dont il était l'un des créanciers. Il finança une partie de l'entreprise de Colomb et plaida pour lui auprès de la reine.
3. Considéré comme le confesseur espagnol de Colomb, Antonio de Marchena était un prêtre franciscain que certaines sources confondent avec Juan de Coloma. Il eut un rôle important dans la rencontre de Colomb avec les rois catholiques d'Espagne.

PHARMACOS.
Auriez-vous eu déjà quelqu'un de nous en vue !
Prenez garde à vos choix, car l'ignorance tue :
Dans un si long trajet, il faut si doctement
Surveiller des soldats l'ordinaire aliment,
Prescrire aux matelots un si juste régime !
Ne règle pas qui veut l'hôpital maritime.
À bord, un médecin doit présager souvent
Les maux que font au corps et la mer et le vent,
L'influence des lieux, de la température,
De la nuit, tout enfin, oui, tout dans la nature.
La gloire en serait grande ! et pour la mériter,
Je ne vois pas celui que l'on pourrait citer.
Par delà l'Océan apparaîtraient, peut-être,
Des fléaux qu'Hippocrate aurait voulu connaître !
Moi-même, j'en conviens, j'en serais curieux,
Si cela se conclut ... jetez sur moi les yeux ;
Et ne présentez pas à la reine Isabelle
D'autre nom que le mien, je vous promets mon zèle.

COLOMB.
Très-volontiers, docteur, au moins en sûreté,
Avec vous, sur les mers, nous suivra la santé.

SALVADOR.
Quand je réfléchis, moi, que jusques dans l'Asie
Nos frères ont porté la lumière et la vie,
Et que, voguant sans peur avec les Portugais,
Ils ont été bénis des chrétiens qu'ils ont faits,
Pour un semblable honneur je sens, je soupire,
Et braverais comme eux, pour cela, le martyre ?
Quel éclat au retour ! mon cœur est sans orgueil :
Mais le pape et le roi me verraient d'un autre œil.
Au prélat de Tolède un tel effort peut plaire ...
Si la cour sur vos pas nomme un missionnaire,
Quel que soit le péril, dites, dites-lui bien
Que, moi, je me dévoue en humble et bon chrétien.

COLOMB.
Mon frère, en ma faveur c'est le ciel qui vous change.
Un guide tel que vous deviendra mon bon ange.

SALVADOR, *à soi-même.*
Dieu conduit tout parfois miraculeusement.

PHARMACOS, *de même*.
Puisque la cour l'approuve, il pense sagement.
(*À Colomb*)
Le roi va de faveurs combler votre famille.

SALVADOR.
Demandez que la cour écrive de Castille,
Pour qu'Alexandre Six avec attention
Trace de l'univers la démarcation.
D'un pôle à l'autre il faut que l'on tire une ligne,
Prévenant tous débats par une bulle insigne,
Qui laisse aux Portugais les mers de l'orient,
Et cède aux Espagnols les mers de l'occident.

COLOMB.
(*Au courtier qui paraît*)
Quel est ce messager ! ... D'où me vient celle lettre ?

LE COURRIER.
De la part du conseil j'accours vous la remettre.
(*Il sort*)

SALVADOR.
C'est votre heureux brevet sans doute expédié.

COLOMB, *lisant*.
Ciel !

PHARMACOS.
Qu'est-ce qui vous prend ?

COLOMB.
Me voilà foudroyé.
« Sur votre plan, Colomb, on ne peut vous répondre :
Mais le conseil défend que vous alliez à Londres ».
Et ces mots sont signés Juan de Coloma.
Plût à Dieu qu'à l'instant un gouffre m'abîmât !
C'est peu que d'un refus ; on me lie, on m'enchaîne,
Et c'est-là mon salaire et la foi d'une reine !

PHARMACOS, *à Salvador*.
Nous l'avions bien prédit.

SALVADOR, *à Pharmacos*.
Les grands l'auront joué.

COLOMB.
Tant de fois dans les cours j'aurai donc échoué !
Eh bien ! je tromperai l'œil de leurs émissaires,
Je me ferai l'ami des plus hardis corsaires ;
Dussé-je ramasser les plus vils écumeurs,
J'ouvrirai l'Océan, fût-ce avec des rameurs,
Et prouverai qu'un homme, à travers la tempête,
Peut seul, et sans les rois, tenter une conquête.
(*Il sort furieux*)

Scène IV.

Salvador, Pharmacos.

PHARMACOS.
Comme de sa lubie[1] un accès l'a repris !
N'allez pas soupçonner que je m'y sois mépris,
Mon frère, je flattais son penchant maniaque
Pour modérer en lui quelque pareille attaque.

SALVADOR.
Docteur, vous n'avez pas sans doute imaginé
Que j'aie un peu douté qu'il eût l'esprit tourné ?
J'affectais l'indulgence au vœu de son délire,
Dans l'espoir que sur lui je prendrais quelque empire.

PHARMACOS.
L'un ni l'autre ne peut s'y tromper désormais.
Adieu notre aumônier.

SALVADOR.
Docteur, allez en paix.
(*Ils vont pour sortir, lorsque Béatrix entre et les retient*)

---

1. Le mot « lubie » apparaît dans *Le Barbier de Séville*, III, 12 (« Seigneur Bartholo, si vous avez souvent des lubies comme celles dont le hasard me rend témoin, je ne suis plus étonné de l'éloignement que mademoiselle a pour devenir votre femme »). Synonyme de « caprice extravagant » (*Dictionnaire de l'Académie*, éd. 1798), ce terme issu du langage familier est en quelque sorte déplacé dans un ouvrage en vers.

Scène V.

Salvador, Béatrix, Pharmacos.

BÉATRIX.
Demeurez … apprenez la chose que j'ai faite,
Mon mari ne part plus, et je suis satisfaite.

PHARMACOS.
Nous venons de l'apprendre …

SALVADOR.
Un courrier sort d'ici.

BÉATRIX.
Oui, j'ai dans mon désir pleinement réussi ;
Je n'osais en parler avant d'en être sûre ;
Connaissez, mes amis, le nœud de l'aventure.
De la reine Isabelle une fille d'atours,
La jeune Célesta, par d'honnêtes amours,
S'est unie à Diégo. Les vœux de sa famille
Approuvent comme nous ses soins pour cette fille :
J'ai su de leurs penchants finement profiter.
Épris de jalousie, il ne peut la quitter,
Tant il craint à la cour son changement facile :
C'est un novice encor, sa crainte est puérile.
Ce n'est point pour l'amour qu'on intrigue en ces lieux :
Là, les cœurs, moins jaloux, sont bien plus envieux,
Et disputant plutôt un rang qu'une maîtresse,
C'est en d'autres faveurs qu'ils placent leur tendresse.
Sans crédit, une femme, eût-elle mille appas,
S'y tient sage à loisir ; car on n'y pense pas.
N'importe ; de Diégo le jaloux caractère
Sert d'obstacle au départ qu'avec soin je diffère,
Et Célesta me prête un autre empêchement.
J'ai fait passer vers elle un avertissement
Du malheur de Diégo, qui, s'il suivait son père,
Gémirait de sa perte au fond de l'Angleterre.
Je l'ai dans mon billet conjurée d'obtenir
Quelque ordre à mon mari qui pût le retenir :
Elle m'a répondu que, volant chez la reine,
Elle l'avait touchée en lui contant sa peine :
Christophe enragera ; mais elle a fait signer
L'écrit qui lui défend de jamais s'éloigner.
Voyez si l'on échoue en des vœux raisonnables.

SALVADOR.
Non, parce qu'on ne fait que des choses faisables.

BÉATRIX.
Par-là j'ai plein succès dans ce que j'entreprends.
Tandis que mon mari, plein de projets si grands,
S'entête aux visions dont il est idolâtre,
Moi, quand je veux aussi, je suis opiniâtre ;
Et jugeât-on Christophe un génie aujourd'hui,
Je me crois la cervelle aussi forte que lui.
Ma démarche le prouve, avec fruit je travaille ;
Je réussis à tout : lui, ne fait rien qui vaille.

Scène VI.

Les Précédents, Diégo.

DIÉGO, *accourant.*
Ah ! Madame ! mon père, au sortir de ces lieux,
Du port avec Pinçon est parti furieux ;
Il a pris à cheval la route de Grenade.

BÉATRIX.
Que va-t-il entreprendre ? ... Ah, Dieu ! quelle incartade ! ...

DIÉGO.
Le courroux l'aveuglait ... Qu'osera-t-il tenter ?

BÉATRIX.
Où va-t-il ?

DIÉGO.
À la cour.

BÉATRIX.
Quoi ! s'y faire arrêter ! ...
Oui, son emportement de tout le rend capable.

DIÉGO.
Le suivrai-je ?

BÉATRIX.
Bon Dieu, qu'il me rend misérable ! ...

DIÉGO.
Ordonnez, et je cours.

BÉATRIX.
Non, l'effort serait vain :
Vous n'auriez nul crédit pour changer son dessein …
Mes bons amis, venez, c'est à nous de l'atteindre ;
Oui, partons ! … Viens aussi, Diégo … j'ai tout à craindre.
Me faudra-t-il toujours, en poursuivant ses pas,
Courir par les chemins pour ne le perdre pas ?
Ah ! que n'ai-je un mari posé, sage, tranquille,
Qui près de moi se plût à vivre en son asile !
J'aurais bien moins de peine à me le conserver.
Mais ni paix, ni loisir ! Dieu daigne préserver
Toute femme qui veut être heureuse en sa vie
De ces gens appelés des hommes de génie !

Fin du premier acte.

ACTE SECOND.

*Le théâtre représente une salle du conseil,
dans le palais de la reine Isabelle, à Grenade.*

Scène I.

*Les gardes et les pages entrent avant la reine et les princes
Isabelle, Juan De Coloma, Mendoze, Quintanille, Santangel.*

JUAN DE COLOMA.

Oui, madame, Colomb, agité de colère,
Est venu me montrer les lettres de son frère :
On l'appelle en effet à Londres, chez le roi.
L'ordre qui le retient l'avait rempli d'effroi :
Il assiège la porte, et son impatience
Redemande de vous l'honneur d'une audience.
Mais, si vous m'en croyez, vous ne recevrez plus
Cet homme impétueux, aigri par vos refus.

MENDOZE.

Non : je serais d'avis que même s'il murmure,
On prit de l'empêcher une sage mesure.
La générosité qui vous fit l'accueillir
Peut-être eut le danger de trop l'enorgueillir.
D'ailleurs que lui sert-il de parcourir l'Europe
Avec les beaux projets qu'en vain il développe ?
On l'attire d'abord par curiosité ;
Puis négligé bientôt, il revient contristé.
Il nous remerciera, de retour à Séville,
D'un passager dépit qui le rendra tranquille.
Qu'obtiendrait-il à Londres ? un stérile entretien
Qui, flattant son espoir, n'aboutirait à rien.
Il ne recevrait là que de vaines excuses.
Des princes vos rivaux je démêle les ruses :
Ils l'appellent chez eux ; c'est pour vous accuser
D'opprimer le mérite, et de n'en point user ;
Et quand ils auront fait ce tort à votre règne,
Colomb reconnaîtra que leur cour le dédaigne.

QUINTANILLE.[1]

Madame, aux souverains il est trop dangereux
De seconder l'essor des esprits vaporeux.
Tout mortel s'annonçant en homme de génie
Coûterait à l'État, dupe de sa manie.
Que risque à tout oser un tel aventurier ?
De faire à vos dépens son périlleux métier ;
Et de rentrer après, content d'un bruit stérile,
Au même état obscur qu'il cachait dans sa ville.

ISABELLE.

Je ne sais ; je n'ai vu ce Colomb qu'une fois,
Mais aux seuls traits des gens aisément je prévois
Leurs succès à venir, ou leur chute future.
Le génie apparaît dans l'œil et la figure,
Et montre, en conservant sa singularité,
Un fond de bonhomie et de simplicité.
Toujours un charlatan a quelque afféterie,
S'il veut se distinguer par la bizarrerie,
Et l'on voit sous son masque un confus embarras
D'affecter au dehors ce qu'au fond il n'est pas.
Ce Colomb m'avait plu dès la première vue.
Son air pensif, absent même de la cohue,
Son maintien sans contrainte et le ton de sa voix,
Prouvant qu'il songeait peu qu'il était chez des rois,
Son oubli de flatter, quoique soigneux de plaire,
Qui dans toutes les cours rend extraordinaire,
Et sur ses grands desseins son accent véhément
N'annonçaient rien d'un homme et qui joue et qui ment.
S'il valait aussi peu que je vous l'entends dire,
Eût-il fait naître en moi l'intérêt qu'il m'inspire ?
Non, non, je ne dois pas, retirant mon appui,
Éloigner sans l'entendre un savant tel que lui.

JUAN DE COLOMA.

On reconnaît bien là votre exacte justice,
Qui craint de se ternir par l'ombre d'un caprice.

ISABELLE.

Consultons-nous ensemble, et qu'on le fasse entrer.

---

1. Alfonso Álvarez de Quintanilla (1420-1500), trésorier royal qui donna son appui à Colomb dès la première conception de son projet.

(*Un des personnages fait donner les ordres*)
Vos avis, ses discours, vont enfin m'éclairer.
À ma décision Ferdinand se confie,
Et je veux pour conclure être bien éclaircie.

SANTANGEL.

Mon père, que Colomb a vivement touché,
D'être absent aujourd'hui sera, je crois, fâché.
Il estime cet homme un penseur admirable,
Et trouve son dessein tellement praticable,
Qu'il m'a presque inspiré, par la chaleur qu'il a,
Certain vœu de partir avec ce savant-là.

ISABELLE.

Le seigneur Santangel est une de ces têtes,
Promptes à se monter pour les folles conquêtes,
Et qui, des grands projets goûtant la nouveauté,
Restent jeunes encor dans leur maturité :
De tels hommes, saisis d'une ivresse subite,
En chaque extravagant pensent voir le mérite,
Et mettent leur esprit à se réaliser
Les mille visions qu'on leur vient proposer.
Rarement avec eux la raison délibère ;
Le vague enthousiasme est leur seul caractère ;
On doit se défier d'un défenseur pareil :
Je l'aime dans ma cour, mais non dans le conseil.

La reine se place sous le dais, et tous s'asseyent autour d'elle. On introduit Christophe Colomb.

Scène II.

Les Précédents, Colomb.

ISABELLE, *avec aménité.*

Approchez-vous, Colomb. Suis-je si rigoureuse,
En retenant vos pas dans ma Castille heureuse ?
Plutôt que de me fuir, ne vaudrait-il pas mieux
Vous rendre en me servant et riche et glorieux ?
Vous murmurez, dit-on ... mais dissipez vos craintes
Ma première faveur est d'écouter vos plaintes.

COLOMB.
Mon respect n'en fait point que votre majesté
Ait lieu de reprocher à ma fidélité.
Sujet soumis aux lieux où votre vertu brille,
Je dévouai mon cœur à vous, à la Castille.
Quand j'obtins de vous voir pour la première fois,
Mes sentiments pour vous exprimés par ma voix
M'avaient fait me flatter, ayant paru vous plaire,
Que l'accueil de mon plan deviendrait mon salaire.
Vous consacrer mes jours ce fut mon premier soin ;
Et de mon zèle ardent il vous est le témoin :
Mais, refusé sept ans en mes offres sincères,
Quand je recherche un aide en des cours étrangères,
Je le tente à regret ; et c'est avoir prouvé
Qu'a ce trône lui seul je m'étais réservé.
Accueillez mes travaux, et je suis prêt, madame,
À prodiguer pour vous, mon sang, mes bras, mon âme :
Mais, en les refusant, ne me défendez pas
D'essayer la fortune au sein d'autres États.
Plaignez-moi d'un espoir qui, pour sa réussite,
Change votre sujet en un cosmopolite,
Et me force d'errer en des pays lointains
Pour gagner, si je puis, tout un monde aux humains.
Ce projet-là vaut bien, si la raison l'appuie,
Que je souffre en tout lieu les malheurs que j'essuie,
Et que, sans me lasser des soins que j'ai perdus,
J'emploie à l'accomplir mes efforts assidus.
Ce désir est ma vie : est-il rien qui compense
Le cruel abandon d'une telle espérance ?
Mon cœur n'est envieux ni des rangs, ni des biens.
Je ne veux qu'un navire ! heureux, si je l'obtiens,
De prouver aux mortels bornés sur cette terre,
Qu'ils peuvent s'agrandir sur un autre hémisphère ;
Et quitte des tributs qu'exigent trop souvent
Les marchands portugais, les comptoirs du levant,
Fournir par le commerce, à l'Europe étonnée,
Plus d'or que n'en versa l'Asie et la Guinée !
Madame, concourez à des bienfaits si grands !
La science aux yeux d'aigle a ses prompts conquérants
Qui de ceux de la guerre, environnés d'alarmes,
Surpassent les exploits sans tumulte et sans armes.
Montrez que vos esprits, hautement éclairés,

Présagent les succès du vulgaire ignorés ;
Et si par trop de voix mon offre est repoussée,
Au-dessus des avis portez votre pensée.
Que des Maures vainqueur, l'auguste Ferdinand
Doive à votre génie un nouveau continent ;
Et que cette conquête, éblouissant la terre,
Joigne sa date illustre à ce règne prospère.

MENDOZE.

Le projet est fort beau ; mais sans nul fondement :
On ne juge un tel cas que par l'événement ;
Et la reine par vous compromettrait sa gloire
Si l'essai n'était pas suivi de la victoire.
Le but que vous montrez, gigantesque appareil,
Ne peut de son faux lustre éblouir le conseil.
Ira-t-on, sans prudence, engager la marine
À livrer ses vaisseaux conduits à leur ruine ?
N'en a-t-on pas besoin contre les Portugais,
Dont la rivalité nous coûte tant de frais ?
Fiers après huit cents ans d'avoir chassé les Maures
Cet honneur nous suffit sans passer les Açores ;
Au grand nom d'Isabelle, à son règne, à l'État,
Cette époque célèbre ajoute assez d'éclat.
C'est à jouir en paix qu'on tend après les guerres,
Et non à voyager au pays des chimères.

COLOMB.

Répondez-vous, seigneur, que mille autres esprits
De ces chimères-là ne seront pas épris,
Et que, réalisant leur apparence folle,
Quelqu'un n'en croira pas la foi de sa boussole
Pour tenter le chemin que je veux vous ouvrir,
À ce grand continent possible à découvrir ?

MENDOZE.

Répondre de cela serait peu sage encore,
Et je n'affirme ici rien de ce que j'ignore.

COLOMB.

Vous ne pouvez donc plus le nier prudemment :
Premier point de gagné ! tentons-le seulement.

JUAN DE COLOMA.

Ce que l'on peut du moins vous assurer d'avance.
C'est le péril certain, et la vaine dépense
D'une escadre livrée au hasard de ce plan
À chercher aventure à travers l'Océan.

COLOMB.

Eh ! quelle tentative, aux hommes glorieuse,
Pour un moindre intérêt n'est aussi périlleuse ?
S'il faut reprendre un coin par le Maure usurpé
On ne le ressaisit que de sang tout trempé.
L'assaut d'un petit fort, ou du dernier village,
Coûte plus en soldats que dix fois mon voyage.

MENDOZE.

Tout homme peut se perdre au gré de sa fureur :
Mais les rois ne sauraient seconder son erreur.

COLOMB.

N'appelez pas fureur le zèle que m'inspire
Un vrai pressentiment d'être utile à l'Empire.
Que les ports désormais ne me soient plus fermés
J'engage dès demain des corsaires armés ;
Qu'ils ne redoutent plus nulle entrave importune
Et sur leur bâtiment je risque ma fortune.

QUINTANILLE.

Vous n'auriez nul besoin que nos spéculateurs
S'unissent d'intérêt à vos navigateurs,
Si la cour approuvait votre plan téméraire :
Le royaume à ces frais a de quoi satisfaire ;
Trésorier de l'État, je le sais mieux que tous,
Et d'avancer les fonds vous me verriez jaloux ;
Mais vos convictions de ces prochains miracles
Ne peuvent au conseil en cacher les obstacles ;
Et notre souveraine, écoutant vos projets,
N'osera sur un doute exposer ses sujets.
Prétendre jusques-là surprendre son génie,
Ce serait soupçonner son cœur de tyrannie.
Veut-elle aux Espagnols faire un devoir fatal
D'obéir sous vos lois au titre d'Amiral,
Vous, novice en ce rang, vous, sans expérience
Des mers, où vous perdrait votre aveugle science ?

COLOMB.
Je m'attendais encore à cette objection ;
Mais j'ai réponse à tout ; et ma prétention
N'est point d'embarrasser la pitié de la reine
D'une loi que plaindrait sa bonté souveraine ;
Mais il est un recours que réclame ma voix :
Ces méchants, retranchés de l'État par les lois,
Ces gens perdus d'honneur et notés d'infamie,
Ces forçats, ces bandits, cette engeance ennemie
Rebût du peuple, horreur de la société,
Arrachez-les pour moi de leur captivité :
Ou les peut sans regret dévouer aux orages.
Je tirerai parti de leurs affreux courages ;
Sans doute il vaudra mieux me les abandonner
Que de lasser le glaive à les exterminer.
Qu'ils soient les instruments cédés à mon audace.
Est-ce encor trop d'orgueil d'implorer cette grâce ?
Si nul digne Espagnol ne s'embarque avec eux,
Un homme cependant qui vécut vertueux,
Ami vrai, tendre époux, bon père de famille,
Parmi tous ces brigands quittera la Castille :
Pour elle il brave encor leurs fureurs sans effroi ;
Il les guidera seul.

SANTANGEL.
Et quel homme est-ce ?

COLOMB.
Moi.

ISABELLE, *se levant.*
Ah ! tant de dévouement force ma confiance !
Vous surmontez, Colomb, toute ma résistance.
Mon esprit, je le vois, ne s'est point abusé
Quand ma protection vous a favorisé ;
Et je serais ingrate envers vos sacrifices,
Si je tardais encore à sceller vos offices :
Oui, j'en crois vos accents, pleins de mâle vigueur ;
Le génie est en vous compagnon d'un grand cœur.
C'est déjà l'outrager que de le méconnaître.
Votre brevet signé de moi, de votre maître,
Vous manifestera ce que j'attends de vous.

COLOMB, *se jetant aux pieds de la reine.*
Recevez mes serments jurés à vos genoux,
Que les deux premiers ports d'une terre nouvelle,
Du nom de Ferdinand et du nom d'Isabelle
Seront dans peu de temps consacrés par ma voix,
Vos États reverront cet insensé Génois,
Ce fou dont se railla la populace entière,
De votre noble esprit signalant la lumière,
Prouver par des succès que saura l'univers
La suprême raison des maîtres que je sers.
Bientôt, explorateur d'autres mers, d'autres îles,
Je reviendrai, madame, au milieu de vos villes,
De riches nations vous ouvrir le trésor,
Et peut-être à vos pieds répandre des flots d'or.
Grande reine, daignez, acceptant cet augure,
Croire aux exploits qu'ici ma fortune vous jure.

ISABELLE, *avec attendrissement.*
Allez, Colomb ! allez ! j'espère en votre plan,
Et mes vœux vous suivront par-delà l'Océan.
Je vous fermai les ports d'où vous partiez pour Londres.
Sachez donc mes motifs, que vous pourriez confondre :
Lorsque je vous retins, vous blâmiez ma rigueur ;
Mais on sollicita cet ordre de mon cœur.
La belle Célestine, à ma cour attachée,
De votre fils Diégo, dit-elle, est recherchée.
Eh bien ! ces chers enfants, je vous les garderai !
Scellez leur mariage, et je les doterai.
Adieu, Colomb.

Les membres du conseil suivent en partie la reine.

Scène III.

Colomb, Juan de Coloma, Mendoze, Quintanille, Santangel.

JUAN DE COLOMA.
Pour vous se déclare la reine.
Si je vous combattis, n'en gardez nulle haine,
L'intérêt de l'État lui seul m'a fait parler
Le vôtre même encor donne lieu de trembler.
Je vous l'avoue. Adieu.
(*Il sort*)

MENDOZE.
J'ai craint vos tentatives …
Mais un très haut génie a des lumières vives,
De qui l'éclat aveugle à force d'éblouir …
Prospérez.
(*Il sort*)

QUINTANILLE.
Vos raisons ont fait évanouir
Celles que contre vous mon effroi m'a dictées ;
Mais les vôtres d'abord, je les avais goûtées ;
Et vous vous souvenez que je fus votre appui …
Mon amitié pour vous s'en alarme aujourd'hui.
Réussissez ! Adieu.
(*Il sort*)

SANTANGEL.
Plus je vous envisage,
Et plus de vos succès j'ai quelque heureux présage …
Mon père, vous savez, vous poussa le premier.
Je ferais avec vous le tour du monde entier,
Moi, qui vous parle ! Eh, oui ! je m'en sens une envie ;
Car sans fruit à la cour je consume ma vie.

COLOMB.
Seigneur ! ô quel triomphe !

Scène IV.

Colomb, Santangel, Pinçon, Ferragon.

COLOMB.
Ah ! te voilà Pinçon !

PINÇON.
Oui, chez Guttierès t'attendait Ferragon …
Mais comme tous tes traits rayonnent d'allégresse !

COLOMB.
Enfin j'ai réussi, tu me vois dans l'ivresse.

FERRAGON.
Morbleu ! quel jour pour vous !

PINÇON.
La cour scelle ton plan ?

COLOMB, *à Santangel.*

Des galères, seigneur, voici le capitan ;[1]
L'autre est Pinçon, le frère et d'Yane et d'Alphonse
Du conseil tous les deux attendaient la réponse.

PINÇON.

Ta femme en l'apprenant va jeter de beaux cris.
Nous l'avons rencontrée …

COLOMB.

Elle ?

FERRAGON.

Eh, oui ! Béatrix.

PINÇON.

Dans un hôtel voisin elle attend ta présence ;
Et ton fils, qu'elle envoie, ici près la devance ;
Salvador, Pharmacos errent de tous côtés,
Pour savoir ton destin, dont ils sont tourmentés.

COLOMB.

Eh bien ! ils apprendront qu'après sept ans de peine
Au succès de mes vœux la fortune m'amène ;
Et si de mon départ l'effroi les peut troubler,
L'espoir que j'en conçois les saura consoler.
(*À Ferragon*)
De nos conditions tu te souviens, mon brave !
Je les tiens : de tes gens nous briserons l'entrave.
(*À Santangel*)
Vous, daignez confirmer au seigneur Santangel,
Que je m'engage à lui d'un lien éternel.
Avant tous, mais en vain, lui seul me fut propice ;
Ce n'est pas au succès qu'on juge un bon office,
Mais au vœu de le rendre ; et c'est ce nœud puissant
Qui pour jamais attache un cœur reconnaissant.

SANTANGEL.

Si vous parlez, messieurs, serait-ce trop d'audace
Que de prendre avec vous sur la flotte une place ?

---

1. « Terme de mépris. On appelle ainsi un fanfaron qui se vante d'une bravoure qu'il n'a point », *Dictionnaire de l'Académie* (1798), s.v. « Capitan ». Le mot, que Colomb emploie ici de manière ironique, renvoie probablement au masque du « capitano » de la *commedia dell'arte*.

COLOMB.
Vous en êtes le maître.

PINÇON.
Hai ! mon jeune seigneur,
Si l'humeur vous en prend, vous nous ferez honneur.

SANTANGEL, *avec légèreté.*
C'est que nous verrions là du pays.

COLOMB, *profondément.*
Je l'espère.

SANTANGEL.
Pour moi, jamais encor je n'ai quitté la terre …

FERRAGON.
Vous verrez matelots et mousses manœuvrer ;
Vous entendrez les vents rugir, et nous jurer ;
Le tonnerre et les flots nous battre dans l'orage,
Les Portugais ou nous sauter à l'abordage :
Ce qu'un champ de bataille étale avec fracas,
Est là tout rassemblé ; c'est l'enfer des combats :
Ponts sanglants, voile en pièces, et mâture cassée,
Tout est spectacle à bord dans une traversée !
C'est un plaisir ! venez.

SANTANGEL.
Plaisir très neuf pour moi :
Je brûle de vous suivre, et j'en jure ma foi.

PINÇON.
Peu vous imiteront.

COLOMB.
Je l'ai dit à la reine.

FERRAGON.
Aussi, faute de mieux, il tire de la chaîne
Un tas de garnements, mais bien déterminés :
Il aura pour soldats des diables incarnés,
Des démons se moquant de vivre ou ne plus être.

COLOMB.
Je serai leur Satan, s'il m'en faut rendre maître.

SANTANGEL.
Ah ! ... mais de tous les bords où vos pas descendront,
Si les peuples sont doux, ils vous détesteront.

COLOMB.
Je deviendrai pour eux un ange secourable.

SANTANGEL.
Ah !

COLOMB.
Je puis, au besoin, tout être, homme, ange ou diable.

Scène V.

Les Précédents, Pharmacos, Salvador, Diégo.

DIÉGO.
Le ministre, en passant, a remis à ma main
Ces paquets, qu'il m'a dit de vous rendre soudain.

SALVADOR.
Pour vous, ajouta-t-il, ce sont bonnes nouvelles.

COLOMB, *après avoir ouvert les paquets.*
Dieu Sauveur ! ... oui, vraiment, oui, très bonnes, très belles !
C'est le brevet scellé, l'ordre d'embarquement ! ...
Je ne subirai même aucun retardement ...
Les chefs sont à mon choix, et l'escadre construite
Qui des Maures devait achever la poursuite ;
Tout m'appartient !

FERRAGON.
Vivat ! gloire au grand Ferdinand !

TOUS.
Gloire ! gloire à la reine !

COLOMB.
Écoutez maintenant ?
(*Il lit*)
« Ferdinand et Isabelle, etc. ..., etc. ... Puisque vous, Christophe Colomb, allez
à la conquête des îles de l'Océan, nous voulons que vous soyez amiral ».

PINÇON, *à part.*
Colomb notre amiral ! ce titre était l'envie
De mon frère, Pinçon ... qu'a-t-il fait dans sa vie ?

COLOMB, *continuant de lire.*
« Gouverneur et vice-roi des îles et de la terre ferme que Vous découvrirez ».

PINÇON.
Ah ! ah ! lui vice-roi ! quelle élévation !

COLOMB, *lisant toujours.*
« Donné en notre ville de Grenade, le 30 avril 1492. Moi, *le Roi*, moi, *la Reine* ».
(*Il prend une lettre et lit*)
« Mon cher Colomb, le roi rentre dans Grenade ; sa majesté a signé vos dépêches dès l'instant de son arrivée. Comptez sur l'aide de Dieu, et sur le cœur de votre affectionné *Juan de Coloma* ».

TOUS.
Honneur à l'amiral.

DIÉGO.
Que j'ai d'émotion !

PINÇON, *à part.*
Christophe, vice-roi ! fils d'un cardeur de laine.

COLOMB, *à Pinçon.*
De *la Pinta* j'élis ton frère capitaine.
Ce brave et toi, tous deux je vous prends sur mon bord.

PHARMACOS.
Pour médecin en chef vous m'aviez pris d'abord.

COLOMB.
Oui, digne ami, votre art nous sera salutaire.

SALVADOR.
Vous m'aviez accueilli, moi, pour missionnaire.

COLOMB.
Courage, Salvador, vous nous sanctifierez.

DIÉGO.
Embrassez-moi ! ... D'un fils qu'est-ce que vous ferez ?

COLOMB, *ému.*
De toi ? ... tu resteras.

DIÉGO.
Quoi ! sans vous ?

COLOMB.

Je l'ordonne.
Oui, la reine t'attache auprès de sa personne ;
Elle me l'a promis, et tu ne peux manquer …

DIÉGO.

Abandonner mon père ! … Ah ! je veux m'embarquer !

COLOMB, *à part à son fils.*

Calme-toi : j'ai tout bas quelques mots à te dire.
(Haut) Mes braves, dans neufs jours voguera mon navire.

SANTANGEL.

J'avais cru dans six mois.

FERRAGON.

Mes bons galériens,
Réjouissez-vous donc ! vous romprez vos liens.

COLOMB.

Il me faudra chercher quelque naturaliste.

PHARMACOS.

Je le suis.

COLOMB.

Et de plus un savant botaniste.

PHARMACOS.

Je le suis.

COLOMB.

Et de plus un grand pharmacien.

PHARMACOS.

Je le suis : nous, docteurs, nous savons tout ou rien.[1]

COLOMB, *à Santangel.*

Tenez-vous prêt, seigneur.

---

1. Lemercier fait ici probablement un clin d'œil à l'omniscience comique des docteurs dans le théâtre de Molière.

SANTANGEL.
Je veux sur cet objet
(*à voix basse et en s'éloignant*)
Vous parler à l'écart. Chef d'un si grand projet,
Vous êtes, cher Colomb, un homme en tout suprême ;
La gloire entière en doit revenir à vous-même.
Ne tendant qu'au succès, il sert à votre plan
D'entraîner les forçats soumis au capitan ;
Mais moi, grand d'Aragon, fils d'un haut gentilhomme,
Parmi de tels marauds sied-il que l'on me nomme ? ...
Vous m'entendez ?

COLOMB.
Très bien.

SANTANGEL.
Ce n'est pas là mon lieu ...
Recevez mes souhaits, et mon plus tendre adieu.
(*Il l'embrasse et se retire*)

Scène VI.

Les Mêmes, excepté Santangel.

COLOMB, *à soi-même.*
Et d'un qui me délaisse avant que d'être en route.

PINÇON.
Est-ce que ce seigneur craint la mère ?

COLOMB.
Non, sans doute.
Permettez qu'en secret, je parle à mon enfant.
(*Bas à son fils*)
Je pars et reviendrai, j'espère, triomphant.
La contrée où je tends, oui, plus j'y pense ... oui certes,
Elle est où j'imagine, et sera découverte ...
Mais l'atteindrai-je, moi ? La mer peut m'arrêter ...
J'ai besoin de constance, et tu veux me l'ôter.
Ton aspect, tes périls, ébranleraient mon âme,
Soutiens prêt de la reine et mon nom et ma femme :
Je veux t'en donner une, et, t'enchaînant ainsi,
Être assuré par toi de me suivre ici.
La reine m'a parlé de Célesta, qui t'aime ;
Elle comble ton père, et la dote elle-même.

DIÉGO.
La reine, elle, ni vous rien n'aura le pouvoir
D'exposer votre fils à ne plus vous revoir.

COLOMB.
Mon cher enfant !

DIÉGO.
Non rien, rien ne peut m'y soumettre …

COLOMB.
Devant eux à tes pieds si je pouvais me mettre,
Ton père le ferait.

DIÉGO, *à haute voix.*
Amis ! ah ! sur vos mers
(*avec force*)
Que je le suive, et fût-ce au bout de l'univers.

COLOMB.
Paix là, mon fils … sortez : le devoir me réclame …
Séparons-nous … J'en vais dire autant à ma femme.
J'ai l'ordre de la reine, et j'aurais la vigueur
D'exécuter sa loi dans toute sa rigueur.
(*Diégo sort*)

Scène VII.

Les Mêmes, excepté Diégo.

COLOMB.
Mes amis, je vous donne exemple de courage :
Chacun de vous aura ce bruit dans son ménage :
Mais partons : et de vous que je sois imité.
Notre vieux continent, connu, riche, habité,
Je l'abandonnerais, m'en fît-on un royaume,
Pour l'autre qui vous semble encor être un fantôme
Ferme donc ! soyez prêts dans neuf jours révolus,
Et que bientôt notre œil voie un monde de plus.

Fin du second acte.

ACTE TROISIÈME

*Le théâtre représente l'intérieur d'un vaisseau et la chambre de l'amiral :
on aperçoit au dessus les ponts, les mâts et les agrès du vaisseau ;
et dans la chambre, tous les ustensiles nécessaires à la marine. Il est nuit.*[1]

Scène I.

Colomb, Pinçon.

PINÇON.
Nous voici loin en mer ! ces pauvres malheureux,
Depuis l'embarquement ont filé bien des nœuds ?
Ils sont tous sur les dents, et presque léthargiques.

COLOMB.
Fais leur distribuer l'une de nos barriques.

PINÇON.
Il ne faudra pas moins pour les mettre en vigueur :
Car l'orage dernier leur a glacé le cœur.
Doublez la ration.

COLOMB.
 Non !

PINÇON.
 Quelle nuit cruelle !
La tempête a failli briser la caravelle :
Pas un canot qui reste, et vingt câbles rompus.
Si l'on touche un écueil, il faut mourir dessus.

COLOMB, *froidement.*
La Niña nous suit ; et *la Pinta*, voisine,
A ses canots sans doute, et sous notre œil chemine :
L'une ou l'autre vers nous en pourra détacher.

PINÇON.
Nul port où l'on ait lieu d'espérer relâcher.

---

1. Lemercier se limite ici à montrer l'intérieur du vaisseau et du pont, ce qui rend le décor de l'acte plus simple à réaliser par rapport à celui du mélodrame homonyme de Pixerécourt, où une reproduction d'une plus grande partie de l'extérieur du vaisseau était montée sur le théâtre pour la mise en scène de l'acte II.

COLOMB, *froidement*.
Va, nous en atteindrons : j'ai pris en main la sonde ;
La mer, sans fond là-bas, est ici peu profonde.
Le vent se tient ?

PINÇON.
Bon frais.

Scène II.

Les Précédents, Ferragon.

COLOMB, *assis, à Ferragon*.
Les chefs mutins ?...

FERRAGON.
Liés,
Jetés à fond de cale, un lourd boulet aux pieds.

COLOMB.
La rigueur est ici notre conservatrice :
Sois de fer.

FERRAGON.
Est-ce moi qu'on craint qui ne mollisse ?
À régir des forçats je suis trop endurci ;
Mais tout rude qu'on soit, on doit les plaindre aussi.
Morbleu, notre amiral, je ne sais qui vous pousse,
Si d'hier à la nuit quinze heures de secousse,
Dont j'ai vu s'effrayer les plus hardis de nous,
Ne vous consternent pas, quand vous nous perdez tous.

COLOMB, *avec amitié*.
Je croyais, Ferragon, ton âme un peu plus forte ;
Voudrais-tu t'arrêter lorsqu'un bon vent te porte ?

PINÇON.
Où ?... dans un Océan qui ne finira pas.

COLOMB, *se levant, et d'un ton sérieux*.
Tais-toi, Pinçon, peux-tu deviner où tu vas ?
Quand tous ces furieux, osant me méconnaître,
Voulaient lier au mât leur amiral, leur maître,
N'ai-je pas, sous trois jours, promis à tous ma mort,
Si ce terme expiré ne vous montrait un port ?
L'aube qui va paraître est mon heure indiquée ;
Qu'au moins je sois en paix, si ma fin est marquée !

PINÇON.
Nul de nous n'a dormi.

COLOMB.
Mais est-ce que je dors ?
Qu'on largue pleinement ; toutes voiles dehors.

PINÇON, *bas à Ferragon.*
Plus notre vaisseau file, et plus il fuit l'Europe.

FERRAGON.
Oui, mais notre homme a l'air sûr de son horoscope.
Gare à lui s'il n'atteint son continent nouveau …
Nous verrons dès le jour …

PINÇON.
Rien que le ciel et l'eau.

Scène III.

COLOMB, *seul.*
« Rien », disent-ils, ces gens me tueront dès l'aurore,
« Trente-deux jours passés en mer, et rien encore ? »
De lieue en lieue à tous j'ai caché leur chemin.
Leur compte est de cinq cents ; mais neuf cents ! … Oh ! demain,
Demain, si rien, grand Dieu, n'apparaît à leur vue,
Effrayés sur ces mers de leur route inconnue,
Retournant vers l'Espagne, ils voudront m'y traîner,
Si leur fureur encor tarde à m'assassiner.
Vainement je menace, exhorte, ou flatte, ou prie,
Mes ressorts sont à bout ; chacun murmure et crie.
Pourtant … de mes raisons quand je me ressouviens ! …
Ce pays des Atlas connu des anciens,
Et ce bras d'un colosse au coin d'une île Açore,
Tourné vers une terre opposée à l'aurore,
Ces doutes des premiers et derniers voyageurs,
Ces hauts bancs, ces poissons près des côtes nageurs,
La figure du globe, et tout notre hémisphère
Plein d'hommes … Oui, dans l'autre est sans doute une terre
Plus au sud, plus au nord, que sais-je ? … Mais par-là
(*avec véhémence*)
D'autres, si ce n'est moi, reconnaîtront cela.
Alors, en me pleurant, vous me rendrez justice,
Aveugles compagnons, qui jurez mon supplice !

(*Avec réflexion*)
Quel homme eût plus à vaincre arrêté dans un plan ?
Seul devant la nature, et contre l'Océan,
L'une me dit : « Poursuis » ; et l'autre en ma carrière
Me dit : « Recule », et vois mon immense barrière.
Ô ma chère compagne et les jours et les nuits,
Ma boussole ! c'est toi qui seule me conduis ...
Instruis-moi, réponds-moi, me restes-tu constante ?
Quel écart ! ... cèdes-tu toi-même à la tourmente ?
De ta direction pourquoi tant décliner ?
En tes balancements, vas-tu m'abandonner ?
Non ! ... vers ton pôle-nord tu reviens plus fidèle.
Ah ! combien je frémis en songeant que sur elle
Est suspendu le sort de trois cents matelots,
À qui j'atteste un monde au sein de tant de flots !
(*Avec recueillement*)
Je ne sais ; ... mais hier, observant les passages
Des courants variés ... l'ouest, et certains nuages ...
Quelques écueils ... la sonde enfin trouvant un fond ...
Oui, si la terre est loin, mon esprit se confond ...

Scène IV.

Colomb, Salvador.

COLOMB, *avec sérénité*.

Bon jour, mon saint ami !

SALVADOR.

Je dois être un peu blême.
Comme vos officiers, j'ai fait le quart moi-même.
On en est réduit là : seul de tous, quelquefois
Me confiant aux flots, je m'endors sous la croix.

COLOMB.

La résignation naît d'une foi sincère :
Vous l'avez ; nos marins ne vous ressemblent guère.

SALVADOR.
C'est qu'ils souffrent, mon fils, trop, et moi-même assez :
Puis se moquent des vœux quand les maux sont passés.
J'ordonnais de prier la dame de Lorette,
Blasphémant, ils traitaient mes sermons de sornette.
Ma charité contre eux vous a bien défendu ;
Mais si vous persistez, confessez-vous perdu.
Malgré mon amitié, je juge leur détresse,
Nous y succombons tous, et le retour nous presse.
Eau, vin, chair et biscuit leur manqueront bientôt.

COLOMB.
Pour naviguer trois mois, j'en ai plus qu'il n'en faut.

SALVADOR.
Trois mois, *santo padré !* trois mois sur cet abîme !

COLOMB.
Mon frère en votre cloître, où l'on vit de régime,
En avez-vous subi de plus dur que le mien ?
Je m'y soumets moi-même, et pourtant me soutien.
De mes provisions je cache la mesure
Qui d'un trop long trajet annoncerait l'augure :
Si je ne les trompais par ces privations,
Tous feraient, comme vous, des exclamations.
Sur ma propre souffrance, est-ce que je lamente ?

SALVADOR.
C'est que de votre honneur le feu vous alimente.

COLOMB, *vivement.*
Dites qu'il me consume.

SALVADOR.
Eh ! volontairement,
À quoi bon vous traiter si rigoureusement ?
Retournez vers l'Espagne.

COLOMB.
Avant d'avoir vu terre !

SALVADOR.
À la grâce de Dieu laissons cet hémisphère.
(*Colomb le quitte en silence*)
Où va-t-il ?

COLOMB, *regardant à la fenêtre et revenant.*
Même vent ; est-sud-est.

SALVADOR, *à soi-même.*
Nul repos.

COLOMB, *retournant à la fenêtre.*
La nuit est sombre encor.

SALVADOR, *à soi-même.*
Ce pauvre Pharmacos,
Il l'aime autant que moi ; mais il plaint l'entreprise.
Sous les ponts, sur les ponts, à la pluie, à la bise,
Il veille sans relâche en zélé médecin,
Un docteur est ici comme moi ; c'est un saint.

COLOMB, *avec transport, étant à la croisée.*
Frère !

SALVADOR.
Eh bien !

COLOMB.
Frère !

SALVADOR.
Eh quoi !

COLOMB.
Là-bas, voyez-vous poindre
À l'horizon, un feu qu'un autre semble joindre ? …
Là-bas ! là-bas !

SALVADOR.
Ma foi, je n'aperçois là-bas
Qu'un vide, et qu'un temps noir, comme autour de nos mâts.
C'est quelque jet brillant qu'au loin la mer envoie.

COLOMB.
Ah ! je sentais mon cœur se dissoudre de joie !

SALVADOR.
Comme à vos visions vous vous abandonnez !

COLOMB.
D'un semblable transport, quoi ! vous vous étonnez ?
Qui sur cet Océan, qui sur la caravelle,
Souhaite plus que moi qu'un succès nous rappelle ?
La plupart de mes gens, soldats et mariniers,
Sont ou garçons, ou veufs, forçats, banqueroutiers :
Ils manquent de famille et de biens sur la terre :
Vous-même dans votre ordre étant célibataire,
Vous ne risquez que vous, avec vous tout finit ;
Mais dans le continent d'où l'honneur me bannit,
Moi, père, bon mari, je sens que me réclame
L'amour de deux enfants[1] et d'une tendre femme ;
De plus, j'ai pour fardeau ma gloire d'amiral :
Tout m'est donc, plus qu'à vous, ou propice ou fatal :
Et quand j'ai plus qu'un autre à souhaiter et craindre,
Je me tais ; et chacun ose avec bruit se plaindre.

SALVADOR.
Non pas moi … Plût au ciel que ma voix prévalût !
Je m'alarme en secret, mais pour votre salut.

Scène V.

Les Précédents, Trina.

TRINA.
Une barque, amiral, que *la Pinta* détache,
Amène un messager.

COLOMB.
Son nom ?

TRINA.
Il nous le cache.

COLOMB.
Qu'il vienne. Elle n'a pas de canot démarré ?

TRINA.
Non ; seulement l'orage a rompu son beaupré.

---

1. Lemercier fait aussi allusion à Fernando Colombo, fils du navigateur et de Béatrix et absent de la comédie.

COLOMB, *lui donnant un papier.*

Rends cet ordre ; il nous faut des barques et des câbles. (*Trina sort*)
(*À Salvador*)
Ami, continuez vos travaux charitables.

Scène VI.

Colomb, Diégo.

DIÉGO, *jetant le manteau.*

Ô mon père ! …

COLOMB.

C'est toi qui viens dans mon vaisseau !
Quoi faire ? À mes tourments joindre un tourment nouveau ;
Les bontés de la reine et ma voix paternelle,
Ta famille, les droits d'une épouse nouvelle,
À ta témérité n'ont opposé nul frein.

DIÉGO.

Mon père me veut-il repousser de son sein ?

COLOMB.

Ma tendresse, Diégo, condamne ton audace ;
Mais il n'en est plus temps : viens, mon fils, et m'embrasse.
(*Il le serre sur son cœur*)

DIÉGO.

Ô mon père, pour vous j'ai quitté Célesta !

COLOMB.

Comment es-tu venu ?

DIÉGO.

J'ai rejoint *la Pinta* ;
Et de son capitaine obtenant mon passage,
J'implorai le secret, et je fus du voyage.

COLOMB.

La veille du départ je t'avais marié,
Comptant que par l'amour tu resterais lié.

DIÉGO.
L'image du péril que courait votre tête,
Troublant ce doux hymen, en attrista la fête :
Vous vous en souvenez ; nous pleurions à l'autel.
Je ne pus soutenir ce lendemain cruel,
Cet instant du départ, ces adieux qu'au rivage
Adressaient tant de cœurs à tout votre équipage ;
Je craignis vos refus en fuyant ma maison ;
Et, seul, je m'élançai vers Alphonse Pinçon ;
De mon aspect tardif espérant vous surprendre
Dans la nouvelle terre où vous pourriez descendre.

COLOMB.
Pourquoi de ton vaisseau sur le nôtre arriver ?

DIÉGO.
Pour vous porter l'avis qu'on va s'y soulever.
J'étais las à la fin d'entendre les murmures
Du chef et des soldats, s'exhalant en injures.
Rebutés du chemin, ils ont conçu l'espoir
Que ma voix sur un père aurait quelque pouvoir,
Et que nos maux communs, vous accablant sans doute
Vous feraient renoncer à poursuivre la route ;
Et, chargé de leurs vœux, aussitôt j'ai passé
Sur le premier canot qu'ils ont vers vous lancé.
Quatre nuits sans sommeil m'ont usé de fatigue.

COLOMB.
Ici mêmes périls : contre moi tout se ligue.

DIÉGO.
Quoi ! même autour de vous !

COLOMB.
Je te laisse à juger
Combien ton dévouement m'afflige en ce danger …
Reste ; je monte au pont revoir ma latitude :
Remets-toi sur ce lit de tant de lassitudes.

Scène VII.

DIÉGO, *seul.*

Ô mon bon père ! hélas ! ce n'est donc point assez
Que si loin de nos bords les flots nous aient poussés !
Des méchants font outrage à ta persévérance...
Célesta ! Célesta ! sauras-tu ma souffrance ?
Ah Dieu !... d'un froid mortel je sens mon corps frémir...
Reposons-nous du moins, si je ne peux dormir.
(*Il va se mettre sur le lit*)

Scène VIII.

Pinçon, Ferragon, Diégo, non aperçu par eux.

PINÇON.

Ferragon, l'amiral n'est plus là ?

FERRAGON.

Sous la voile.
Son astrolabe en main, il vise quelque étoile.
Qu'il prenne ses hauteurs autant qu'il lui plaira,
Mais pour mieux revirer, ou bien on le noiera.
La caravelle est lasse, il faut qu'elle revienne.

PINÇON.

Mon frère avait son fils sur le bord de la sienne :
Mais, en le renvoyant, il m'a fait avertir :
Que demain pour l'Europe il voulait repartir.

FERRAGON.

L'amiral tiendra ferme, à moins qu'on ne le tue.

PINÇON.

Il touche à cette fin : l'aube est bientôt venue ;
Et tu sais son serment ?

FERRAGON.
S'il était englouti,
Il le mériterait pour avoir tant menti.
Il trompe sur le temps, il trompe sur la voie ;
Tantôt gronde, tantôt sur nos maux s'apitoie ;
Quand le ciel s'embrunit, il prend un air serein ;
Quand la foudre est partout, dit qu'il ne voit qu'un grain ;
Là, par de faux signaux il nous flatte la vue ;
Là, pour une île au loin, il nous montre une nue :
Tient fixé sans objet notre œil impatient,
Et reviendrait sans but, je crois, par l'orient !
Pinçon, c'est, ventrebleu, trop se jouer du monde !

PINÇON.
Eh, mais ! lâchons sur lui la meute furibonde
Des mutins rugissants qu'aux manœuvres tu tiens.
Feins de ne pouvoir plus contenir ces vauriens.
Tu seras au retour à l'abri sous ce masque.

FERRAGON.
Si l'un d'eux le saisit au fort d'une bourrasque
Bientôt du haut du pont lancé par ces coquins,
Ils le feront descendre au pays ... des requins.

PINÇON.
Nous dirions, au retour, en contant nos désastres,
Qu'il tomba du gaillard en observant les astres.
Chut ! c'est lui.

Scène IX.

Les Précédents, Colomb.

COLOMB, *à soi-même.*
Me faut-il veiller jusqu'au détail ?
J'ai revu le pilote absent du gouvernail :
Trina s'y tient ... la sonde entraîne moins de brasses ...
Vent de brise et de sud tournant les voiles basses.

PINÇON.
Espérez-vous encor, amiral ?

COLOMB.
Moi ? toujours.
(*Pinçon sort avec Ferragon*)

Scène X.

Colomb, Diégo.

DIÉGO, *sautant à bas de son lit.*
Ces brigands, ô mon père, en veulent à vos jours !...
Ils croyaient être seuls ; j'écoutais leur langage,
J'étais là, furieux, tout palpitant de rage :
Sur eux, au premier mot, j'ai failli me jeter ...
Mais j'ai craint de vous perdre, et j'ai su me dompter.
Ils forment le complot de votre mort prochaine !...

COLOMB.
Que veux-tu ? c'est leur but depuis une semaine.

DIÉGO.
En punissant ces chefs ...

COLOMB.
Comment y parvenir ?
D'eux-mêmes je me sers alors qu'il faut punir.
Ma vie est en leurs mains ; mais quittons ces pensées.
D'un vent qui variait j'ai reçu des bouffées
Odorantes, je crois !... Oui, je sens quelque espoir
Que c'est un vent de côte ; et j'oserais prévoir ...

DIÉGO.
Ô ciel !...

COLOMB.
Viens ; n'en dis mot : peut-être je m'abuse ;
Et cet espoir trompé paraîtrait une ruse,
Qu'avec tant d'ennemis je ne puis plus risquer.
Suis-moi.
(*On entend un murmure*)

DIÉGO.
Quel bruit vers nous ! Vient-on nous attaquer ?

Scène XI.

*Les Précédents, Ferragon ; Pinçon, devançant les
gens de l'équipage qui entrent menaçants et tout armés.*

PINÇON.
C'est pour vous garantir que je les accompagne :
Tous m'ont forcé la main, et leurs cris …

TOUS.
En Espagne !
En Europe !

COLOMB.
Mutins ! vous m'osez assaillir ! …

TOUS.
En Europe !

COLOMB.
Croit-on voir le cœur me faillir ?
Et qu'élu vainement Amiral par vos maîtres,
Je trahisse leur ordre en cédant à des traîtres ? …

TOUS.
En Europe ! …

DIÉGO.
Arrêtez ! …

FERRAGON.
Voici le point du jour ;
C'est le terme promis ; la mort, ou le retour.

DIÉGO.
Au prix de tout mon sang je défendrai sa vie …
C'est mon père ! …

COLOMB, *avec indignation et fierté.*
Méchants ! ma mort est votre envie :
Eh bien ! donnez-la-moi. Soyez, pour m'abîmer,
Pire envers votre chef que la foudre et la mer.
De lieue en lieue, après repassez les tempêtes ;
J'en ai couru neuf cents … tirez-vous d'où vous êtes.
Le saviez-vous ? … frappez : défaites-vous de moi ;
Affrontez au retour Isabelle et le roi.
La mort d'un amiral chargé de leur service

Sera payée à tous par un juste supplice.
Préférez les gibets à l'honneur d'acquérir
Le monde qu'avec vous je venais découvrir.
Allez donc vers l'Espagne, et gagnez ce salaire.
D'où vous avais-je pris ? je fus trop téméraire ;
J'ai ravi la plupart aux chaînes, aux prisons :
Gens dignes des cachots, ce sont-là vos maisons ;
Rentrez-y ! l'on saura votre infamie extrême…
Les moins pervers de vous parleront pour moi-même.
Mais non ; sur tant de mers votre esprit effrayé
Vous égare, et vos maux me font encor pitié.
Revenez au devoir, votre amiral oublie
Son personnel outrage, il plaint votre folie…
Camarades ! amis ! restez mes compagnons.
Non, le danger s'accroît, plus nous nous éloignons.

TOUS.

En Europe !

FERRAGON.

Retourne, ou tu meurs.

COLOMB.

Misérables !
N'écoutez-vous plus rien ?…

FERRAGON, *s'élançant sur lui.*

Non, de par mille diables !

Scène XII.

Les Précédents, Salvador.

SALVADOR.

Quelles clameurs ! bon Dieu ! suspendez ce courroux,
Le frère Salvador, vous prie à deux genoux…
Respectez l'amiral ; je le chéris en frère…

FERRAGON, *le poussant.*

Hors delà, pénitent !

SALVADOR.

Frères, point de colère.
Oh ! plutôt avant lui tuez-moi…

DIÉGO.
Tuez-nous.

SALVADOR, *à Colomb*.
Prenez ma croix, prenez mon rosaire sur vous ...
Et vous tous ... Ah ! de grâce ! écoutez la nouvelle
Que j'apportais ici, plein de joie et de zèle ...

FERRAGON.
Quelque autre fausseté !

SALVADOR.
De la face des eaux
Volent sur le hunier des terrestres oiseaux.

COLOMB, *avec joie*.
Des oiseaux ! ...

SALVADOR.
Bénissons Dieu qui voit notre peine ...
Un d'eux chantait là-haut, posé sur la misène.[1]

COLOMB, *avec joie*.
J'avais senti dans l'air des souffles odorants !

FERRAGON.
Vains signes !

SALVADOR.
Il avait vu poindre des feux errants.

DIÉGO, *précipitamment*.
Vraiment ? Sur *la Pinta* nous crûmes voir les mêmes.
Deux points qui s'approchaient, brillaient ...

COLOMB.
Anges suprêmes !
Toucherais-je à mon but ?

DIÉGO.
Au navire amiral
Les trois coups de canon allaient donner signal ;
Mais n'ayant plus revu ce que nous aperçûmes ...

---

1. Variante archaïque et peu utilisée du terme « misaine » qui indique « le second mât d'un vaisseau », vers la proue ou bien la voile de ce mât (Furetière, *Dictionnaire*, s.v. « misaine »).

FERRAGON.

Oui, tous vos ports lointains se perdent dans les brumes.

COLOMB.

Mutins ! ...

FERRAGON, *violemment*.

Quand l'Océan se soulève irrité,
Aux vagues, amiral, parle avec majesté,
Dis-leur : « Respectez-moi ». Quand la tempête crie,
Les flots t'entendraient-ils ? Nous avons leur furie.

Scène XIII.

Les Précédents, Pharmacos, accourant et apportant des roseaux et des herbes.

PHARMACOS.

Espérez, amiral ; voyez ces végétaux !
Voyez ... ils ont en mer pêché ces longs roseaux ...
Le limon de leur sol charge encor leurs racines ...
Ce n'est point là de l'algue et des plantes marines.
J'en crois ma botanique, et mon cœur réjoui ...[1]

COLOMB, *avec véhémence*.

Sondez vigilamment ! carguez les voiles : oui !
Un continent s'approche !

SALVADOR.

Ah ! faisons vœu, mes frères ?
Pour qu'une heureuse baie accueille nos misères,
D'entreprendre au retour, sans habits et pieds nus,
Un long pèlerinage au nom des saints élus ...

PINÇON.

Oui, nous jurons ce vœu, si bientôt sans obstacle ...
(*On entend un coup de canon lointain*)

COLOMB.

Serait-ce le signal ?

---

1. Comme le signale également la *Gazette nationale, ou le Moniteur universel* (11 mars 1809), le passage est librement inspiré de la conclusion du sixième chant des *Trois règnes de la nature* de Delille, où le nouveau continent est annoncé par « le doux esprit des fleurs », dont « un air propice apporte l'odorante haleine ». Delille, *Les Trois Règnes de la nature*, VI, p. 185.

(*Tous les hommes de l'équipage apparaissent sur les ponts, l'entrepont et au pied des mâts, pendant l'intervalle des deux autres coups de canon, qu'on entend tirer de loin*)

TOUS.
Terre ! ... terre ! ...

SALVADOR.
Miracle,
Miracle qu'a produit notre vœu prononcé !

COLOMB, *avec un long transport de joie.*
Nouveau monde, aux humains je l'avais annoncé :
Te voilà donc atteint !

PHARMACOS.
Terre ! te voilà prise !

SALVADOR.
Ô bénédictions ! ... c'est la terre promise !

FERRAGON.
Noyez, grand Amiral, des marauds, des mutins ;
À genoux devant lui ! tous à genoux, coquins,
Forcenés scélérats, brutaux sans cœurs, sans têtes !
(*Tous se jettent aux pieds de Colomb.*)

COLOMB, *avec dignité.*
Nous reverrons l'Europe, et fiers de nos conquêtes !
(*Avec bonté*)
Relevez-vous, ingrats ! Suis-je un aventurier ?
Me haïssez-vous tant ? Voulez-vous me noyer ? ...
Cinglons vers *la Pinta* ; vite aux manœuvres ! vite !

PHARMACOS.
Il était temps ; nos maux, malgré tout mon mérite,
Changeaient notre vaisseau presque en un hôpital.
Oh ! ces plantes ...

COLOMB.
Montrez.

PHARMACOS, *avec ravissement.*
          Je veux dans un bocal
Les rapporter moi-même en nos divers royaumes :
Peut-être de leur suc on extraira des baumes
Salubres aux mortels qui vous admireront,
Et qu'en mon cabinet les savants noteront ;
Ce sont des monuments qu'il ne faut pas qu'on m'ôte ;
Ce sont premiers courriers arrivés de la côte.
Ah ! sans eux, air humide, et tangage, et roulis,
M'auraient tué les gens que j'avais rétablis.

COLOMB, *aux matelots.*
Vos torts sont oubliés, et non pas vos services.
(*À Salvador*)   (*à Pharmacos*)
Vous, frère, et vous, docteur, mes deux anges propices,
L'un soutien de l'espoir, l'autre de la santé,
Je dirai vos bienfaits à l'incrédulité ;
Et ce qu'en votre état il est de patience
Unie au dévouement et jointe à la science.
Fiez-vous tous encore à ma prédiction :
J'atteindrai d'ici même à quelque région,
Riche en villes, en or, et plus vaste peut-être
Que tout ce que du globe on parvint à connaître.
Mon fils, nous reverrons nos femmes, nos amis.
Gagnons les habitants, rendons-nous les soumis …
(*À voix basse*)   (*on entend du bruit*)
Quelle secousse, ô ciel, ébranle le navire !

PHARMACOS.
Notre amiral pâlit … est-ce que l'on chavire ?

DIÉGO.
Du même choc aussi j'ai tressailli d'effroi.

PINÇON.
Je l'ai senti de même …

SALVADOR.
          Et moi de même …

FERRAGON.
                    Et moi.

Scène XIV.

Les Précédents, Trina, épouvanté.

TRINA.

L'eau gagne le vaisseau.

COLOMB.

Quelle frayeur te presse ?

TRINA.

Amiral, le pilote, enivré d'allégresse,
A quitté le timon, la sonde, et par un flanc,
Notre navire …

COLOMB.

Achève.

TRINA.

A touché sur un banc.

TOUS.

Dieu !

TRINA.

S'il allait s'ouvrir, les marins et la troupe
Sont dans le désespoir, sans aide, sans chaloupe.

COLOMB, *vivement*.

Le canon de détresse ! élevez les signaux ;
Courez aux pompes, tous ; déchargez les tonneaux
Jetez tout à la mer, afin que de la grève,
Le flot nous abaissant, s'il se peut nous soulève.
À vos pompes ! surtout point de confusion.

(Ils partent tous)

(*À son fils*)
Toi, demeure.

Scène XV.

Colomb, Diégo.

DIÉGO.

Ô désastre !

COLOMB.

Extermination !

DIÉGO.
Surmonter la révolte, et la route, et l'orage,
Et sous un ciel calmé faire au port ce naufrage !

COLOMB.
Porte ces deux barils, Diégo.

DIÉGO.
    Pourquoi ?
(*Il les apporte*)

COLOMB, *écrivant*.
     J'écris
Où j'aperçus un monde, à quel banc je péris.
(*Il met ses papiers dans les barils*)
Je joins là, plan, et carte, et registre de route.
J'en ai triple copie enduisons-les. Écoute :
Nous livrerons aux flots, avant d'être engloutis,
Ces secrets qui pour tous seraient anéantis ;
Afin que l'Océan, mon dernier légataire,
En porte l'héritage au reste de la terre.

DIÉGO.
Que Dieu sauve mon père et sa gloire ! ...

COLOMB.
       Ah ! mon fils !
Adieu, l'Europe ! Adieu, ma chère Béatrix !

Scène XVI.

Les Précédents, Salvador, Ferragon, Marins.

FERRAGON, *accourant*.
Amiral ! Amiral !

SALVADOR.
  La Pinta s'achemine.

FERRAGON.
On vient nous remorquer.

COLOMB.
Salut ! Grâce divine !
Cramponez les esquifs ; sautez dans les premiers ;
Sauvez-vous ; sur le pont nous restons les derniers.
Dans les barques entrez quarante par quarante.
Pour un de plus, la mort ! Ordre, et nulle épouvante.
(*Ils sortent tous vivement*)

Scène XVII.

Colomb, Diégo.

DIÉGO.
Contre eux et vous au port si d'affreux ennemis …

COLOMB.
Ah ! j'ai vaincu ! je donne un continent promis !
Comblé dans mon seul vœu, j'abandonne ma tête
Au Dieu qui la sauva de plus d'une tempête ;
Quels que soient nos périls, mon cœur sera plus fort.
Je pressens que déjà tout est sûr en ce port.
Peut-être de ma gloire, au retour poursuivie,
Naîtra l'ingratitude ; et peut-être l'envie,
Pour tout prix, chez nos rois me forgera des fers :
Les cours ont, je le sais, plus d'écueils que les mers :
Mais quand, par un prodige aussi grand que le nôtre,
J'étonne un hémisphère en lui découvrant l'autre,
Il n'est aucun pouvoir qui parvienne à m'ôter
L'honneur que l'univers m'aura vu mériter ;
Et s'il revient quelqu'un de la côte où nous sommes,
Mon salaire à venir ne dépend plus des hommes.

Fin du troisième et dernier acte.

NOTE

On a pu sentir dans le cours de cette lecture que le sujet exposé au premier acte est conduit à son dénouement promis au troisième et que mon objet à cet égard est complètement rempli : Mais on s'aperçoit que l'intérêt dramatique satisferait mieux la curiosité des spectateurs, si l'action continuée eût présenté à leurs yeux le retour de Colomb en Espagne, après la découverte des colonies. J'ai cru néanmoins devoir m'arrêter au but où je me suis borné, prévoyant trop bien que les obstacles qu'on oppose à tous mes essais s'augmenteraient de plus en plus si je prolongeais la carrière de mon héros, et que, d'abord renversé, je ne pourrais les surmonter par mes efforts. Il m'a paru plus prudent de réserver les éléments qui me restent pour en composer deux autres actes a part, qui viendront naturellement se joindre aux trois premiers, et former une suite qui accomplira mon ouvrage.[1] L'aveu que je fais prouve à quelle retenue me condamnent les préventions et les entraves qui me gênent et me traversent dans l'exercice de mon art, et avec quelles précautions il faut que je marche pour ne pas risquer d'être découragé par de malignes attaques.

Je n'entre point dans la défense du style varié que j'emploie en cette composition, et je n'expliquerai pas la difficulté qui se trouve à unir le comique au pathétique. Les gens instruits apprécient tout ; et c'est à eux que je me soumets. Les deux nouveaux actes qui sont à faire n'offriront pas l'image des persécutions qu'a subies Colomb pour salaire de ses services ; rien de si commun et de si reconnu que l'injustice des hommes. Je ne voudrais peindre que son moment de triomphe sur les esprits et sur la cour, qui n'avaient pu le comprendre. Il me suffit maintenant de l'avoir montré recevant sa récompense de son propre génie, et augurant celle que l'avenir accorderait à ses travaux : c'est la première de toutes.

---

[1]. Sans doute aussi à cause de la chute de l'ouvrage, le projet des deux actes supplémentaires n'a eu aucune suite.

FRAGMENT

Longtemps avant de mettre Christophe Colomb au théâtre, la gloire de ce grand homme m'avait occupé ; j'en fournis la preuve en imprimant ce fragment d'un poème où je fais parler une des divinités allégoriques que j'ai introduites dans ma nouvelle *Théogonie, ou Essais poétiques sur la philosophie newtonnienne*.

> Jamais nul des larcins qu'on put faire au génie
> N'appauvrit le trésor de sa gloire infinie ;
> Les siècles, qui des prix sont les dispensateurs,
> Trompent les vœux jaloux de ses imitateurs.
> Vespuce, qui suivit d'une âme intéressée,
> La route que Colomb avait déjà tracée,
> Aux bords qu'il atteignit ne recherchait que l'or :
> Colomb, plus fier, briguait un plus noble trésor,
> Le nom de demi-Dieu révélateur d'un monde ;
> Et sur l'aspect des temps, d'Uranie et de l'onde,
> Prophète audacieux de son propre destin,
> Il jura la conquête, et l'accomplit enfin.
> Que l'univers le sache : apprends la gloire ; écoute
> Et crois en Magnégine (1), elle éclaira sa route.
>
> Aux bords liguriens, parmi des matelots,
> Il me vint en naissant consulter sur les flots ;
> J'écartai des écueils sa jeunesse agitée ;
> Je remis dans ses mains mon aiguille aimantée,
> Gage de mon hymen avec le Dieu du fer :
> Pour moi, sœur d'Électrone (2), invisible dans l'air,
> Nul homme avant ces nœuds ne m'avait dévoilée.
> Je lui dis qu'en secret au pôle rappelée,
> Sous le joug de Sider (3) le regardant toujours,
> Je ne tends qu'à l'objet de mes premiers amours.
> Instruit de mon penchant par cette confidence,
> Son soin observateur m'attesta sa prudence.
> Je lui voulus payer en bienfaits renommés
> Les loisirs qu'à m'entendre il avait consumés.
> Un jour que soupirait ce disciple d'Euclide,
> Tourné devant les mers qui couvrent l'Atlantide :
> « Les mortels — me dit-il — moins courageux que moi,
> N'osent tenter la sphère et voguer sur ta foi :
> Mais ce ciel, où ma vue a compté tant d'aurores,

Ce colosse debout dans les îles Açores,
Son bras levé qui semble aux bords occidentaux
Me montrer un chemin vers des pays nouveaux,
Ah ! s'ils me promettaient les tributs du commerce !
Nous rivaliserions la Syrie et la Perse.
Ouvrons, ô Magnégine, ô ma divinité !
Ces mers dont on n'osa fendre l'immensité ».
Il dit, et j'assurai mon aide à son audace :
Mais du rare génie ordinaire disgrâce !
Le vulgaire, trop bas près de si hauts esprits,
N'atteint pas aux objets que leurs yeux ont surpris ;
Et huit ans de dédains, sans lasser son courage,
Ont de ses beaux succès démenti le présage.
Enfin, domptant la brigue et l'incrédulité,
Loin de tout bord terrestre il s'est précipité.

Oh ! comme ses nochers rappelaient le rivage,
Quand sur le vaste gouffre, empire de l'orage,
Chaque jour allongeant leur liquide chemin,
Ne montrait plus qu'un ciel et qu'une mer sans fin !
Lui, calme, tint sur moi son regard immobile :
Mes seuls balancements glaçaient son cœur tranquille (4).
Combien je frémissais en mes doutes flottants !
En vain déguisait-il son trajet et le temps :
Ses amis, éperdus entre les vents et l'onde,
Jurent de l'engloutir sous la vague profonde ;
Quand, fixant à deux jours le terme de son sort,
Intrépide, il promet sa conquête, ou sa mort.
Eh ! sur quoi cependant plane son espérance ?
Sur une mer déserte, abîme affreux, immense !
Mais le vol d'un oiseau, né sous de nouveaux cieux.
Augure favorable, étonne tous les yeux :
Mais une herbe, qui cède au torrent qui l'envoie,
Est reçue en signal de victoire et de joie !
Sur l'humide horizon les regards sont tendus.
Nuit dernière, par toi les objets confondus
Laissent poindre en ton sein une clarté lointaine ;
Les nochers attentifs n'ont de voix ni d'haleine ;
Cependant Lampélie (5)[1] aux traits d'un doux rayon,

---

1. Le personnage de Lampélie, bien-aimée de Louis Daguerre, revient dans le poème allégorique que lui consacre Lemercier à la Séance publique annuelle des cinq académies du 2 mai 1839 (Paris : Firmin-Didot frères, 1839). Voir aussi l'édition commentée en italien due aux soins d'Annamaria Laserra et Bruna Donatelli (Rome : Arnica editrice, 1984).

Divinité du jour et fille d'Hélion (6),
Du soleil immobile éternelle courrière,
Révèle un continent que frappe sa lumière :
« Gloire à Colomb ! — dit-elle ; et le bénissant tous —
Terre ! voici la terre ! un monde vient à nous ! ».
Tel est le cri perçant que sur chaque navire
Pousse la foule en pleurs vers Colomb qu'elle admire.

Rivages d'Haïty, vos hôtes innocents
Reçurent ces héros comme des dieux puissants,
Et pour leur consacrer les trésors de la terre,
Ils n'attendirent pas les coups de leur tonnerre.

Colomb victorieux, Colomb, fier cette fois
D'aller frapper l'Europe au bruit de ses exploits,
Jaloux qu'on reconnût ce rêveur en délire
Qu'insultait l'ignorance et le malin sourire,
Colomb rendit sa voile à des vents ennemis.
Un fortuné retour lui sera-t-il permis ?
Non, soulevés du choc des tempêtes cruelles,
Les flots, plus mutinés que ses soldats rebelles,
Rugissent de fureur et brisent ses vaisseaux.
« Eh quoi ! les cieux, la foudre, et les vents et les eaux,
Veulent — s'écria-t-il — engloutir ma mémoire …
Eh bien ! grand Océan ! hérite de ma gloire.
Puisqu'à jamais privé de revoir mon foyer,
Mes destins dans l'oubli sont prêts à se noyer,
Reçois en tes torrents, arrache à la tempête
Le secret de ma route, admirable conquête ;
Et porte vers l'Europe, alors que je péris,
L'espoir du nouveau monde et mes travaux écrits ! ».[1]

Il jette alors son titre, auguste caractère
Dont l'Océan terrible est seul dépositaire.
Mais, du sein bouillonnant de son gouffre profond,
Le Dieu sort, blanc d'écume, et soudain lui répond :
« Va, Colomb, ne crains pas que la mer te dévore ;
Va retrouver les cours, plus perfides encore,
Où des vents plus jaloux, et non moins furieux,
Te feront aux enfers tomber du haut des cieux.
Quel salaire y reçoit le génie et ses peines !

---

1. Voir *supra*, III, 15.

Je te reverrai nu, le corps meurtri de chaînes,
Attester que l'abîme où gronde au loin ma voix
Est plus calme et plus sur que le palais des rois.
Mais, tel que sont liés le pôle et Magnégine,
Marche attiré, conduit par ta vertu divine ».

Le Dieu ne lui dit pas que mon époux Sider
Livrerait sa conquête à l'empire du fer,
Ni que la bouche en feu du grondant Pyrotone (7)
Des brigands de l'Europe y fonderait le trône.
Le Dieu ne lui dit pas qu'un indigne bonheur
De ses faits à Vespuce attacherait l'honneur.

(1) L'aimant. (2) L'électricité. (3) Le fer. (4) Les affolements de la boussole. (5) La lumière. (6) Le soleil. (7) Le feu fulminant.[1]

---

1. Le passage réécrit la chronique du voyage du point de vue de la boussole, ici personnifiée et déifiée. Le récit, où Colomb est doué d'une « vertu divine », confirme le portrait du génie demi-dieu présenté par la pièce. Les personnages allégoriques qu'évoque ici Lemercier sont tous tirés de l'*Atlantiade*, ce qui confirme encore une fois le lien entre ce poème et *Christophe Colomb*. Dans ce poème, Théose joue le rôle du « suprême créateur » ; la volonté active de Théose, son « intelligence universelle » qui se trouve dans le cosmos et constitue l'âme chez les hommes et l'instinct chez les animaux (on reconnaît ici le poids de la tradition néoplatonicienne), est en revanche appelée Psycholie (âme entière). « Les deux forces des mouvements contraires, centripète et centrifuge, sont appelées, l'une *Barythée*, de *Barus*, pesanteur, et *Téos*, dieu ; l'autre, *Proballène*, de *pro*, en avant, et *Ballein*, lancer ». Les deux sœurs Lampélie (lumière du soleil) et Pytophyse (feu de la nature) sont des principes actifs que l'on pourrait rapprocher de l'idée stoïcienne de pneuma. L'amour de l'homme pour la nymphe Bione exprime enfin « figurément l'attachement des humains pour la vie », ainsi que l'art de la médecine. L'univers est régi par des mouvements de transformation sans solution de continuité ; la métempsychose pythagoricienne, « idée ingénieuse, sublime, [...] qui chasse le néant de la nature, et en fait disparaître l'horreur de la mort » est élu comme principe fondateur de la « perpétuité de l'existence » (Lemercier, *Atlantiade*, passim).

NOTICE BIOGRAPHIQUE[1]

Népomucène Louis-Jean Lemercier est né à Paris le 21 avril 1771 de Louis Lemercier, secrétaire général du duc de Penthièvre, et de Marguerite-Ursule Pigory de Lavault. Les amitiés de ses parents, parmi lesquelles se signalent la princesse de Lamballe, marraine du poète, et la duchesse de Chartres, font de Lemercier et de sa famille des assidus de la cour de Louis XVI. Les époux Lemercier sont donc proches du couple royal et notamment de Marie-Antoinette pendant toute l'enfance et l'adolescence du poète. Lemercier, affecté d'une demi-paralysie depuis son plus jeune âge, est placé au collège de Lisieux, le même qu'avaient fréquenté, entre autres, Delille et Collin d'Harleville. Ses années de formation sont justement marquées par la fréquentation de l'auteur de *L'Imagination*, de Lebrun et du dramaturge Ducis, ce dernier lui témoignant, jusqu'à la fin de sa vie, une estime et une affection presque paternelles. Avant de se consacrer aux muses dramatiques, Lemercier tente brièvement d'entreprendre une carrière de peintre à l'atelier de David, mais sa vocation pour le théâtre ne tarde pas à se manifester. Il débute sur la scène dramatique à l'âge de seize ans, lorsqu'il crée en 1788 sa première tragédie, *Méléagre*, qui, sans être un succès, fut néanmoins applaudie par la cour et la reine. L'esprit de dissidence de Lemercier ne tarde pas non plus à se montrer : en dépit de son amitié avec le couple royal, il renonce bien avant 1789 au titre de marquis de Charlevoix, auquel il avait droit par descendance.

En 1792, pendant que sa carrière d'auteur dramatique continue, il devient membre des citoyens de la Section du Palais Royal et fréquente assidûment les tribunes où son attention, son regard fixe sur les orateurs et ses pas chancelants à cause de la maladie lui valent un fastidieux sobriquet : l'Idiot. En dépit de son appui au mouvement révolutionnaire, sa noblesse le contraint la même année à quitter Paris. Entre 1792 et 1794, Lemercier voyage à Bagnères et à Tours, pour s'établir à Maisons jusqu'en octobre 1794, lorsqu'il est rappelé à Paris par la décision du Comité d'instruction publique qui exige sa présence dans la capitale pour qu'il y exerce ses talents de dramaturge. Une fois rétabli à Paris, le citoyen Lemercier épouse Élisabeth François, qui lui donne un fils, le petit Népomucène (12 mars 1795), mort chez sa nourrice à l'âge de trois ans (5 décembre 1798). De

---

1. Ces informations biographiques sont tirées de Maurice Souriau, *Népomucène Lemercier et ses correspondants* (Paris : Vuibert et Nony, 1908) ; Laurier-Gérard Rousseau, *Népomucène Lemercier et Napoléon Bonaparte*, et des *Notes biographiques* de Madame Lemercier, Bibliothèque de Bayeux, ms 240.

ce même et unique mariage, il a également une fille, Népomucie, qui consacrera toute sa vie à la perpétuation de la mémoire de son père.

Depuis son retour, Lemercier commence à composer des vers, à faire des traductions et surtout à écrire des ouvrages dramatiques. Après quelques succès aléatoires dans la tragédie et dans la comédie (*Le Lévite Éphraïm* ; *Le Tartuffe révolutionnaire*), Lemercier obtient ainsi son plus grand triomphe sous le Directoire avec la tragédie d'*Agamemnon*, en 1797. Le petit Méléagre boiteux que l'on avait appelé jadis l'Idiot devient ainsi « l'homme de France qui cause le mieux », pour reprendre le mot de Talleyrand : à la suite de cet immense succès, Lemercier commence à fréquenter les salons les plus en vue. Il y rencontre le vieux Beaumarchais, Madame de Staël, Talma, Madame Vanhove-Petit et surtout le jeune Bonaparte et Joséphine, dont il devient l'ami intime. C'est justement grâce au soutien de son influent ami Bonaparte — auquel le poète avait dédié une tragédie à sujet égyptien (*Ophis*, 1798) — que Lemercier parvient à créer *Pinto, ou la Journée d'une conspiration*, « comédie historique » politiquement incorrecte que le Consul se hâte ensuite d'interdire (1800).

Après *Ophis*, Lemercier abandonne les tragédies à sujet antique ou mythologique et se consacre entièrement à la composition de « comédies historiques » et de tragédies nationales. En dépit des ennuis avec *Pinto*, sous le Consulat et à l'aube de l'Empire, Lemercier semble destiné à une carrière dramatique constellée de triomphes. Néanmoins, la rupture violente avec Napoléon — que l'amitié et l'affection pour Bonaparte n'arrivent pas à contrebalancer — l'empêche de devenir le dramaturge de premier plan de l'époque impériale. Les rapports entre le poète et Napoléon commencent à se ternir en 1800, lorsque Lemercier — républicain convaincu — comprend les véritables intentions de son ami. La rupture définitive est datable entre 1803 et 1804 : à la veille du sacre à Notre-Dame, Bonaparte demande au dramaturge de dénouer sa nouvelle tragédie de *Charlemagne* avec une scène de couronnement, ce que l'auteur refuse. L'assassinat du duc d'Enghien représente enfin pour le poète une infamie intolérable ; décoré de la croix de la Légion d'honneur, Lemercier renvoie son brevet en 1804 : Napoléon prend cela comme une offense personnelle et jette sur le dramaturge un anathème qui le suivra pour le reste de sa vie.

Aux nobles raisons idéologiques s'ajoutent également des rancunes personnelles liées à des questions financières. Les parents de Lemercier avaient adopté, au lendemain de son mariage, un jeune enfant nommé Mariatte auquel le père du poète essaie de procurer une rente qu'il obtient en échange d'une propriété située rue des Pyramides (1808-1809). Si Lemercier père se montre très redevable envers l'Empereur pour cette concession, après sa mort, son fils et sa femme en veulent beaucoup au gouvernement pour une affaire qui ne leur semble plus très avantageuse. Qu'il s'agisse d'une injustice — comme le veut Gérard Rousseau — ou d'un malentendu — comme le montre Maurice Souriau qui examine les documents originaux liés à l'affaire —, la famille de Lemercier, sans être réellement indigente, doit affronter plusieurs difficultés économiques.

À cette situation financière si peu favorable, s'ajoute enfin la frustration du dramaturge : sous l'Empire, le poète traverse effectivement la phase la plus productive de son activité — dont les visées antinapoléoniennes, n'étant que trop mal dissimulées, sont constamment interdites par la censure. Il ne lui reste qu'à se consacrer à l'écriture et à la préparation de son *Cours analytique de littérature générale*, qu'il prononce à l'Athénée de Paris entre 1810 et 1815 et qui lui vaut, au-delà d'un grand succès publique, l'appréciation de la critique et l'élection à l'Académie Française (1810). Interrompu à cause d'un attentat contre sa personne en 1813, dont l'auteur demeure anonyme, le *Cours* est repris et publié en 1817.

Après Waterloo, le professeur Lemercier peut finalement revenir à son activité de dramaturge et essaie de mettre en scène ses anciennes tragédies nationales. Encore une fois, il est proche de personnalités influentes telles que Talleyrand, auquel la haine pour l'Empereur l'unissait, et le duc de Fitz-James, qui intercède souvent en sa faveur auprès de Louis XVIII. En très bons rapports avec l'Académie des Sciences, Lemercier publie également des ouvrages à caractère vaguement scientifique. Le théâtre, auquel il a consacré toute sa vie, ne le récompense pourtant pas de ses efforts : ses ouvrages (*Charlemagne*, *Clovis*, *Beaudoin*, *Le Faux Bonhomme*) échouent inexorablement aussi bien à la Comédie-Française qu'à l'Odéon, scène que Lemercier n'avait cessé de promouvoir. Sur d'autres pièces — telles que *Pinto*, *Richelieu* ou *La Démence de Charles VI* — continuent de tomber les ciseaux de la censure. De plus, la rupture avec Napoléon l'avait brouillé également avec son acteur favori, et Lemercier ne peut désormais plus compter sur la collaboration de son ancien ami Talma, qui avait créé la plupart de ses vieux succès. Seul *Agamemnon* continue d'être représenté jusqu'en 1826, date de sa dernière représentation et première chute. Quant à la reprise et à la publication de son *Cours*, elles ne sont que de maigres consolations. Exception à cette tendance négative, les honnêtes succès de la comédie *Le Complot domestique* (1817), de la tragédie *Frédégonde et Brunehaut* (1821) et du drame historique *Jeanne Shore* (1824). C'est à cette époque que Lemercier commence à montrer son aversion pour la « nouvelle école », qui se fait encore plus brûlante lorsque les romantiques, qu'il appelait dédaigneusement ses « enfants trouvés », violent le temple de la Comédie-Française.

Au niveau politique, la nouvelle France n'offre pas au dramaturge plus de satisfaction. La Restauration monarchique avait représenté pour Lemercier une nouvelle défaite de la démocratie et l'auteur croit d'abord entrevoir dans la monarchie constitutionnelle ayant suivi la Révolution de 1830 un compromis acceptable entre la royauté et le rêve républicain qu'il n'a pas abandonné, mais ce n'est qu'une acceptation temporaire. C'est à cette époque que Lemercier commence, ce qui ne durera pas, à s'intéresser directement, c'est-à-dire autrement que par son théâtre, à la vie politique de la France. En 1831, il décide de se présenter pour la mairie du XIe arrondissement, mais l'opposition des vieux bonapartistes rend sa tentative complètement vaine. La même année, il entre dans le Comité National Polonais — fondé en France à la suite de l'insurrection antirusse de 1830 — dont il est un membre très actif. L'année suivante, Garnier Pagès le veut à côté de son ancien ami David dans son « comité d'extrême gauche » : s'il n'y a pas de documents démontrant son adhésion, on sait de façon certaine qu'il refuse la candidature à la députation en 1832 d'abord puis en 1839. Même refus pour les mairies de Mézidon et de Bayeux, où Lemercier possédait une maison depuis 1813 et dont la Bibliothèque conserve actuellement l'ensemble de ses manuscrits privés. Sa seule tentative d'élection, à Pont-l'Évêque, n'est pas saluée par un succès. Pendant les années trente, Lemercier néglige sensiblement sa muse dramatique (il crée néanmoins deux mélodrames sans véritable succès, *Les Serfs polonais* et *L'Héroïne de Montpellier*, respectivement en 1830 et 1835). Pendant cette période où il n'écrit que très peu pour le théâtre, il obtient le plus grand succès de toute sa carrière après *Agamemnon* : *Pinto*, repris en 1834 à la Porte Saint-Martin au bout de plus de trente ans d'ennuis avec la censure, est la pièce la plus jouée de l'année et devient un véritable triomphe romantique, triomphe que la création de *Richelieu*, l'année suivante, ou sa reprise de 1837, n'arrivent pas à égaler.

Lemercier meurt de manière tout à fait imprévue le 7 juin 1840, quelques jours après le retour à Paris de la dépouille de son ancien ami Bonaparte. Détracteur impitoyable des romantiques auxquels il avait interdit l'entrée à l'Académie Française, après sa mort il cède son fauteuil au pire de ses ennemis : Victor Hugo. Les nombreuses lettres adressées à la veuve et à l'orpheline témoignent de l'estime et de l'attention portées à l'auteur par ses proches, par ses collègues académiciens mais aussi par ses adversaires, qui semblent reconnaître sinon la valeur artistique du dramaturge, du moins la valeur morale de l'homme. Sur l'austère obélisque ornant son tombeau au cimetière du Père-Lachaise, décoré par un médaillon réalisé par David Angers, on peut lire l'épitaphe composée par lui-même — « il fut un homme de bien et cultiva les lettres » –, cet alexandrin dépouillé dont se souvient Vigny dans son *Journal d'un poète*.[2]

---

2. Voir *Journal d'un poète : recueilli et publié sur des notes intimes d'Alfred de Vigny*, par L. Ratisbonne (Paris : Michel Lévy Frères, 1867), p. 166.

ANNEXE I

Réception de *Christophe Colomb* (1809-1845)

Gazette nationale, ou le Moniteur universel, 7 mars 1809

On donne demain,[1] au Théâtre de l'Impératrice, une pièce nouvelle en trois actes et en vers intitulée : *Christophe Colomb*. Le choix de ce titre, le sujet qu'il annonce, et l'événement qu'il promet de retracer, ont singulièrement piqué la curiosité ; mais l'on se demandait comment l'auteur avait envisagé son sujet : s'il avait présenté Colomb au moment de son départ, ou dans le cours de son immortel voyage, ou à son arrivée à cette destination nouvelle, à cette terre dont son génie lui avait fait pressentir l'existence. Dans le premier cas, Colomb ne promettait que peu d'intérêt ; dans le second, il semblait impossible de déterminer le lieu de la scène ; dans le troisième, la peinture la plus intéressante peut-être du caractère de Colomb et le tableau de la situation la plus difficile où il se soit trouvé, étaient perdus pour le spectateur ; l'auteur a reconnu probablement cet état d'incertitude de l'opinion publique, et un beau matin sa pièce a été annoncée sous le titre assurément aussi nouveau que le sujet traité, et aussi singulier que l'ouvrage lui-même de *comédie schakespirienne*. Cette épithète a paru non moins étrange à notre art dramatique qu'à notre oreille, à notre théâtre qu'à la langue française. Mais au moins, le plan de l'auteur, une partie de ses idées et de ses moyens ont dès lors cessé d'être un mystère pour le plus grand nombre des amateurs : on a présumé que Christophe Colomb, au lieu de voyager comme Scarmentado d'une extrémité de l'ancien Monde à l'autre,[2] voyagerait de cet ancien Monde vers le nouveau, et pourrait bien être surpris faisant une traversée de quelques mille lieues dans l'espace de trois actes : une alarme assez vive s'est alors répandue ; elle était la plus générale parmi les amis de l'auteur présumé, et son caractère et son talent lui en assurent de très sincères ; comment, disaient-ils, cet auteur non content de produire trop souvent des ouvrages accusés d'être irréguliers, contraires à nos principes et à notre goût, proclame lui-même le genre qu'il adopte. Ce n'est pas une imitation de la scène anglaise adaptée aux formes françaises qu'il nous donne, c'est une comédie anglaise avec toutes ses licences ; et l'auteur, par le néologisme de son épithète, prétend lui-même consacrer son innovation, ou

---

1. L'article paraît en réalité le jour même de la représentation, la rubrique « spectacles » dans la même page du périodique, ainsi que les comptes rendus parus dans les autres journaux et la page de titre de l'édition ne laissent pas de doutes.
2. Le critique fait allusion au drame que Lemercier compose vers 1792 dont le texte a été perdu et qui fut représenté quelques mois avant *Christophe Colomb* sans l'aval de l'auteur. Voir l'introduction.

plutôt la plus étrange et la plus téméraire de toutes celles qu'il s'est permises ! Tels étaient les discours qui se répétaient parmi les amis de la littérature dramatique ; l'auteur de *Colomb* paraît les avoir jugés dignes d'attention, puisqu'il a prié l'administration de l'Odéon de donner de la publicité à la note que l'on va lire, et qui devient pour le lecteur une sorte de prologue de l'ouvrage, qu'il sera bon de connaître avant d'assister à la représentation :

« L'auteur de la pièce nouvelle qu'on donnera demain à l'Odéon croit devoir prévenir le public qu'il ne l'a pas intitulée comédie *schakespirienne* pour affecter d'introduire un genre étranger sur la scène, mais seulement pour annoncer aux spectateurs que son ouvrage sort de la règle des trois unités : le sujet qu'il traite l'a contraint d'en omettre deux, celle du lieu et celle du temps ; il n'a conservé que celle de l'action.

L'auteur se flatte qu'on excusera une licence qu'il lui était impossible de ne pas prendre dans le sujet qu'il a choisi, espérant intéresser par la représentation d'un personnage tel que Christophe Colomb, dont la découverte fut une si grande époque dans les annales du monde. Cette particularité d'un événement et d'un caractère extraordinaires ne peut faire exemple. Il a fallu que l'auteur s'affranchît cette fois des règles reçues ; règles qu'il a strictement observées dans toutes les pièces qu'il a faites pour le Théâtre Français ; règles dont les chefs-d'œuvre des maîtres de l'art dramatique ont consacré l'excellence, et qu'on accuse faussement de rétrécir la carrière du génie. Quelle nation peut opposer à la nôtre des modèles qui égalent en perfection *Cinna*, *Athalie*, et *Tartuffe* ?

Cette déclaration témoignera le respect que l'auteur de Colomb porte à l'opinion générale, et prouvera qu'il n'a pas la prétention d'ouvrir des routes neuves, mais qu'il ne veut que tenter toutes celles que l'art peut offrir ».[1]

* * *

Journal de Paris, 8 mars 1809

Odéon — Théâtre de l'Impératrice

Il y a peu de navigations sans tempêtes. Les vaisseaux de Christophe Colomb ont été un moment en danger de périr en pleine mer, mais quelques amis de cet amiral ayant fait taire fort à propos l'aquilon le plus opiniâtre, l'orage a fini par se calmer, et Colomb est descendu triomphant aux rives de Guanayani.

Cette pièce *shakespirienne*, où les règles de l'unité de temps et de lieu sont ouvertement violées, n'est autre chose que l'histoire du célèbre Génois à qui l'on doit la découverte du Nouveau Monde.

---

1. Ces trois derniers paragraphes contiennent le texte republié, avec des changements typographiques mineurs, en tête de l'ouvrage de Lemercier.

Au premier acte, la scène se passe sur le port de Palos en Andalousie ;[1] Christophe Colomb a vivement sollicité la permission d'équiper deux vaisseaux espagnols, pour aller chercher des pays inconnus dont ses méditations savantes lui ont fait méditer l'existence ; mais on s'obstine à le traiter de visionnaire, et sa femme elle-même le croyant fou, consulte sur les moyens de le guérir (physiquement et spirituellement) un confesseur et un médecin, lesquels le déclarent incurable. Christophe Colomb, cependant, parle si éloquemment de son projet à ces deux *docteurs*, qu'il les décide à l'accompagner dans son voyage de long cours, le premier comme missionnaire pour la propagation de la foi catholique ; le second comme naturaliste, botaniste et pharmacien afin d'étudier et mettre à profit les vertus des plantes exotiques.

Au second acte, la scène passe à l'intérieur de l'Espagne, à la cour d'Isabelle ; Colomb vient y plaider sa cause devant cette illustre princesse, à qui l'on a inspiré des préventions contre le projet de navigation ; tous les conseillers d'État s'opposent à Christophe Colomb ; mais la reine se prononce pour lui ; il reçoit, avec l'ordre de partir, le titre et le rang d'amiral.

Le troisième acte se passe sur un vaisseau en mer. L'équipage de Colomb se lasse de ne pas voir la terre inconnue à laquelle ce grand homme se flattait d'aborder, et exige de lui qu'il retourne en Europe ; il effraye d'abord les mutins, ne les instruisant de l'énorme trajet qu'ils ont fait et dont il leur avait caché la moitié ; aucun espoir de retour, le salut de tous n'est plus qu'en avant. Ce raisonnement ne fait que retarder de quelques minutes l'explosion de la révolte ; un glaive assassin est déjà levé sur la poitrine de Colomb ; il va périr … des plantes marines, des vents odorants et des vols de certains oiseaux annoncent alors aux révoltés qu'on approche la terre. Bientôt l'indice se change en certitude ; le nouveau Monde est découvert ; le missionnaire rend grâce à Dieu et tous les hommes de l'équipage se prosternent devant Colomb.

Le puissant intérêt du sujet, joint à la beauté supérieure de quelques pensées, a soutenu cet ouvrage bizarre et très inégal contre la prévention de certain gens qui étaient bien certainement venus à la représentation dans le dessein de faire la guerre aux mots. Il serait facile de prouver, la poétique d'Aristote en main, que la comédie *shakespirienne* de M. Lemercier est défectueuse en vingt endroits ; mais on reconnaît dans vingt autres, les marques les moins équivoques d'une verve brûlante et originale, et il faudrait être d'un bien mauvais caractère pour ne pas admettre cette compensation.

L'auteur a été demandé et nommé.

* * *

1. Le critique se trompe : le premier acte se déroule dans le port de Pinos, très proche de Grenade, ce qui ne constitue pas vraiment une violation de l'unité de lieu, qui peut bien consister en une ville et ses environs. Comme on lit dans l'*Abrégé de l'histoire générale des voyages* de La Harpe (Paris : Hôtel de Thou, 1780, t. 10, p. 10), ce port « est à deux lieues de Grenade ». La proximité du port et de la cour fait que le déplacement se passe vraisemblablement en peu de temps, sans qu'il y ait nécessairement rupture de l'unité de temps.

Journal de Paris, 9 mars 1809

Il y avait une foule avant-hier au Théâtre de l'Impératrice pour la première représentation de *Christophe Colomb* (nous avons donné l'extrait de cette pièce dans le dernier numéro) et la parure des dames était fort brillante. Mme Constant ayant été aperçue aux secondes loges, elle a été vivement applaudie.

On dit que l'auteur de *Christophe Colomb*, aussi modeste que spirituel, a mis à profit les murmures que les trois ou quatre passages de cette pièce bizarre, mais remplie de talent, avaient généralement excités, et qu'il a fait de très heureux retranchements, au moyen desquels la seconde représentation aura sans doute beaucoup plus de succès que la première.

Le rôle de Colomb est joué par Dugrand, qui ne manque ni de force ni de chaleur, mais il serait à désirer que cet acteur respecte un peu plus l'harmonie des beaux vers et les règles de la prosodie. Sa diction toujours saccadée, les temps qu'il prend mal à propos, et la force de son accent méridional, ont cruellement nui à l'effet dramatique de son rôle, qui est à tous égards le meilleur de la pièce.

Le costume de Mlle Delille, qui représente la célèbre Isabelle de Castille, mériterait une mention honorable à l'article *Modes*, il est aussi fidèle que galant. Mlle Molière, qui est sans contredit une actrice très distinguée, ne joue pas avec tout son talent le rôle de la femme de Christophe Colomb ; on voudrait qu'elle y mît plus de caractère et de sensibilité. On voudrait surtout qu'elle dît mieux les vers. Perroud est excellent dans le rôle du médecin.

* * *

Journal de Paris, 10 mars 1809

La seconde représentation de *Christophe Colomb* (au théâtre de l'Impératrice) avait attiré bien une nombreuse assemblée, et les retranchements faits à l'ouvrage semblaient devoir en assurer le succès ; une des cabales les plus violentes qu'on ait peut-être vu au spectacle en a décidé autrement. Sifflée avant le lever du rideau, sifflée ensuite presqu'à chaque vers, en dépit des loges et de l'orchestre, la pièce n'a pu aller que jusqu'à la troisième scène ; une rixe s'est alors élevée au parterre ; elle a fini par devenir sérieuse et presque tragique ; la garde forcée d'entrer dans la salle pour rétablir l'ordre, s'est bientôt vue contrainte de songer à sa propre défense ; tout ce qu'il y avait d'hommes honnêtes et raisonnables au parterre, a cherché un asile sur le théâtre, où un officier de paix en uniforme s'est présenté pour inviter les mutins à rentrer dans le devoir ; enfin après une grande heure de trouble et de tumulte, la foule s'est écoulée, et il y a de croire que les chefs de la cabale sont restés entre les mains de la police.

* * *

Annexe I

Gazette nationale, ou le Moniteur universel, 11 mars 1809

Nous avons fait connaître la note publiée par l'auteur de *Christophe Colomb*, et nos lecteurs ont en quelque sorte assisté à un prologue de ce singulier ouvrage, où brille beaucoup d'esprit et de talent malheureusement employé [sic] à soutenir un ouvrage vicieux. La première représentation a été généralement applaudie ; mais à la seconde, quelques scènes du premier acte ont seules pu être entendues ; une opposition violente, un tumulte considérable et des rixes sérieuses en ont rendu la continuation impossible.

Nous n'avons assisté qu'à la première représentation : le public était prévenu des intentions de l'auteur, il connaissait les libertés dont on allait user, et l'étendue du cercle qu'on allait parcourir ; le titre avait tout dit, et le titre était déjà un appel aux ennemis de toute innovation, aux défenseurs zélés de nos principes dramatiques, et à tous les amis de l'art qui ne viennent jamais à une pièce nouvelle, sans avoir relu les préceptes d'Aristote sur les Unités, et les vers de Boileau qui les ont consacrés avec tant de concision et de sévérité.

Ces défenseurs de nos règles théâtrales, ces zélateurs de notre foi dramatique ont fait vivement entendre le cri aigu de leur opposition ; mais ils étaient en petit nombre, et ils ont été assez cruellement martyrs de leur fidélité au dogme qu'ils ont embrassé : après leur expulsion du théâtre, la pièce a été achevée tranquillement, applaudie sans contestation, et son auteur a été nommé ; on n'avait pu s'y tromper, cet auteur devait être celui de nos hommes de lettres qui a peut-être le respect le plus sincère et le mieux senti pour les maîtres de la scène, mais qui ne peut consentir à marcher sur leurs traces ; qui, content d'un succès brillant, mérité par un ouvrage régulier, a depuis méconnu presque toujours les principes auxquels il devait sa réputation naissante ; qui, professant une haute vénération pour les chefs-d'œuvre de notre théâtre, a très-souvent écrit en homme que la littérature dramatique étrangère a séduit ; cet auteur est déjà nommé par le lecteur, c'est celui d'*Agamemnon* et de *Pinto*, d'*Ophis* et de *Scarmantade*, de *Beaudouin* et de *Plaute* : le rapprochement de ces divers ouvrages caractérisa assez la double direction qu'il se plaît à donner au talent le plus distingué, le plus fécond et le plus heureux peut-être, si chez lui le goût se réunissait toujours à la force, si le charme de l'expression répondait toujours à l'élévation de la pensée, si à force de vouloir être lui, il ne méritait pas le reproche de ne ressembler en effet qu'à des modèles peu dignes d'être cités dans un pays dont la littérature scénique compte tant de chefs-d'œuvres [sic].

Après la représentaîton de cet ouvrage, nous avons eu quelque peine à concilier son auteur avec lui-même : sa note proclame qu'il n'a point envie de nous conduire au mépris des règles et sa pièce prouve qu'il désire réussir en les méconnaissant ; elles sont, dit-il, nécessaires et on les accuse faussement de rétrécir la carrière du génie ; et au moment même où il profère cet aveu, son propre génie franchit toutes les bornes dont cette carrière est entourée : que faut-il croire de l'auteur ou de l'ouvrage, de la note ou de la pièce ? La note n'aurait elle été qu'une adroite précaution oratoire ? Le caractère de l'auteur ne permet pas de le croire ; mais si la pièce eût réussi d'une voix unanime, si elle eût accompli le premier des préceptes au théâtre, si elle eût plu en dépit d'Aristote, amusé quoiqu'au mépris des unités, et intéressé sans égard pour les règles, qui peut répondre que l'auteur eût été plus fidèle aux protestations de sa note que flatté du succès obtenu ? Placé entre son goût et son amour-propre, entre son talent et son succès, qui peut dire auquel des deux l'auteur fût resté fidèle ? C'est ici le danger que courait l'auteur, et peut-être même notre littérature ; car il ne faudrait qu'un succès très brillant, et un ouvrage irrégulier marqué au coin du génie, pour opérer peut-être une révolution en faveur du système des étrangers : je ne soupçonne pas l'auteur, je le répète, d'en avoir l'intention, le désir ou le dessein ; mais son ouvrage réussissant eût pris date, et pouvait encourager la foule toujours si nombreuse des imitateurs.

L'auteur de *Walstein* a mis en lumière l'expression l'*individualité* théâtrale. Il voit dans ce système, qui consiste à offrir aux spectateurs la vie presqu'entière d'un personnage célèbre, un grand mobile d'intérêt ; il croit que la comédie peut ainsi acquérir un nouveau degré d'utilité, offrir d'autres leçons que celles jusqu'ici données, agrandir, élever la sphère de l'instruction que nous attendons d'elle. M. Lemercier avait mis ce principe en pratique avant qu'il ne fût proclamé, dans une dissertation littéraire d'ailleurs pleine de mérite, écrite avec beaucoup de talent et remplie d'observations très-judicieuses.

Il paraît que ce système a le grand inconvénient de mettre ceux qui le suivent en contradiction avec eux-mêmes. M. Constant, en effet, vante dans son écrit la tragédie allemande, et fait, autant qu'il est en lui, une tragédie française ; M. Lemercier vante les richesses de notre scène, et fait une pièce anglaise, autant qu'il a cru pouvoir l'oser.

Il a trop fait ou pas assez ; sa pièce comportait trois, cinq, sept actes *ad libitum* ; elle n'a pas de commencement prescrit, elle n'a pas non plus de bornes nécessaires ; on pouvait remonter plus haut dans la vie de Colomb ; on pouvait le suivre plus loin dans sa carrière : peut-être deux actes de plus, en complétant l'invraisemblance, auraient-ils complété l'illusion ; ceci ne paraîtra hasardé et sophistique qu'à ceux qui n'ont pas vu la représentation de *Colomb*.

En effet, au premier acte, Colomb tourmenté de l'idée de découvrir un Monde nouveau, sûr qu'en traversant l'Océan-Occidental, il touchera cette terre que ses calculs lui désignent, est repoussé de tous les cabinets qu'il assiège, et réputé fou dans sa propre maison. Sa femme croit lui devoir à la fois les secours de la religion et de la médecine.

Au second, Colomb paraît devant la reine de Castille : le conseil d'Isabelle repousse le plan du hardi Génois, mais l'éloquence de Colomb persuade la reine : les ports lui sont ouverts ; il est amiral, une flotte armée est confiée à son courage.

Au troisième, il est sur son bord : trente-trois jours de navigation se sont écoulés, et ses vœux sont encore déçus : son équipage se mutine, et Colomb frappé des cris séditieux, « en Europe ! en Europe ! » se voit au moment de perdre la vie, et plus que la vie mille fois, la découverte qu'il a promise et la gloire qu'il en espère. On connaît le bel épisode de M. Delille, dans son poème des *Trois Règnes de la Nature* ; cet épisode a servi l'auteur : l'haleine des vents avertit Colomb qu'il approche de la terre ; des plantes sont apportées par les flots autour de son navire.[1] L'espoir renaît ; Colomb impose aux mutins, les fait rentrer dans le devoir, et au moment où ils s'inclinent devant lui comme devant leur unique sauveur, le cri terre se fait entendre, et est répété par tout l'équipage.

Il ne fallait peut-être pas faire tant de chemin pour s'arrêter aussi brusquement, et pour présenter un dénouement qui n'en est pas un ; le spectateur auquel vous avez promis une action, ne la trouve pas assez terminée ; avec deux licences de plus, nous aurions pu voir Colomb à la Jamaïque prédisant une éclipse aux sauvages, en leur faisant croire qu'il a un commerce avec la Divinité ; nous pouvions le voir de retour en Espagne recevant les titres et les récompenses qu'il dut à son succès, et que l'auteur lui fait donner par avance : encore un acte, et nous pouvions voir un exemple de l'instabilité des choses humaines et de l'ingratitude des nations, Colomb dans les fers, et terminant une carrière plus brillante qu'heureuse. C'était là ce que voulait le système de l'*individualité* ; nous avions la vie toute entière du héros ; la comédie alors méritait son titre ; elle était biographique, et son auteur historien ; il n'y avait point de transaction entre notre goût et celui des étrangers, et la question était soumise au juge compétent, au public sous son véritable jour.

Le tumulte qui a troublé la seconde représentation et les voies de fait qui en ont été la suite, tranchent cette question et ne la décident pas ; le goût et la raison ont d'autres armes ; elles sont moins dangereuses et plus sûres ; leur effet est moins prompt, mais plus certain.

Nous ne pouvons, en terminant, que répéter notre première pensée. Il y a dans l'ouvrage beaucoup de talent, qui eût pu être mieux employé. Le rôle de Colomb est beau, semé de traits d'une grande force et de vers qu'une sorte d'admiration a fait suivre par les applaudissements les plus vifs. Le premier acte est très-gai ; il y règne un ton épigrammatique très amusant : on aime à y voir Colomb aux prises avec l'ignorance ; au second acte, il est aux prises avec l'envie, au troisième acte, avec le malheur, et c'est dans cette dernière position qu'il intéresse véritablement ceux qui veulent juger l'ouvrage sans partialité, et sur l'impression qu'ils en ont reçue. Nous n'avons pas besoin d'ajouter que l'homme le plus étranger aux troubles que ces ouvrages ont le malheur d'exciter, est l'auteur même de ces ouvrages : ceux qui le connaissent le savent assez, et ce sera le peindre assez fidèlement à ceux qui ne le connaissent pas, que de dire qu'il sera constamment disposé à faire le sacrifice de toute propriété littéraire, et de tout intérêt d'amour-propre, toutes les fois qu'un de ses ouvrages sera la cause ou le prétexte du

---

1. Voir *supra*, III, 12.

moindre débat parmi les spectateurs ; et cette abnégation de soi-même, il ne l'a pas bornée à de simples protestations ; il a été dans sa destinée d'en donner plus d'une fois la preuve dans des occasions où l'amour propre de tout autre aurait peut-être opiniâtrement combattu.

S.

* * *

Journal de l'Empire, 11 mars 1809

THÉÂTRE DE L'IMPÉRATRICE

Première représentation de *Christophe Colomb,*
comédie shakespearienne en trois actes

L'auteur s'est affranchi de la juridiction de l'art ; il est sorti du domaine des règles, et il en a fait publiquement sa déclaration formelle. On doit donc le regarder comme étranger à la république des lettres ; et nous ne pouvons pas, nous autres officiers du tribunal du Parnasse français, procéder régulièrement contre ledit auteur, et contre ladite pièce. Les délits qui peuvent s'y trouver ne sont plus de notre compétence, si l'auteur a enfreint les ordonnances, violé les us et les coutumes du pays, il n'était pas tenu à les observer, du moment qu'il avait protesté de ne reconnaître aucune des autorités au nom desquelles nous sommes dans l'usage, nous autres critiques, de prononcer nos arrêts. Si nous lui parlons de la raison, il s'en moque : il a moins de respect encore pour Aristote, Horace et Boileau, que la raison a choisis pour ses premiers ministres. Si nous lui alléguons les lois sacrées des unités, il ne fait qu'en rire : c'est un homme isolé, qui vit en volontaire, qui n'est ni orateur, ni poète, ni versificateur, ni épique, ni comique, ni dramatique.

Il faut le laisser vivre au gré de son indépendance et de son anarchie, à ses risques et périls, nous contentant, de peur du scandale, d'avertir les faibles que ce n'est pas ainsi qu'on écrit, qu'on fait une pièce, et qu'ils se gardent bien de suivre le mauvais exemple, de quelque heureux succès qu'il soit d'abord couronné ; car, nous sommes bien honteux de le dire, *Christophe Colomb* a été applaudi à l'Odéon autant que pourrait l'être le plus excellent ouvrage. Un sifflet s'est fait entendre dans un endroit très digne d'être sifflé ; tout le parterre s'est levé en masse contre un pareil sacrilège : le coupable, sur l'heure, a été chassé, anéanti. Que d'applaudissements n'ont pas expié ce téméraire coup de sifflet ! Molière, dernièrement insulté au Théâtre-Français n'a trouvé qu'un vengeur ; M. Lemercier a vu à l'Odéon des centaines de braves épouser sa querelle avec une espèce de fureur. Toutes ces prospérités, dont la littérature s'indigne, et qui font gémir les hommes éclairés, ne doivent pas ébranler notre foi au point de nous persuader qu'il y ait quelque mérite dans ses productions qui se vantent d'être barbares, et qui invoquent un dieu étranger tel que Shakespeare, au mépris des divinités de notre pays, tels que Corneille, Racine et Molière.

C'est une folie de faire aujourd'hui des tragédies et des comédies à la Shakespeare : il y a trop longtemps que la mode en est passée. Que diriez-vous, mes amis, d'un architecte qui annoncerait expressément dans une affiche placardée à tous les coins de la rue, que pour contribuer à l'ornement de la capitale il va construire un édifice entièrement gothique ? Cette annonce, à mon avis, ne le sauverait pas du ridicule d'une pareille entreprise. Hé bien, le poète qui nous promet une pièce shakespearienne est précisément l'architecte qui prétend nous égayer la vue avec un bâtiment gothique.

Christophe Colomb est un héros qui ne convient ni à l'épopée, ni à la tragédie, ni à la comédie. Quoique la découverte et la conquête du Nouveau Monde soit le plus mémorable événement des temps modernes, et celui qui a le plus influé sur le sort de l'humanité, ce sujet n'a aucune des qualités requises pour la poésie épique et dramatique. Des aventuriers égorgeant, au nom du ciel, des sauvages faibles et nus pour leur arracher de l'or, et faisant servir les arts de l'Europe à dépeupler un monde nouveau, découvert par hasard : voilà des tableaux pour l'histoire, voilà une riche matière pour la philosophie morale et politique ; mais il n'y a rien là pour le théâtre, ni même pour l'épopée.

Le Génois inventeur des Indes Occidentales, tenta sans doute une grande expérience en géographie : c'est même un personnage plus honnête et plus vertueux de tous ceux qui ont étendu après lui cette grande découverte ; mais son courage et ses persécutions, ses succès et ses malheurs ne peuvent se développer que dans une narration historique. L'auteur, qui nous avait déjà, dans les *Voyages de Scarmentade*, fait voir tant de pays, nous conduit jusqu'au bord d'un nouvel hémisphère. L'unité de temps n'est pas tout à fait si maltraitée : car, à la rigueur, le drame n'enferme pas plus de six mois, dont trois en tracasseries à la cour et trois en voyage sur la mer. Quant à l'action, il y en a en grand nombre ; mais on peut les regarder toutes comme subordonnées à une seule, et fondues dans l'action principale, qui est l'arrivée de Colomb en Amérique.

La scène s'ouvre d'une manière assez comique : la femme de Colomb juge qu'il est fou, sur ce qu'il s'occupe trop du nouveau monde et pas assez de celui où il est. Elle fait venir un médecin pour le guérir, s'il est malade ; et un moine pour l'exorciser, s'il est ensorcelé. Ces deux personnages disent quelquefois des choses plaisantes ; lorsque Colomb, revenant de la cour, leur communique l'espérance qu'on vient de lui donner, l'un et l'autre commencent à le voir sage, et lui demandent une place sur son vaisseau. Mais les bonnes dispositions de la cour évanouissent : Colomb est obligé d'y retourner pour plaider sa cause. Ce premier acte offre quelques traits de comédie, quelques mots heureux, mais point de scènes : tout se réduit à des conversations. On a applaudi quelques vers passables, et souffert patiemment un très grand nombre d'autres absolument mauvais.

Le second acte, aussi vide que le premier, consiste en plaidoyers de Colomb, qui défend son projet devant la reine Isabelle, et réfute les objections des courtisans. Ces dissertations philosophiques ne sont point théâtrales : elles offrent quelques tirades éloquentes, aucune beauté dramatique. Enfin Colomb gagne sa cause : on lui permet d'affronter les mers, et de voler à la gloire avec une poignée de scélérats et de galériens, « diables incarnés » dont il se promet d'être le « Satan ».

Entre le second et le troisième acte il se passe trois mois : les spectateurs ne doivent donc pas murmurer de la longueur de l'entracte. Colomb est dans la chambre du vaisseau amiral, n'attendant plus que la mort : l'équipage est révolté ; on n'aperçoit point la terre. Les échappés de la potence et des galères, qui accompagnent Colomb, sont prêts à massacrer leur chef ; mais dans ce moment critique on entend crier « terre » : les assassins tombent à ses pieds. Cependant son triomphe est troublé par le danger de son vaisseau qui a donné contre un écueil : chacun se jette dans les barques ; Colomb reste le dernier, et pendant qu'il s'occupe du soin d'enfermer dans des barils le journal de son voyage, pour les jeter dans la mer, on baisse la toile.

Ce dernier acte a éprouvé une légère tempête qui n'a fait que pousser plus vite dans le port le vaisseau du poète : c'est un succès complet. Cependant, d'après l'annonce d'une pièce shakespearienne, je m'attendais à plus de fracas, à plus de folies. Ce qui me déplaît, ce n'est pas que l'ouvrage soit irrégulier, mais qu'il soit froid, c'est qu'il n'ait d'autre mérite que cinq ou six mots et trois ou quatre tirades. Ce n'est pas ainsi que travaille Shakespeare : ce sont toujours chez lui de nouvelles actions, de nouveaux tableaux, tout change, tout est en mouvement ; une foule de caractères se succèdent ; chaque scène est un incident. Le poète parcourt sans cesse tout l'intervalle qui sépare le sublime du trivial et du bouffon : ses personnages, ses situations, son dialogue, tout est étrange, bizarre, original, extravagant ; voilà ce que je cherche dans une pièce shakespearienne ; voilà ce que j'exhorte M. Lemercier à nous donner, au lieu de raisonnements et de tirades philosophiques. Je ne condamne pas sa pièce comme shakespearienne, mais comme ennuyeuse. S'il faut violer la justice, disait Jules-César, que ce soit pour régner ; et moi je dis, s'il faut violer les lois de la raison, que ce soit pour se livrer à des écarts amusants : car secouer le joug du bon sens et de l'art pour ne faire que des dissertations à la glace, ce n'est pas la peine, autant vaudrait être sage et régulier.

[Julien-Louis Geoffroy]

* * *

Journal de l'Empire, 13 mars 1809

Quand je rendais compte de la première représentation, j'étais loin de penser que la seconde dût être la cause ou le prétexte des plus terribles combats. Comment un drame aussi faible, aussi froid, a-t-il pu allumer les flambeaux d'une si affreuse discorde ? Jadis les vieillards troyens, en contemplant les charmes d'Hélène, furent contraints d'avouer qu'on ne pouvait pas blâmer les Grecs et les Troyens de se battre avec tant d'acharnement pour une aussi belle femme ; mais les hommes sages de Paris ne manqueront pas de s'écrier : Comment peut-on s'égorger avec tant de fureur pour un aussi misérable ouvrage que *Christophe Colomb* ?[1]

Des Français ne doivent combattre que pour la gloire de leur patrie et le bonheur du monde. N'ont-ils porté si loin la civilisation que pour ensanglanter le sanctuaire des arts, porter la terreur et la désolation dans l'asile des jeux et des plaisirs ? Laissez aux Thraces l'usage féroce de se battre dans les festins, disait aux Romains le galant Horace ; et je dis aux Français : Laissez aux Anglais la coutume barbare de se battre dans les théâtres.

Après avoir déploré avec tous les amis de l'humanité cette catastrophe, je ne puis m'empêcher de réfléchir sur la cause première de ces funestes querelles, et sur les moyens d'en empêcher le retour. Il me semble la découvrir, cette cause, dans les intrigues aujourd'hui trop usitées pour assurer le succès des premières représentations. C'est en soi une bien triste chose, que cette incroyable facilité qu'il y a de rassembler au théâtre une si grande quantité d'ignorants et de sots pour applaudir des platitudes, soit qu'on les paie pour cela, soit qu'on les séduise par le zèle de l'amitié ou l'erreur du fanatisme. Il n'y a donc qu'à frapper du pied pour faire sortir de la terre de cette bonne ville de Paris des légions d'imbéciles prêts à s'extasier sur des fadaises, prêts à livrer bataille pour de mauvais vers : ceux qui font profession de conduire de pareilles troupes, exercent un métier peu favorable au goût et à la tranquillité publique ; et je crois que le premier remède aux dissensions théâtrales serait de destituer de leur emploi ces capitaines sans mission et sans titre. Il n'y aura point de paix au théâtre, tant qu'on n'y jouira pas de la liberté des suffrages, tant que des gens apostés pour applaudir des sottises refuseront au reste des spectateurs le droit de manifester leur mécontentement. Je ne sais s'il faut féliciter l'auteur de *Christophe Colomb* d'avoir un si grand nombre d'amis d'un goût faux et d'un discernement peu sûr : il est certain que le théâtre en était plein, et qu'ils applaudissaient à tort et à travers le jour de la première représentation. Un ou deux sifflets échappés à l'ennui ou à la mauvaise humeur de quelques indifférents venus pour s'amuser, ont été traités par les amis comme des crimes d'État. Les siffleurs, contraints de céder au nombre, ont appelé du secours, et sont revenus en force, ne respirant que la vengeance : voilà la guerre allumée. Elle n'eût pas eu lieu, si le jour de la première représentation ceux qui étaient là

---

1. L'article de Geoffroy est repris tel quel dans *Le Spectateur français* de 1810, où on lit également la note suivante : « Le Génois, inventeur des Indes occidentales, tenta sans doute une grande expérience en géographie ; mais son courage et ses persécutions, ses succès et ses malheurs, ne peuvent se développer que dans une narration historique. Il n'y a rien là pour le théâtre, ni même pour l'épopée ».

pour applaudir ne se fussent érigés en tyrans de l'opinion. Le goût, la raison, la justice, l'intérêt de l'art et la prospérité des théâtres, réclament impérieusement et la répression des cabales, et la liberté des suffrages.

[Julien-Louis Geoffroy]

* * *

Gazette nationale, ou le Moniteur universel, 16 mars 1809

La seconde représentation de *Christophe Colomb* n'avait pas été en effet une représentation : quelques scènes interrompues par un tumulte violent et suivies de rixes affligeantes ne peuvent mériter ce nom : c'est donc réellement hier que cette seconde représentation a eu lieu. Sans le trouble qu'elle avait excité, la pièce eût peut-être amené peu de monde ; mais à la nouvelle de ce trouble, une très vive curiosité s'est emparée de tous les esprits, et une foule immense s'est portée sur le théâtre impatiente de voir l'ouvrage, précisément parce que trois ou quatre jours auparavant on avait réussi à l'empêcher d'être donné.

Cette représentation a été très paisible, et remarquable par la parfaite liberté qui a régné dans la manière de donner les suffrages : la pièce a été souvent et vivement applaudie, souvent et vivement sifflée ; et ici s'est trouvé naturellement résolu un problème qui paraissait assez difficile, c'est-à-dire le maintien de la liberté des suffrages et de la tranquillité, l'indépendance des opinions et la sécurité des spectateurs.

Le législateur du Parnasse a érigé en droit la faculté de siffler une pièce de théâtre, et quoiqu'il y ait peut-être quelques observations à faire sur ce droit et sur la manière dont il s'exerce, et que le législateur du Parnasse eût été fort embarrassé s'il se fût trouvé le législateur du parterre, reconnaissant avec lui le droit du sifflet, il faudra bien que ceux qui l'exercent reconnaissent celui d'applaudir ; mais c'est là que se borne et doit se borner toute la liberté ; l'abus commence et l'excès répréhensible avec lui, du moment où le spectateur qui siffle veut empêcher son voisin d'applaudir ou ce voisin qui applaudit bat le sien qui veut siffler. Cette vérité a été reconnue hier, le scrutin a été en quelque sorte dépouillé à haute voix, et chacun a donné son suffrage sans crainte, sans responsabilité, sans péril.

On va nous demander les résultats de ce scrutin, mais les donner exactement serait bien difficile : de ceux qu'on a vu donner librement leurs suffrages, ce qui importait spécialement, il ne s'ensuit pas qu'on ait pu les compter : ceux-là nous ont parus les plus nombreux qui ont à la fois reconnu dans certaines parties de l'ouvrage tout le talent qui distingue l'auteur, et dans l'ensemble la direction trop souvent extraordinaire que ce même auteur se plaît à donner à son talent.

Il donne pour excuse des libertés qu'il laisse prendre tantôt à sa muse épique, tantôt à son Uranie poétique, tantôt à sa Thalie moitié héroïque et moitié bouffonne, que les ouvrages qu'il lance en quelque sorte comme des ballons d'essai dans un genre qu'il croit praticable, ne sont pas destinés au Théâtre Français, et il croit se sauver du reproche de violer toutes les règles en montrant le lieu où il se permet ce délit littéraire : c'est à peu près le raisonnement d'un homme qui protesterait de ne se conduire mal qu'en mauvaise compagnie : n'y allez donc pas, lui dirait-on assez naturellement ; aussi tout le monde, amis et ennemis, disent à M. Lemercier : « au lieu de vous compromettre à l'Odéon par des productions irrégulières, donnez des ouvrages réguliers au théâtre français : quel calcul est en effet le vôtre ? Si vous réussissez, vous êtes dangereux, car il est certain qu'une innovation hardie couronnée d'un brillant succès peut faire dégénérer notre scène, en ouvrant la porte à des faibles imitateurs ; si vous ne réussissez pas, ce qui vous arrive, et par l'effet d'une opposition raisonnée, et parce que vous choquez le goût dominant, vous perdez inutilement, et sans gloire le fruit de vos veilles ; vous perdez des sujets qui autrement traités auraient peut-être pu enrichir la scène : vous dépensez en pure perte beaucoup d'esprit et de talent, tandis que pour en recueillir une moisson abondante et glorieuse, il n'aurait fallu joindre à ce talent et à cet esprit, que cette raison sévère qui a présidé à la création de tous nos chefs-d'œuvre, que ce goût épuré qui en a embelli tous les détails, que ce style élégant et pur qui les fait vivre éternellement dans la mémoire.

L'auteur dit encore dans la note qu'il a publiée, qu'ici son sujet le portait à violer les unités, moins celle d'action qu'il ne croit pas avoir violée ; et que pour peindre Colomb, il fallait le prendre sur une rive et le conduire sur une autre : on peut répondre d'abord qu'ici il n'y a pas d'unité très précise d'action ; car dans la pièce il y en a trois très distinctes qui occupent chacun des actes, et en supposant qu'il y ait pour principale action la découverte du Nouveau Monde, on ne peut dire que cette action soit une, car elle est trop séparée de celles qui la précèdent et la déterminent : trop de temps, d'espace et d'événements les séparent, pour qu'ici le mot d'unité soit applicable ; et quant au sujet, cette excuse que donne l'auteur, il la donnera facilement et forcera à la recevoir, toutes les fois qu'il voudra non pas développer le caractère d'un grand-homme dans une grande action de sa vie, mais développer sa vie presqu'entière dans la succession des trois actes dramatiques. Ici les préceptes contraires dictés par le goût le plus pur, et justifiés par les plus immuables succès, se présentent en foule ; on voit d'une part l'enfance du théâtre français, et de l'autre toute la splendeur de son bel âge : les Espagnols, les Italiens, les Anglais se livrent à toute leur imagination : le goût français s'empare de leurs sujets, les régularise, les ennoblit, les épure ; Molière tire des pierres précieuses de la mine abondante qu'il exploite, il les met dans leur véritable jour et leur donne une valeur inexprimable. Son exemple est imité, et en restant Français nous rendons l'étranger tributaire de notre art à nous emparer de ce qu'il offre de bon pour le rendre meilleur. Dans cet état des choses, reviendrons-nous au point d'où le génie s'est élancé ? Le ferons-nous rétrograder en prétendant ouvrir devant lui une carrière nouvelle ? C'est cette vaste carrière, cet espace illimité qu'il a quitté pour une place plus digne de lui ; il s'est imposé des entraves, parce qu'il a reconnu qu'elles donnaient plus d'éclat à sa gloire : lui rendrez-vous sa prétendue liberté et avec elle ses écarts et ses excès pour qu'il cesse d'être l'objet de l'admiration universelle, et qu'il descende du rang suprême que les nations lui ont unanimement décerné ?

Voilà ce qu'on peut demander à l'auteur de *Pinto*, de *Scarmentade*, de *Colomb*, soit qu'il destine ses ouvrages à notre premier théâtre, soit qu'il en essaie l'effet sur un théâtre secondaire : l'intention ici n'est rien, l'effet est tout, et ce sont d'autres effets que nous devons attendre d'un talent tel que celui de Lemercier.

Nous ignorons si son ouvrage, ayant satisfait le mouvement de curiosité qu'il a fait naître, aura de nombreuses représentations, si le public s'habituera au mélange de comique et de style élevé qu'il y remarque, si un grand nombre de beaux vers qu'on admire paraîtront toujours à côté de ceux grotesques ou satyriques que la situation a dictés à l'auteur, et si la force, l'élévation et le piquant des idées feront toujours pardonner l'incorrection, la dureté et le défaut général d'harmonie de la versification : nous reconnaissons avec plaisir des beautés réelles de situation et de dialogue dans l'ouvrage, des scènes piquantes, et des traits de caractère très comiques ; mais nous croyons tout cela assez chèrement acheté par les défauts essentiels de l'ensemble, défauts tellement sentis par l'auteur, qu'il a jugé nécessaire lui-même de les avouer au public, de les lui faire reconnaître et de les reporter dans un sujet dont il les a cru inséparables.

On s'accorde à penser que la pièce pouvait être mieux jouée, et dès lors intéresser d'avantage ; cela peut être vrai pour le second acte qui, en général, est froid et tout à fait livré au genre délibératif que la richesse du style peut seule soutenir à la scène, et qu'elle ne soutient ici que par moments ; cependant le rôle de Colomb, rôle long, pénible qui exige beaucoup de moyen, une constante énergie et une vigueur soutenue, n'est pas mal joué par Dugrand. Il y déploie beaucoup de chaleur ; il intéresse au troisième acte. Perroud joue aussi plaisamment le rôle de médecin que Vaville celui de missionnaire : ce sont là les rôles les plus importants ; les autres ne sont qu'accessoires, et il nous paraîtrait assez injuste de faire retomber sur les acteurs une partie de la défaveur qu'a essuyée la pièce ; s'il fallait ici consulter quelqu'un en faveur de cet avis et de cette justice, nous choisirions l'auteur lui-même, et c'est prouver de nouveau qu'il est difficile de parler de son talent même en faisant la critique, sans parler de la loyauté de son estimable caractère.

* * *

Annexe I

Mercure de France, 18 mars 1809

Théâtre de l'Impératrice (Odéon) — On a donné, le 7 de ce mois, à ce théâtre, la première représentation de *Christophe Colomb*, comédie de M. Le Mercier, en trois actes et en vers. Cette pièce, où l'on a remarqué de très beaux vers, et des caractères bien dessinés, a été accueillie le premier jour avec beaucoup d'intérêt. On avait lieu d'espérer que les corrections qu'y a faites l'auteur auraient rendu l'ouvrage plus agréable encore à la seconde représentation. Mais une cabale qui n'a pas même attendu le lever du rideau pour montrer ses desseins, n'a pas permis au public d'entendre la pièce. Depuis longtemps on n'avait pas d'exemple de pareils excès.

Nous attendrons pour rendre compte de cet ouvrage une nouvelle représentation, si toutefois il ne plaît pas à quelques jeunes écervelés de s'y opposer encore, et de dicter des lois au public.

* * *

Charrin, *Mémorial dramatique, ou almanach théâtral pur l'an 1810, contenant l'analyse raisonnée et critique de toutes les pièces jouées aux différents Théâtres de la Capitale en l'an 1809* (Paris : Hoquet-Barba), 1810, quatrième série, pp. 77–79

CHRISTOPHE COLOMB, comédie shakespearienne, en 3 actes, en vers, par M. Lemercier (7 mars) (Chez Léopold Collin, Libraire)

Point d'unité de temps et de lieu dans cette pièce. L'auteur erre avec son héros sur les terres et sur les mers : il quitte son domicile pour la cour des rois, et la cour des rois pour le vaste océan. De ces trois voyages naissent trois épisodes. Colomb se plaint : Isabelle et Ferdinand font cesser ses plaintes. Il part, navigue, résiste à l'océan furieux, et à la furie, plus grande encore, d'un équipage assassin. Voilà tout l'historique et le matériel des trois actes qui le composent. Aristote seul, en cette occurrence, a le droit de se plaindre ; l'écolier a brisé la férule, et chaque pas qu'il fait a prouvé que le génie triomphe toujours, lorsque l'impuissance des règles voudrait enchaîner son audace.

Le port de Palos,[1] dans l'Andalousie, voyait Colomb tourmenté par son génie, promener ses regards sur le grand océan, et chercher une terre nouvelle. Sa femme, son médecin, un confesseur, s'agitaient pour rendre la paix et la santé à celui dont [ils] croyaient l'esprit aliéné, mais le sage Colomb parle si bien de ses projets, de son voyage, de ses succès futurs, qu'il séduit le médecin, le confesseur, qui veulent l'accompagner, l'un pour acquérir des nouvelles connaissances, l'autre pour propager la foi catholique. Mais l'épouse de Colomb, à lieu d'être convertie,

---

1. Dans la comédie, il s'agit à vrai dire du port de Pinos. Voir *supra*.

use de la protection que lui accorde la reine Isabelle, pour rendre nulles les promesses faites à Colomb.

Le second acte transporte les spectateurs à la cour d'Isabelle. On tient conseil : l'homme de génie est introduit, il parle, on plaide contre lui ; mais Isabelle se rend aux puissantes raisons de Colomb, et partira. Elle lui donne un vaisseau, des forçats pour composer son équipage, et les titres d'amiral et de vice-roi.

Au troisième acte, Colomb et son vaisseau naviguaient, et toujours l'immensité des mers renouvelait un horizon sans fin. L'équipage veut retourner en Europe ; on conspire, on se mutine. Colomb veut ôter tout espoir aux rebelles, la route faite est immense, plus d'espoir de retour ; le glaive est levé, il va frapper. Mais des plantes terrestres flottent sur l'onde ; des oiseaux ont chanté sur les mâts ; on crie « terre ! terre ! ». L'Amérique est découverte. Soudain la sédition s'apaise, et tout rentre dans l'ordre.

Des idées sublimes, des expressions mâles et énergiques, de beaux vers soutiennent cet ouvrage, vraiment original dans son plan, dans ses détails et dans son exécution.

Cette pièce, qui fut applaudie par les uns, sifflée par les autres, donna lieu à des rixes sanglantes, et le cours des représentations fut interrompu à la septième ou huitième.

S.

* * *

[*Journal de Paris*, 10 mars 1810]

À M. Lemercier, auteur de *Pinto* et de *Christophe Colomb*

> Nos noms sont faits, cher homonyme,
> Pour remuer tous les esprits ;
> Mais au milieu de tous ces cris
> Transpire[nt] certains fonds d'estime.
>
> Tu sus sans doute, ainsi que moi,
> Braver tous ces plaisants orages,
> N'est-il pas du devoir des sages
> D'être toujours maîtres de soi ?
>
> N'écoutons que nos pensées ;
> Voguons sur les flots en courroux ;
> Et la vague sera brisée,
> Si le calme est encore en nous.
>
> Pauvre Melpomène de France !
> Sous les verrous, sous les barreaux,

Tu n'as pu dompter les bourreaux
Qui vont t'étrangler en cadence !

Dès mes jeunes ans, courageux,
Je fis tout pour sa délivrance (1)
La postérité qui s'avance,
Toi second, nous jugera mieux.

On verra fuir le sombre *Atrée*,
Phèdre et ses honteux fureurs :
Et dès-lors, la scène épurée
Saura nous offrir notre mœurs.
Secte niaise académique
Enfanta l'altier professeur ;
Je brûle toute poétique :
Qui fait le livre ? Le lecteur.
Oui que l'*école* en soit blessée ;
Esprit ! Je veux te délier :
Dans l'Empire de la pensée,
Il n'est ni premier ni dernier.
Chacun a son intelligence,
Et chacun peut juger pour soi ;
Je veux créer ma jouissance.
Le pédant seul dit : *Suivez-moi.*
En sots débats l'histoire abonde,
Mais les littéraires combats,
Certes, sont les plus sots débats,
Qu'on puisse voir dans ce bas-monde.
C'est un grand mot que le mot *goût*,
Chacun s'en sert avec adresse ;
D'un jugeur qui parle sans cesse,
C'est l'éternel passe-partout.
Puis, rouler dans la même ornière,
C'est à la fois commode et doux ;
Il faut juger l'Europe entière :
Shakespeare, Schiller, sont des fous.
Des arts, la carrière infinie
N'admet point de fausses leçons :
Rendons à l'homme son génie,
Et qu'il jette tous ses rayons (2).
Cultive la saine morale,
Dont l'heureux germe est dans ton cœur,
Et que ta muse originale
De la mienne soit toujours sœur.

Mercier, de l'Institut de France

(1) *Essai sur l'art dramatique*, en 1773.
(2) Dans les arts d'imagination, les règles ne sont point dans l'art ; elles sont nécessairement hors de l'art.

* * *

René-Charles Guilbert de Pixerécourt, *Christophe Colomb, ou la Découverte du Nouveau Monde*, mélodrame historique en trois actes, en prose et à grand spectacle, Musique de M. Darondeau, représenté pour la première fois à Paris, sur le Théâtre de la Gaîté, le 5 septembre 1815 (Paris : Barba, 1815), pp. iv–v
(BNF 8-YTH-3361)

[…] Depuis que je m'occupe de littérature, j'ai constamment désiré de mettre en scène cet homme extraordinaire.

J'avais ébauché, il y a douze ans, la pièce que j'offre aujourd'hui au Public ; je la destinais au Théâtre de la Porte St.-Martin, et déjà plusieurs conférences avaient eu lieu sur les moyens d'exécution. La clôture du théâtre, arrivée cinq fois en six ans, me força de renoncer momentanément à cet ouvrage. Je m'étais cependant décidé à le finir pour le Théâtre de la Gaîté, quand M. Lemercier fit jouer à l'Odéon, en 1809, sa comédie Shakespearienne, intitulée CHRISTOPHE COLOMB. J'avoue ici, avec la franchise qui fait la base de mon caractère, que je dois beaucoup à cet auteur distingué. Pour la première fois, j'avais, comme lui, enfreint les règles dramatiques et fait une pièce irrégulière. Ce que les beaux vers et le très grand talent de M. Lemercier ne purent faire adopter par des spectateurs français, je crus ne devoir point le risquer, après lui, avec des moyens bien inférieurs. Rien n'aurait pu légitimer ma témérité. Éclairé par l'expérience, je fis donc des changements notables à mon drame, et parvins, non sans beaucoup de peine, à conserver au moins l'unité de temps et d'action ; ma pièce ne dure que vingt-quatre heures.[1] Si je ne l'ai pas fait jouer plus tôt, c'est parce que je voulais laisser un intervalle de plusieurs années entre la représentation de deux ouvrages portant le même titre ; d'un autre côté, si je n'ai pas jugé à propos de la retarder plus longtemps, c'est parce que je n'ai pas voulu que l'on pût soupçonner un moment que j'avais eu intention d'imiter *Jean Bart* ;[2] ce que des amis officieux n'auraient pas manqué de dire. Depuis dix-sept ans j'ai prêté souvent, et selon l'ordinaire, à des ingrats ; mais je n'empruntai jamais, du moins dans mon pays. La seule pensée de mon titre emportait nécessairement l'idée de mettre la scène sur un vaisseau, car on n'a pu découvrir l'Amérique sans traverser l'Océan. […]

1. En dépit des précautions de l'auteur, la pièce s'avère un échec.
2. L'auteur se réfère à *Jean Bart, ou le Voyage en Pologne*, mélodrame en trois actes (texte de Frédéric Dupetit-Méré ; musique d'Alexandre Piccini) représenté le 5 août 1815 au Théâtre de la Porte Saint-Martin.

Le Géant Noir, chronique innocente (qui n'est pas périodique), 2ᵉ noirceur
(Paris : Delaunay, 1ᵉʳ octobre 1815), p. 91

POMPE FUNÈBRE

Vous êtes prié d'assister aujourd'hui 27 septembre 1815, au convoi et enterrement du très-haut et très puissant seigneur dom CHRISTOPHE COLOMB, GRAND AMIRAL de Castille, etc., né à Gênes le 9 janvier 1442, et décédé à Séville le 25 novembre 1506, ressuscité le 4 juin 1809, à l'Odéon, au son de la lyre de Népomucène Lemercier, et redescendu dans la tombe, à celui des fifres du parterre, quarante-huit heures après.

Déterré le 5 septembre 1815, sur le boulevard du Temple, par M. Guilbert Pixerécourt ; mutilé et massacré par le susdit, avec préméditation de *douze années*, et *ré*-enterré cejourd'hui après une agonie de seize jours.

Les funérailles solennelles auront lieu dans la maison *mortuaire* dite de la *Gaîté*, à huit heures précises du soir et à la pâle clarté des flambeaux. […]

* * *

Stendhal, *Qu'est-ce que le Romanticisme ? Dit M. Londonio*, Milan,
5–9 mars 1818, dans *Racine et Shakespeare (1818–1825) et autres textes
de théorie romantique*, éd. par Michel Crouzet (Paris : Champion, 2006),
pp. 215–16

[…] Au premier acte, dans la solitude philosophique de son cabinet, Colomb, qui passe pour fou aux yeux de sa famille et de ses amis, conclut de ses observations astronomiques et géodésiques qu'il doit y avoir une Amérique.

Au second acte, il est à la cour de Philippe, en butte aux hauteurs méprisantes des courtisans, qui lèvent les épaules en le voyant passer, et protégé par la seule Isabelle, reine d'Espagne.

Au troisième, il est sur son vaisseau, voguant au milieu des mers inconnues et dangereuses. Le découragement le plus profond règne à son bord ; on conspire contre lui, on est prêt à le mettre aux fers et à tourner la proue vers l'Europe, quand un matelot monté sur le grand mât s'écrie : *Terre ! terre !*

Cette suite d'actions de l'un des plus grands de nos compatriotes, oserez-vous la remplacer par de froids récits ? Qui les fera, ces récits ? Qui les écoutera ? Et surtout quelle confiance un homme sensé a-t-il à un récit ? Dans un récit, on me dicte mes sensations ; ainsi le poète ne peut toucher qu'une classe d'auditeurs. Quand, au contraire, nous voyons un fait se passer sur le théâtre, chacun de nous en est touché à sa manière, le bilieux d'une façon, le flegmatique d'une autre. Par là, la tragédie s'empare d'une partie des avantages de la musique. Supposez Racine ou Alfieri traitant le sujet de Christophe Colomb, et nos yeux seront privés du spectacle le plus intéressant et le plus moral : *Un grand homme luttant contre la médiocrité qui veut l'étouffer.*

Homme froid ! voyez le succès d'une telle pièce dans un de nos ports de mer, à Livourne, par exemple, devant un auditoire composé de jeunes officiers de marine, l'espoir de l'Italie !

Quelles semences de grandes actions vous jetez dans ces cœurs en leur faisant voir le généreux Colomb, méprisant les clameurs de son équipage prêt à le massacrer ! Et c'est de tels effets que votre théorie étroite et surannée voudrait nous priver ! [...]

* * *

Camillo Ugoni,[1] *Della letteratura italiana nella seconda metà del secolo XVIII* (Brescia : per Nicolò Bettoni, 1822), t. III, p. 85

[...] È curioso il vedere come i critici e i trattatisti professino opinioni affatto opposte. All'anarchia comica, che vuol qui stabilire lo Schlegel, contrapponiamo una nuova teorica del sig. N. L. Lemercier. Questo autore vivente in alcune composizioni teatrali si è licenziato a molte novità ; qualche sua tragedia è concepita nel genere romantico, come *Pinto*, e *Cristoforo Colombo*, commedia Schakespeariana. Ma quando poi scrisse teoricamente (*Cours analytique de littérature générale*, t. II *de la Comédie*), alle conosciute regole molte altre ne aggiunse, in guisa che, completando il codice delle leggi per la commedia, ne stabilì ventitre [...].

[Il est curieux de voir la façon dont les critiques et les théoriciens professent des opinions tout à fait opposées. À l'anarchie comique souhaitée ici par Schlegel, nous opposons une nouvelle poétique de M. N. L. Lemercier. Cet auteur, toujours vivant, s'est permis un grand nombre de nouveautés dans certaines de ses œuvres ; quelques-unes de ses tragédies sont conçues dans le genre romantique, comme *Pinto*, et *Christophe Colomb*, comédie shakespearienne. Mais lorsqu'il se consacra à des écrits théoriques (*Cours analytique de littérature générale*, t. II *de la Comédie*), il ajouta en revanche maintes règles à celles que l'on connaît déjà ; de telle sorte qu'il en établit vingt-trois, complétant ainsi le code des lois de la comédie].

* * *

---

1. Homme de lettres, traducteur et militant politique proche du mouvement de Mazzini, Camillo Ugoni se voit contraint de quitter l'Italie après 1821. Pendant son séjour français, qui dure au moins jusqu'en 1826, il soutient les positions réformatrices de Manzoni en matière de tragédie, collabore avec le périodique romantique *Le Globe* et avec la rédaction de la *Biographie Universelle*. En France, il est aussi proche de Balzac et de Sismondi. Voir Margherita Petroboni Cancarini, *Camillo Ugoni. Letterato e patriota bresciano* (Milan : Sugarco, 1974–1978) ; Raffaele De Cesare, 'Breve storia di una amicizia italiana di Stendhal : Camillo Ugoni', *Studi francesi*, 65–66 (mai-décembre 1978), pp. 285–97.

[Lettre de Bernard concernant l'interdiction des reprises de
Christophe Colomb en 1824, Bibliothèque de Bayeux, ms 248]

Théâtre Royal de l'Odéon,
[filet]
M. Bernard,[1] Directeur
[filet]

Paris, le 26 nov. 1824

Monsieur,

Christophe Colomb est revenu de la censure avec la permission de le représenter. Maintenant je nous dois, je me dois à moi-même, de vous remettre les observations qui m'ont été faites au sujet de la reprise de cet ouvrage : on est loin d'attaquer son mérite, au contraire, mais tout le monde prévoit [??] une scène lorsqu'on le verra sur l'affiche. On assure que l'autorité même interviendra lors de la représentation et que les études seront inutiles.

Tous les autres à qui j'en ai parlé, sont absolument de cet avis. D'un autre côté, je dois consulter mes intérêts, puis-je au commencement de mon [? mandat], risquer une pièce qui pourrait, malgré le talent qui y règne, causer un scandale qui ne peut que nuire à mon entreprise ? Puis-je abandonner l'étude des pièces nouvelles pour une reprise dont le succès est même douteux ? Ce n'est point à l'auteur que j'adresse ces questions, c'est à l'homme à talent, au poëte, à l'homme judicieux qui a daigné me témoigner quelque intérêt que je m'adresse. Je le prie de me dire, de son ame et conscience, si les raisons que j'émets sont erronées ou fausses ? Il faut ajouter qu'un décor est absolument exemplaire, et qu'il ne pourra servir que dans *Christophe Colomb* ; il faut joindre à tout cela que j'ai plusieurs Comédies nouvelles à l'étude et même en répétition, et que je ne puis interrompre les unes et les autres, sans manquer aux auteurs qui ont voulu me les apporter : mettez-vous un moment à ma place, et veuillez me répondre avec la franchise qui vous caractérise. Vous avez un portefeuilles plein de pièces nouvelles, remplacez

---

1. Claude Wolf (dit Bernard) fut directeur de l'Odéon de 1824 à 1826. Jadis directeur « aux Pays-Bas », tragédien médiocre à la Comédie-Française et surtout en province, il privilégia pendant son mandat le théâtre en musique, voir Porel et Monval, *L'Odéon*, t. 2, pp. 55–83. On lit justement en 1824 à propos de Bernard : « Il a débuté à Paris, mais il n'est guère connu qu'en province, où il joua d'abord les basses-tailles dans l'opéra, et ensuite l'emploi des rois dans la tragédie. M. Bernard, qui a été longtemps directeur de théâtres dans les Pays-Bas, jouit de plus d'estime comme administrateur que comme comédien. S'il parvient à relever l'Odéon, dont les destinées sont maintenant entre ses mains, nous crierons au miracle », cf. François-Antoine Harel, Maurice Alhoy, Augustin Jal, *Dictionnaire théâtral ; ou, douze cent trente-trois vérités sur les directeurs, régisseurs, acteurs, actrices et employés des divers théâtres* (Paris : Barba, 1824), p. 43. Sa carrière à l'Odéon ne dure pas longtemps, on le sait déjà directeur à Marseille en 1829, cf. James Rousseau, *Code théâtral, physiologie des théâtres, manuel complet de l'auteur, du directeur, de l'acteur et de l'amateur* (Paris : Roret, 1829), pp. 270–71.

Colomb par une d'elles et soyez assuré que vous trouverez en moi un zélé activiste.

J'ai l'honneur d'être avec
le plus profond respect,
Monsieur,

votre très humble
et très dévot serviteur.

Bernard.

* * *

Stendhal, *Racine et Shakspeare, II* (Paris : Marchands de Nouveautés, 1825), pp. 18–19

[...] Qu'est-ce que le ROMANTIQUE ? Est-ce le *Han d'Islande* du bonhomme Hugo ? Est-ce le *Jean Sbogar* aux phrases retentissantes, du vaporeux Nodier ? Est-ce ce fameux *Solitaire*, où un des plus farouches guerriers de l'histoire, après avoir été tué dans une bataille, se donne la peine de ressusciter pour courir après une petite fille de quinze ans, et faire des phrases d'amour ? Est-ce ce pauvre *Faliero*, si outrageusement reçu aux Français, et traduit pourtant de lord Byron ?[1] Est-ce le *Christophe Colomb* de M. Lemercier, où, si j'ai bonne mémoire, le public, embarqué dès le premier acte dans la caravelle du navigateur génois, descendait au troisième sur les rivages d'Amérique ? Est-ce la *Panhypocrisiade* du même poète, ouvrage dont quelques centaines de vers très-bien faits et très philosophiques ne sauraient faire excuser la monotone bizarrerie et le prodigieux dévergondage d'esprit ? Est-ce la *Mort de Socrate*, du P. Lamartine, le *Parricide*, de M. Jules Lefèvre, ou l'*Éloa*, ange femelle, née d'une larme de Jésus-Christ, de M. le comte de Vigny ? Est-ce enfin la fausse sensibilité, la prétentieuse élégance, le pathos obligé de cet essaim de jeunes poètes qui exploitent le *genre rêveur*, les *mystères de l'âme*, et qui bien nourris, bien rentés, ne cessent de chanter les misères humaines et les joies de la mort ? Tous ces ouvrages ont fait du bruit en naissant ; tous ont été cités comme modèles dans le *genre nouveau* ; tous sont ridicules aujourd'hui.[2] [...]

* * *

---

1. Stendhal fait allusion à la malheureuse adaptation en vers de l'œuvre de Byron créée à la Comédie-Française le premier octobre 1821 et retirée de l'affiche après la deuxième représentation (cf. *Histoire critique des théâtres de Paris, pendant 1821*), donc bien avant le triomphe de Casimir Delavigne à la Porte Saint-Martin (1829).
2. Les hardiesses de Lemercier commencent déjà à vieillir aux yeux de Stendhal. Le ton enthousiaste du pamphlet milanais se voit ici atténué.

Éphémérides universelles ou tableaux religieux, politique, littéraire, scientifique et anecdotique, présentant pour chaque jour de l'année un extrait des annales de toutes les nations et de tous les siècles, depuis les temps historiques jusqu'à nos jours [1828], deuxième édition (Paris : Corby, 1835), t. 3, pp. 170-71

THÉÂTRE
1809. Première représentation de *Christophe Colomb*, comédie historique de M. Lemercier

Dans quelques mois vingt années se seront accomplies depuis la première représentation de cet ouvrage, et peut-être alors la réforme dramatique, dont il fut le premier essai, se sera-t-elle légitimée en produisant son chef-d'œuvre. En attendant, il faut en convenir : depuis près de vingt années, nous n'avons encore vu que des essais, parmi lesquels il en est de plus heureux sans doute, mais non de plus hardis que celui de M. Lemercier.

Si l'on veut mesurer l'énorme distance qui sépare notre époque de celle où parut *Christophe Colomb*, qu'on lise la note par laquelle l'auteur crut devoir excuser, la veille, dans les journaux, sa téméraire tentative. Alors on repoussait les innovations avec autant de fanatisme qu'on les appelle de nos jours : au nom d'Aristote et de Geoffroy, chaque étudiant en droit ou en médecine, chaque clerc de notaire et d'avoué, chaque lycéen brisait une lance pour les unités, et sifflait impitoyablement le poète assez inepte pour oser sortir des sentiers battus par Racine et par Voltaire. M. Lemercier ne se dissimulait pas la force des préjugés classiques : aussi protestant dans sa note de son respect pour les saintes lois du théâtre, *désavouant toute prétention d'ouvrir des routes neuves, d'introduire sur la scène un genre étranger*, il n'avait, disait-il, intitulé sa pièce *comédie shakespearienne* que pour annoncer aux spectateurs que son ouvrage violait la règle des trois unités. « L'auteur se flatte — ajoutait M. Lemercier — qu'on excusera une licence, qu'il lui était impossible de ne pas prendre dans le sujet qu'il a choisi, espérant intéresser par la représentation d'un personnage tel que Christophe Colomb, dont la découverte fut une si grande époque dans les annales du monde. Cette particularité d'un événement et d'un caractère extraordinaires ne peut faire exemple. Il a fallu que l'auteur s'affranchît cette fois des règles reçues, règles qu'il a strictement observées dans toutes les pièces qu'il a faites pour le théâtre français, règles dont les chefs-d'œuvre des maîtres de l'art dramatique ont consacré l'excellence et qu'on accuse faussement de rétrécir la carrière du génie ».

M. Lemercier ne s'en tenait pas là ; il déclarait n'avoir jamais eu dessein de suivre le genre de composition adopté dans sa pièce nouvelle : c'était un engagement implicite de revenir bien vite aux anciennes traditions. Enfin rien ne manquait à cette formule d'amende honorable, qui dans vingt ans pourra servir de modèle, si les doctrines romantiques triomphent, et qu'il prenne fantaisie à quelque poète de ressusciter le vieux système : il n'y aura que les noms à changer.

Toutefois nous ne pensons pas que personne soit tenté de recourir à cette précaution plus respectueuse qu'habile, après les tristes résultats qui la suivirent. Jamais représentation ne fut plus orageuse que celle de *Christophe Colomb*. Ce fut moins une chute qu'un combat : l'Odéon vit son parterre transformé en un champ de bataille sanglant, et la force des baïonnettes, qui du reste tranchait alors toutes les questions en Europe, fut encore obligée d'intervenir dans ce débat tout littéraire. Le sabre usurpa le domaine de la férule, et Christophe Colomb n'acheva même pas son premier voyage.[1]

Tous les torts n'étaient pas dans cette occasion du côté des classiques. Si d'abord la tentative de M. Lemercier avait quelque chose de prématuré, l'exécution de son ouvrage, beaucoup trop négligée, ne pouvait sauver par le charme de la forme ce que la conception fondamentale offrait de trop audacieux, de trop irrégulier pour le temps. Une autre fois déjà, dans une entreprise de même genre, M. Lemercier avait été mieux servi par son génie.

(Voy. 22 Mars 1800, Première représentation de *Pinto*.)

E. M.

* * *

August Wilhelm von Schlegel, *Cours de littérature dramatique*, trad. Necker de Saussure (Genève-Paris : Lacroix, 1832), t. II, pp. 121–22

[...] Les théâtres de Paris sont astreints à des genres fixes, et la poétique a en cela un point de contact avec la police. Il en résulte que les essais d'idées nouvelles, ou de mélanges inusités des anciens éléments, sont abandonnés aux théâtres inférieurs. C'est là que les mélodrames jouent un grand rôle. Un homme au fait de la statistique de la scène française, a remarqué que depuis plusieurs années, il a paru fort peu de tragédies et de comédies régulières, mais que les mélodrames à eux seuls surpassent en nombre toutes les autres pièces réunies : par mélodrame on n'entend pas comme chez nous, une composition dramatique où les monologues sont entrecoupés de musique instrumentale. Un mélodrame français est une pièce en prose emphatique, où l'on représente quelque chose de merveilleux, une aventure fabuleuse ou réelle, avec un grand fracas de spectacle, de mouvement sur la scène, de changements de décorations, et où l'on rassemble tous les brillants accessoires qui concourent à frapper les sens. On pourrait assurément tirer un meilleur parti du penchant que montre le peuple pour cette espèce de pièces ; la plupart des mélodrames sont composés avec une négligence tellement intolérable, que ce sont, si l'on peut s'exprimer ainsi, des productions avortées du genre romantique.

---

1. Le critique ne distingue pas entre la première représentation, qui se déroula sans incidents, et les tumultes de la deuxième, interrompue au premier acte.

Dans la sphère de la véritable littérature dramatique, les travaux d'un écrivain tel que Lemercier, méritent sans doute l'attention des connaisseurs. Cet homme, plein de talent, s'efforce de renverser toutes les barrières de l'art ; il est animé d'un zèle si passionné que rien ne le décourage, quoique chacune de ses nouvelles tentatives mette presque toujours le parterre dans un véritable état de guerre (1).

Tout ce que je viens de dire semble indiquer que le public français, lorsque par hasard il oublie les règles de goût que l'*Art poétique* de Boileau lui a inculquées comme des devoirs, n'est pas dans le fait aussi opposé qu'on le croit aux libertés dramatiques des autres nations, et que ce qui soutient en France un vieux système, étroit et borné dans ses conséquences, c'est plutôt un respect superstitieux qu'une véritable vénération. […]

> (1) Depuis l'époque où j'ai donné ce cours, la représentation de son *Christophe Colomb* a excité à Paris un tel tumulte, que plusieurs champions du système de Boileau ont eu les membres meurtris en remplissant les devoirs de leur vocation. Ils avaient bien raison de combattre en désespérés, car si cette pièce avait réussi, c'en était fait peut-être des saintes unités, et de ce bon goût qui veut que l'on sépare à jamais la peinture des héros de celle des gens du peuple. Le premier acte se passe dans la maison de Colomb, le second à la cour d'Isabelle, et le troisième et dernier sur le vaisseau, à la vue du nouveau monde. Le poète a voulu montrer comment celui qui conçoit une grande pensée est longtemps arrêté par l'esprit vulgaire et borné de ses contemporains, et comment l'ardeur de son enthousiasme finit par triompher de tous les obstacles. Chez lui, au milieu du cercle de ses relations bourgeoises, Colomb passe pour fou, à la cour il n'obtient qu'avec peine un bien faible secours, et enfin sur son vaisseau une émeute est prête à éclater lorsqu'on aperçoit les côtes désirées et que le cri de : terre ! terre ! termine la pièce. Voilà une idée et des effets qui prouvent un vrai sentiment de l'art, mais l'exécution laisse encore beaucoup à désirer. Dans une autre pièce de Lemercier, qui n'a encore été ni représentée ni imprimée (la *Journée des Dupes*),[1] l'auteur a pris pour sujet un complot célèbre, déjoué par Richelieu. Son tableau est d'une vérité frappante, soit pour la peinture des faits, soit pour celle de l'esprit du temps. C'est une comédie historique où le mendiant et le roi parlent chacun le langage de son état. Le poète a montré comment en politique de légers mobiles peuvent donner le branle à de grands événements. Il a peint la dissimulation des courtisans à l'égard des autres et à l'égard d'eux-mêmes ; en un mot, il a découvert avec une grande finesse tout le jeu secret des intrigues de cour.

* * *

---

1. La pièce apparaît pour la première fois dans le recueil des *Comédies historiques*.

Charles Labitte, 'Poètes et romanciers modernes de la France. Népomucène Lemercier', *Revue des deux mondes*, 21 (janvier-mars 1840), pp. 472-74

[...] Après la suspension de sa pièce,[1] M. Lemercier, toujours ardent, ne se tint pas pour battu. L'année suivante, en 1809, il risqua une dernière tentative : c'était une comédie, ou plutôt un drame tout-à-fait romantique, qui, sous Napoléon, indiquait autant de hardiesse au moins et d'originalité qu'on en a vu depuis dans *Cromwell* et dans *Henri III*, car le *Germanicus* d'Arnault est plus loin de *Colomb* que *Colomb* ne l'est d'*Hernani*.

Bien que je n'approuve guère ce mélange des genres, et que *Colomb* ne soit, à mon sens, que la tentative de Hénault avec les vers de plus, il me paraît impossible de nier la verve singulière qui éclate dans certaines scènes de cette œuvre, et je répète volontiers le mot de Mme Guizot à propos de *Colomb* : « Chaque succès de M. Lemercier est une conquête ». Seulement, Mme Guizot assure qu'elle ne craint pas d'être indulgente, parce que les éloges ne sont pas ici dangereux pour *l'exemple*. Ceci sent trop sa date de 1809 ; depuis, M. Lemercier lui-même s'est vu de beaucoup dépasser : mais, comme tous ceux qui commencent les révolutions, il se hâta de faire retraite, et fut vite de la résistance ; par là il s'effaça et dut disparaître derrière le feu de la mêlée.

Le succès de la première représentation de *Colomb* avait été un peu surpris à un public étonné [*sic*]. Le lendemain, la pièce fit scandale auprès des classiques ; on s'indigna de l'audace d'un écrivain qui osait mettre l'intérieur d'un vaisseau sur le théâtre. Et où étaient les unités ? L'action commençait en Espagne et se dénouait en Amérique. Certes, le péché était capital. Aussi, M. Lemercier s'est-il cru obligé, hélas ! de faire depuis pénitence de fautes originales et heureuses. Dès-lors même il se justifiait avec une maligne bonhomie : « L'unité de lieu y est pourtant, disait-il à Talma, car le monde entier n'est-il pas la demeure et le domaine de Colomb ? » Mais le parterre de la seconde représentation fut peu sensible à de pareilles raisons. Il y eut un bruit affreux, et les acteurs ne purent réciter plus de vingt vers. Dès le premier jour, il est vrai, quelques expressions avaient failli soulever la salle. On était si loin encore des burlesques lazzis dont un grand poète entremêle tous ses drames comme de traits spirituels, que l'orage grondait déjà à ces vers :

> Je réponds qu'une fois saisi par ces coquins,
> On t'enverra bientôt au pays des requins.

Au deuxième soir, il y eut une personne tuée et plusieurs spectateurs blessés. Sous Napoléon, force devait demeurer à l'ordre, et, chose bizarre, M. Lemercier, que d'ordinaire on entravait, se vit cette fois joué malgré lui. *Colomb* fut donné onze fois militairement et devant les baïonnettes. Comme le bruit vint à se

---

1. Labitte fait référence à *Plaute, ou la Comédie latine*, créée le 20 janvier 1808 au Théâtre-Français (cf. le feuilleton du *Journal de l'Empire*, 20 janvier 1808).

répandre que l'auteur était d'accord avec la police, il écrivit au *Journal de Paris* qu'il n'avait aucune part au succès bien involontaire de sa pièce. [...]

* * *

Discours de réception à l'Académie Française de Victor Hugo (3 juin 1841), dans *Littérature et philosophie mêlées* (Paris : Hachette, 1868), pp. 170–71

[...] Vous n'attendez certes pas de moi, messieurs, que j'examine ici page à page cette œuvre immense et multiple qui, comme celle de Voltaire, embrasse tout, l'ode, l'épître, l'apologue, la chanson, la parodie, le roman, le drame, l'histoire et le pamphlet, la prose et le vers, la traduction et l'invention, l'enseignement politique, l'enseignement philosophique et l'enseignement littéraire [...] [R]iche et fantasque architecture, parfois ténébreuse, parfois vivement éclairée, sous les arceaux de laquelle apparaissent, étrangement mêlés dans un clair-obscur singulier, tous les fantômes imposants de la fable, de la bible et de l'histoire, Atride, Ismaël, le lévite d'Éphraïm, Lycurgue, Camille, Clovis, Charlemagne, Baudouin, Saint Louis, Charles VI, Richard III, Richelieu, Bonaparte, dominés tous par ces quatre colosses symboliques sculptés sur le fronton de l'œuvre, Moïse, Alexandre, Homère et Newton ; c'est-à-dire par la législation, la guerre, la poésie et la science. Ce groupe de figures et d'idées que le poète avait dans l'esprit et qu'il a posé [sic] largement dans notre littérature, ce groupe, messieurs, est plein de grandeur. Après avoir dégagé la ligne principale de l'œuvre, permettez-moi d'en signaler quelques détails saillants et caractéristiques ; cette comédie de la révolution portugaise, si vive, si spirituelle, si ironique et si profonde ; ce *Plaute*, qui diffère de l'*Harpagon* de Molière en ce que, comme le dit ingénieusement l'auteur lui-même, « le sujet de Molière, c'est un avare qui perd un trésor ; mon sujet à moi, c'est Plaute qui trouve un avare » ;[1] ce *Christophe Colomb*, où l'unité de lieu est tout à la fois si rigoureusement observée, car l'action se passe sur le pont d'un vaisseau, et si audacieusement violée, car ce vaisseau — j'ai presque dit ce drame — va de l'ancien monde au nouveau ; cette *Frédégonde*, conçue comme un rêve de Crébillon, exécutée comme une pensée de Corneille ; cette *Atlantiade*, que la nature pénètre d'un assez vif rayon, quoiqu'elle y soit plutôt interprétée peut-être selon la science que selon la poésie ; enfin, ce dernier poème, l'homme donné par Dieu en spectacle aux démons, cette *Panhypocrisiade* qui est tout ensemble une épopée, une comédie et une satire, sorte de chimère littéraire, espèce de monstre à trois têtes qui chante, qui rit et qui aboie.

Après avoir traversé tous ces livres, après avoir monté et descendu la double échelle, construite par lui-même pour lui seul peut-être, à l'aide de laquelle ce

---

1. Citation réadaptée des *Opinions sur la comédie de Plaute*, dialogue-préface de la pièce de Lemercier : « Chez Molière, c'est un avare qui perd un trésor ; chez vous, c'est Plaute qui trouve un avare », Lemercier, *Plaute, ou la comédie latine* (Paris : Collin, 1808), p. 16.

penseur plongeait dans l'enfer ou pénétrait dans le ciel, il est impossible, messieurs, de ne pas se sentir au cœur une sympathie sincère pour cette noble et travailleuse intelligence qui, sans se rebuter, a courageusement essayé tant d'idées à ce superbe goût français si difficile à satisfaire ; philosophe selon Voltaire, qui a été parfois un poète selon Shakespeare ; écrivain précurseur qui dédiait des épopées à Dante[1] à l'époque où Dorat refleurissait sous le nom de Demoustier ; esprit à la vaste envergure, qui a tout à la fois une aile dans la tragédie primitive et une aile dans la comédie révolutionnaire, qui touche par *Agamemnon* au poète de *Prométhée* et par *Pinto* au poète de *Figaro*. [...]

* * *

Revue des deux mondes, 26 juin 1841, pp. 840-53

RÉCEPTION DE M. VICTOR HUGO

Il s'est accompli, il y a peu de jours, dans la sphère de la littérature et de la poésie, un de ces événements rares et éclatants qui ont le privilège d'exciter avant, pendant et longtemps après leur durée, l'attention des esprits sérieux et la curiosité même des gens frivoles. Deux planètes, qui semblaient destinées à décrire dans le champ de l'art une asymptote éternelle, deux principes, puissants l'un et l'autre, mais à des titres opposés, le génie de la tradition et le génie de la poésie vivante et actuelle, le mouvement et la résistance, M. Victor Hugo et l'Académie française se sont rencontrés face à face, et ont opéré, sous la coupole du palais Mazarin, leur laborieuse et mémorable conjonction. [...]

Par une coïncidence qui semblait heureuse, l'illustre académicien dont la vie et les ouvrages devaient servir de texte aux deux harangues, Népomucène Lemercier, se rattachait par ses aventures aux essais de poète à l'école réformatrice, tandis que, par ses restrictives et souvent judicieuses opinions de critique, il appartenait à la phalange des conservateurs : beau champ de bataille assurément, terrain neutre s'il en fut jamais, où semblait pouvoir se déployer à l'aise, de part et d'autre, tout ce qu'il y a de vérités acquises et de prétentions légitimes dans les deux théories adverses. On espérait donc, dans cette mémorable séance, s'abreuver largement aux sources jaillissantes de la littérature et de la poésie, entendre discuter les maîtres et sortir de ce tournoi intellectuel l'esprit mieux affermi dans l'une ou l'autre croyance. Il semblait en effet que ce dût être un bien grand jour dans les fastes de la poésie que celui où la tradition et la réforme, mises en présence, seraient amenées à dire chacune son dernier mot sur elle-même, devant l'ombre apaisée de l'auteur d'*Agamemnon*, de *Christophe Colomb* et de *Pinto*. [...]

Charles Magnin

* * *

---

1. La *Panhypocrisiade* s'ouvre en effet sur une « épître à Dante » auquel elle est dédiée.

ANNEXE I

Boletín Oficial de Instrucción pública (Madrid : Imprenta Nacional, 1841),
t. 1, pp. 506-16

ACADEMIA FRANCESA, RECEPCIÓN DE MR. VICTOR HUGO

Pocos días hace que se ha verificado en la esfera de la literatura y de la poesía, uno de esos acontecimientos raros que tienen el privilegio de excitar antes, durante y mucho tiempo después de su consumación, la atención de las personas reflexivas, y la curiosidad hasta de las personas frívolas. Dos planetas que parecían destinados a describir en el campo del arte una órbita eterna ; dos principios, potentes uno y otro, mas por diferentes medios, el genio de la tradición y el genio de la poesía viva y actual, el movimiento y la resistencia, M. Victor Hugo y la Academia francesa, se han encontrado frente por frente, y han operado bajo la cúpula del palacio de Mazarin su memorable y laboriosa conjunción. [...]

Por una coincidencia que parecía venturosa, el ilustre académico, cuya vida y obras debían servir de texto a las dos arengas, Nepomuceno Lemercier, se asemejaba por lo atrevido de sus ensayos al poeta de la escuela reformadora, mientras que por sus restrictivas y a las veces juiciosas opiniones de critica, pertenecía a la falange de los conservadores : bello campo de batalla seguramente, terreno neutral si los hay, donde parecían poder desplegarse sin obstáculo por una y otra parte todas las verdades adquiridas y todas las pretensiones legítimas de las dos teorías adversas. Esperábase, pues, en aquella memorable sesión abrevarse en los manantiales abundosos de la literatura y de la poesía ; oír discutir a los maestros y salir de aquel torneo intelectual con el ánimo mas fijo y asegurado en la una o en la otra creencia. Parecía en efecto que debía ser un día grande en los fastos de la poesía aquel en que la tradición y la reforma, colocadas en presencia una de otra, habían de pronunciar su fallo acerca de sus doctrinas ante la sombra del autor de *Agamenón*, de *Cristóbal Colón* y de *Pinto*. [...]

* * *

G. Spini, 'Delle innovazioni letterarie in Francia (1800-1815)',
Rivista Europea. Giornale di Scienze morali, letteratura ed arti
(novembre-décembre 1845), pp. 593-39

Oltre questi seguaci degli antichi precetti o per convincimento o per indolenza, altri ve n'era che, ondeggianti fra una scuola e l'altra, usavan qualche volta d'una certa libertà artistica, poi cercavan farsi perdonare i loro traviamenti condannando in pubblico quegli stessi principi, mercè i quali avevan pure acquistata qualche fama. Napoleone Lemercier [sic] infrange le regole dell'unità nel suo dramma il *Colombo* e nella commedia *Pinto* s'allontana dalle consuetudini del teatro francese : poi nella prefazione della sua commedia protesta di seguire assolutamente l'esempio de' Greci, e si lagna che i pedanti abbiano impoverito la scena interpretando pessimamente gli antichi. Nel suo corso di letteratura al Liceo sente il bisogno di mostrarsi più puro ancora, perché trovasi in fallo ; e però grida che egli ha seguito i buoni principi del teatro francese in quasi tutte le opere sue. « È vero », dic'egli presso a poco, « è vero che me ne allontanai nel *Cristoforo Colombo*, ma fatemi grazia per questa volta : l'argomento lo richiedeva ; del resto ho predicato sempre le sane dottrine, e non credete a chi fa correr voce del contrario. Son nemici, sono invidiosi i quali tentano screditarmi e molti, ingannati da essi, lodarono lo sviluppo delle mie costanti idee, quasi fosse una ritrattazione de' miei antichi errori ».

[En dehors de ces disciples qui suivaient les anciens préceptes soit par conviction, soit par indolence, il y en avait d'autres qui, hésitant entre l'une et l'autre école, usaient parfois d'une certaine liberté artistique, puis cherchaient à se faire pardonner leurs égarements en condamnant publiquement ces mêmes principes grâce auxquels ils s'étaient pourtant fait quelque renommée. Dans son drame *Colomb*, Napoléon Lemercier [sic] brise les règles de l'unité et dans sa comédie *Pinto*, il s'éloigne des us et coutumes du théâtre français ; ensuite, dans la préface de sa comédie, il assure avoir suivi fidèlement l'exemple des Grecs, et déplore ces pédants qui ont appauvri la scène française par leur affligeante interprétation des anciens. Dans son cours de littérature au Lycée, il ressent le besoin d'afficher encore plus de pureté, car il se trouve en défaut ; et pourtant il clame qu'il a suivi les bons principes du théâtre français dans presque toutes ses œuvres. « Il est vrai », dit-il à peu près, « il est vrai que je m'en suis éloigné dans mon *Christophe Colomb*, mais faites-moi grâce pour cette fois : c'était le sujet qui l'exigeait ; par ailleurs, j'ai toujours préconisé de sages doctrines, et n'en croyez point ceux qui font courir le bruit contraire. Ce sont des ennemis, des envieux, qui essayent de me discréditer ; et bien des gens qu'ils avaient trompés, ont loué le développement de mes principes constants, comme si c'était une solennelle rétractation de mes anciennes erreurs »].[1]

---

1. Spini reprend un passage du *Cours analytique* (t . 2, p. 54) qu'il reformule de manière assez libre. Le texte de Lemercier se trouve aussi, tel quel, dans la *Biographie universelle, ancienne et moderne*, ouvrage qui a probablement constitué la source indirecte de l'article. Les informations disponibles sur Spini ne sont pas nombreuses, de lui on sait pourtant qu'il collabore au projet de la *Rivista europea* au moins à partir de la direction de Carlo Tenca avec des articles sur les littératures anglaise et française.

ANNEXE II

Lemercier et l'« école romantique ».
Textes et documents

REMARQUES SUR LES BONNES ET LES
MAUVAISES INNOVATIONS DRAMATIQUES,

lues à l'Académie française, le mardi 5 avril 1825,
Revue Encyclopédique, XXVI (avril 1825)[1]

Nous voulons du nouveau, n'en fût-il plus au monde[2]

La meilleure source des nouveautés sur la scène française est encore l'imitation des théâtres anciens, et non l'imitation des théâtres étrangers modernes. Il nous sera facile de le prouver : mais, avant tout, contestons la nécessité de chercher du nouveau dans les genres que l'art a créés, et l'insuffisance des règles de ceux-ci pour représenter la nature sous tous ses aspects, d'une manière toujours nouvelle. Je pense qu'on ne doit rien exclure, rien proscrire, mais qu'il faut tout classer et tout ordonner. — Interrogeons d'abord les personnes qui demandent des innovations : à quoi tendent-elles en les recherchant ? Sans doute, au but d'un perfectionnement dont l'art leur paraît encore susceptible : mais, quelles

---

1. Dans ce long discours, Lemercier propose un examen lucide du théâtre de son temps et s'interroge sur les possibilités de réforme de la scène française. Lemercier se lance d'abord dans un réquisitoire contre les théâtres étrangers : Schiller et Shakespeare offrent effectivement des caractères intéressants que la tragédie peut bien utiliser comme modèles si cette imitation n'affecte pas la forme du genre de Melpomène. La vraie cible de Lemercier ne sont donc pas les auteurs étrangers mais plutôt leurs imitateurs français qui avaient désormais captivé la faveur du public : l'éloge du théâtre espagnol — et notamment de Lope de Vega et Calderón de la Barca, qui étaient conscients de leurs « railleries » — lui sert donc de contremodèle pour attaquer la schilléromanie croissante de la tragédie française. Après un réquisitoire en faveur des paradigmes antiques et des modèles classiques, Lemercier oriente son discours sur les genres intermédiaires. La réussite dans le drame ne s'évalue qu'à partir du résultat au théâtre et non de la théorie : une fois établie la recevabilité de cette licence — que Lemercier restreint aux genres intermédiaires et dont il se sert pour justifier les hardiesses de *Pinto* et *Colomb* — l'auteur décourage les jeunes dramaturges qui voudraient se consacrer au génie de Momus. En dépit d'une majeure liberté d'exécution et d'écriture, le genre intermédiaire risque de faire tomber dans le piège du mauvais goût tout auteur qui ne serait pas capable d'en maîtriser les difficultés.
2. Allusion possible à une tirade d'Apollon dans la *Clymène* de La Fontaine : « Il me faut du nouveau, n'en fût-il plus au monde », cf. *Œuvres Complètes* (Paris : Gallimard, 'Bibliothèque de la Pléiade', 1958), t. II, p. 21, souvent citée par la presse de l'époque sous la forme reproduite par Lemercier.

conditions lui manquent pour être en état de tout produire ? N'a-t-on pas reçu classiquement les modèles de la tragédie et de la comédie, dont l'une peint en grand les mœurs historiques, dont l'autre peint en détail les mœurs privées ? Entre ces deux genres fondamentaux, l'antiquité ne plaçait-elle pas elle-même plusieurs espèces moyennes, telles que les pièces allégoriques dont le *Plutus* d'Aristophane est un bon exemple, des tragi-comédies où le grave s'unit au plaisant, comme dans le *Penthée*[1] et dans le *Polyphème* antiques, comme dans *Amphitryon* même, où les adultères des Dieux sont livrés au rire, ainsi que les folles intrigues des hommes ; enfin, des pièces touchantes et sérieuses, comme les *Captifs* de Plaute, et l'*Andrienne* de Térence ? Les héritiers des anciens n'ont-ils pas ajouté à ces primitives espèces deux modes dérivés de celles-ci ? Les drames héroïques, tels que le *Don Sanche*, de Pierre Corneille, *le Prince jaloux*, de Molière, que le style et les sentiments tempérés rangent au-dessous de la haute tragédie ; et les drames domestiques, que le langage familier, le pathétique ordinaire, et les mœurs bourgeoises rangent au-dessous de la haute comédie ? Melpomène et Thalie n'établirent-elles pas toutes deux des degrés et des distinctions diverses entre leurs compositions, qui se divisent, d'un côté, en tragédies fabuleuses, merveilleuses et historiques ; de l'autre, en comédies moralement satiriques et bouffonnes ? À tant de différentes espèces que prétend-on ajouter profitablement ? N'ouvrent-elles pas une assez vaste carrière au jeu de l'imagination ? et croit-on l'agrandir en effaçant toutes les limites que l'expérience et le goût leur ont jadis imposées ? Nos doctes maîtres, qui surent les observer avec scrupule, créèrent des chefs-d'œuvre, sans outrepasser les bornes prescrites par chacune. Ils furent originaux dans leurs innovations, parce que leur vigueur et leur audace toujours réglées ne sortirent pas des routes spéciales. Cette soumission au frein n'attiédit donc pas la chaleur de l'originalité, puisque la leur éclata, même en imitant leurs doctes prédécesseurs. Si le plus original parmi nous fut Pierre Corneille, c'est qu'il appliqua purement les formes tragiques à l'histoire : cette innovation améliora le genre et le rendit plus efficacement et plus populairement instructif. Après avoir médité ce puissant exemple et celui de l'*Amphitryon* latin et français, je m'efforçai d'appliquer aussi les formes comiques à l'histoire, de traiter familièrement les grands, comme les Muses traitaient les Dieux, et de créer la Comédie historique, dans la conjuration de *Pinto*, dans la *Journée des Dupes,* du cardinal de Richelieu, dans la conquête de *Christophe Colomb*. Je pris le soin, dans la première de ces innovations, de m'écarter peu de l'unité de lieu, et de m'astreindre à celles de temps et d'action ; dans la seconde, plus rectifiée et mise en vers, je respectai les trois unités strictement ; dans la troisième, où j'associai le comique à l'héroïque, je m'affranchis entièrement des

---

1. Lemercier avait composé une tragédie lyrique portant ce titre qui fut reçue à l'Opéra en 1798 et dont le texte a été perdu. Voir la Lettre de Thiébault du 8 fructidor an VII qui en annonce l'acceptation, Bibliothèque de Bayeux, ms 249.

règles de temps et de lieu, je ne conservai que celle d'action. Ces essais d'un disciple parurent un progrès utile aux genres secondaires, à l'époque où l'on encourageait les innovations raisonnables ; mais ces extensions des ressorts de l'art n'étaient pas l'affranchissement de ses lois les plus importantes : elles n'autorisent pas la mixtion confuse de ses principes élémentaires et le renversement total de ses méthodes.

Supputez donc le nombre des genres d'imitation que nous venons d'énumérer, et voyez si chaque chose n'y trouve pas son accès, son rang, sa place, sa représentation ou fictive ou naturelle. Que veut-on, que peut-on imaginer de plus, dont notre art ait un réel besoin ? Mais, répondra-t-on encore, comment introduire du neuf, en se traînant dans les voies que le temps a creusées ? Ce ne sont pas, répliquerai-je, les routes nouvelles qui produisent la nouveauté des spectacles, ce sont les objets nouveaux qu'on fait passer sous les yeux des spectateurs dans les chemins battus, dont il faut éviter seulement les ornières. On y fit marcher tels et tels âges, telles et telles mœurs ; transportez-y d'autres siècles, d'autres coutumes et d'autres caractères : l'image exacte des époques et les traditions locales vous fourniront les effets curieux après lesquels court la multitude. La même méthode que j'employai dans le sujet d'*Agamemnon*, je l'appliquai dans la création des sujets de *Clovis*, de *Frédégonde* et de *Charles VI*, mes plus originales tragédies :[1] je ne changeai point de règles, mais de fonds. Innovez dans le choix des fables, et n'innovez pas dans les plans et dans la diction : rendez le tout conforme à la nature, à la vérité, à l'idéal que les peuples ont pu s'en former ; et vous deviendrez originaux, comme ont su l'être vos premiers modèles, sans altérer les méthodes adoptées par le génie. Est-ce que les motifs de la mélodie et de l'harmonie musicales ne sont pas innombrables, indéfinis, quoique leurs sources ne s'écoulent que de l'invariabilité des mêmes gammes et des mêmes rapports, strictement prescrits, de ton, de mesure, et de combinaisons mathématiques ?

Un cri perpétuel des sectateurs de la licence littéraire s'élève contre la chaîne qu'impose à l'esprit la loi des trois unités de jour, de lieu et d'action. Mais, si la rigueur de cette triple unité accroît et complète l'illusion du spectacle, en assimilant la proportion et la durée de la fable à la marche réelle et vraisemblable du fait représenté, on doit en admirer la triple condition qui me paraît préférable à toutes, dans *Œdipe*, dans *Philoctète*, dans *Athalie*, et dans le *Tartuffe*. Néanmoins, le système grec et français n'exige absolument que l'unité d'action, et souffre

---

1. Voir *Agamemnon*, tragédie en cinq actes et en vers (Paris : Fayolle, 1797), Théâtre-Français, 24 avril 1797 ; *La Démence de Charles VI*, tragédie en cinq actes et en vers (Paris : Barba, 1820) ; *Frédégonde et Brunehaut*, tragédie en cinq actes et en vers (Paris : Barba, 1821), Odéon, 27 mars 1821. Si *Agamemnon* et *Frédégonde et Brunehaut* sont deux tragédies à succès, *La Démence de Charles VI* ne fut jamais représentée à cause de la censure. Voir Barbara T. Cooper, 'Censorship and the Double Portrait of Disorder in Lemercier's *La Démence de Charles VI*', *Orbis Litterarum*, XL (1985), pp. 300–16.

l'abandon des deux autres, quand la nécessité du sujet, et non le seul caprice, réclame cette liberté.

La première représentation de *Christophe Colomb*, accueillie par des applaudissements unanimes, prouva que les spectateurs ne se montrèrent ni rétifs aux hardiesses, ni choqués du développement d'une action écoulée durant le cours de plusieurs mois et dans l'espace d'un quart du globe terrestre : à peine s'aperçurent-ils de ces intervalles parcourus en deux heures. J'appuie sur cette expérience faite ; car le tumulte de la seconde représentation résulta d'une provocation personnelle dans le parterre, et d'une influence politique, cause très étrangère aux épreuves de l'art.

La récente imitation *Shakespearienne* que j'ai hasardée dans le drame de *Richard III et Jeanne Shore*, dont l'action remplit indispensablement cinq jours, n'a point été réprouvée par les préventions du parterre.[1] Or, nous avons vu que la multiplicité des genres principaux, intermédiaires et inférieurs, suffit au besoin de nos muses théâtrales ; et nous voyons, de plus, que l'infraction de deux unités leur est encore permise par la judicieuse tolérance du public : mais, je le répète, dans les genres inférieurs à celui de la pure tragédie.

Quelle découverte profitable, quelle conquête fructueuse aurions-nous donc à faire sur les théâtres étrangers ? Sera-ce la puissance des visions fantastiques et surnaturelles dont ils établissent l'empire à la scène ? Mais le merveilleux de la Melpomène grecque en offre un magnifique modèle dans la tragédie intitulée *Xerxès*, où l'ombre de Darius apparaît ; mais Voltaire reproduisit un pareil spectre dans sa *Sémiramis* ; avant lui, Molière et Thomas Corneille n'avaient pas craint d'emprunter à la comédie espagnole cette statue parlante et animée, simulacre toujours présent du souvenir d'un meurtre qui poursuit l'athée *Don Juan* au milieu d'un festin. Ces moyens extraordinaires nous sont depuis longtemps acquis ; et l'ignorance seule a pu s'étonner de leur emploi dont abusèrent souvent Shakespeare et Lope de Véga ; mais dont l'usage modéré ne mérite aucun blâme et ne constitue pas une innovation hardie. S'ensuit-il, en induira-t-on qu'il faille personnifier à la scène toutes les rêveries des superstitions, ne peupler les coulisses que de sorciers, de magiciennes, de diables et de vampires ? Jusqu'à présent, rien ne nous manque pour faire agir la nature au théâtre : devons-nous y faire intervenir ce qui n'est plus elle, ce qui n'est point en elle, et superposer l'absurde fictif à ses réalités frappantes et positives ? Notre bon sens repousse de telles fantasmagories.

Mais, dit-on, ces chimères naissent dans les cerveaux humains ; elles en sortent : donc, elles ont aussi leur existence naturelle. Or, il faut les saisir et les reproduire, parce qu'on peut admettre et peindre tout ce qui est. Quoi ! Vous

---

1. *Richard III et Jeanne Shore*, drame historique (Paris : Firmin Didot, 1824), Théâtre-Français, premier avril 1824. Cette licence ne surprend pas, le « drame historique » étant un genre moins réglé que la « comédie ».

nous offrirez sans choix toutes les abstractions intellectuelles, toutes les mélancolies de l'aberration des cœurs et des sens, tous les rêves de la folie, comme des agents merveilleux ? Vous suppléerez les passions par ces idéalités extravagantes ? et vous présumerez de là que la tragédie atteindrait à des hauteurs plus éminentes que celle où la sublimité des sentiments vrais et des grandes pensées l'éleva dans les *Horaces*, dans *Cinna*, dans *Polyeucte*, dans *Phèdre*, dans *Brutus*, dans *Mérope* et dans *Mahomet* ? Quelle ridicule erreur est la vôtre ! Sommes-nous réduits à la réfuter ?

Arrivons au dernier reproche qu'on adresse à ces convenances poétiques, liens étroits dans lesquels on nous accuse de resserrer notre Melpomène. Les uns, comme on l'a déjà vu, nous plaignent de ne pouvoir monter assez haut dans l'extraordinaire : les autres, par une contradiction étrange, nous blâment de ne pas abaisser nos personnages et leurs discours jusqu'aux trivialités les plus vulgaires de la vie. C'est à partir de ces deux points extrêmes qu'ils mesurent l'étendue d'un art déréglé dont les dimensions n'ont aucune borne à leurs regards.

Lisez *Robert, chef de brigands*, et le tissu compliqué d'une intrigue subversive de toutes les idées d'ordre social ne vous conduira qu'à vous apitoyer bassement sur le sort d'un assassin et d'un voleur sensible et repentant.

Lisez leur *Marie Stuart* ; vous y verrez deux reines, ennemies politiques, s'entre-accuser sur leurs rivalités galantes, ainsi que deux femmes sans pudeur ; un jeune page tout prêt à violer l'une d'elles au fond d'un cachot, et les apprêts horribles d'un échafaud que devance une confession.

Lisez la *Fiancée de Messine*, où toutes les circonstances incestueuses de la famille d'Œdipe s'accumulent ensemble, sans qu'aucun autre effet en sorte que celui d'un enterrement solennel éclairé par des cierges d'église.[1]

---

1. Lemercier fait ici allusion aux trois ouvrages de Schiller, qui étaient désormais disponibles pour le grand public grâce à la traduction de Prosper de Barante — *Œuvres dramatiques de Schiller*, traduites de l'Allemand, et précédées d'une notice biographique et littéraire [...], par M. de Barante (Paris : Ladvocat, 1821), 6 vol. — ainsi qu'à leurs adaptations pour la scène française. Le 5 avril 1819, d'Arvigny avait en effet créé à la Comédie-Française sa *Jeanne d'Arc à Rouen*, avec Mademoiselle Duchesnois dans le rôle de la protagoniste ; la Duchesnois est encore Marie Stuart dans la tragédie créée par Pierre le Brun à la Comédie-Française en 1820 ; en 1824, une adaptation de *Fiesque* due aux soins d'Ancelot paraît sur la scène de l'Odéon. Dans un moment où Lemercier n'obtient plus aucun succès dramatique, les tragédies 'romantiques' tirées de sujets anglais et allemands sont à la mode. C'est surtout du théâtre de Schiller que s'inspirent les auteurs tragiques en ce moment, et si les premières traductions et adaptations commencent à paraître dès la fin du siècle précédent (pensons à celles de La Martellière), c'est au cours des années 1820 que le modèle allemand s'impose comme une véritable mode. Sur cette vague de « schilléromanie », qui se poursuit au moins jusqu'au *Guillaume Tell* de Pichat (1830), voir Edmond Eggli, *Schiller et le Romantisme français* (Genève : Slatkine, 1970), 2 vol., première édition 1927.

Lisez les aventures de *Faust* qui se voue au démon, et tombe des régions sublimes de la métaphysique dans le lit d'une paysanne qu'il pousse à la potence pour crime d'infanticide et de meurtre d'une mère.

Lisez le *Vingt-quatre février* ; vous y retrouverez les fatalités du sort des Pélopides, mais appliquées au guet-apens exécrable d'un soldat et de sa femme qui, dans une chaumière, assassinent à leur insu leur propre fils, pour lui voler l'or qu'il apportait à ses parents.[1] Vous croirez avoir parcouru les atrocités de la plupart des noirs procès criminels translatés dans les volumes des *Causes célèbres*. Les Muses, dont le pouvoir ne tend qu'à l'élévation et à l'épuration des âmes, puiseront-elles rien de beau, de généreux, d'utile, dans ces horreurs qui dépravent l'imagination et qui vicient les penchants du cœur, en excusant les crimes par la fatalité, dogme que les anciens appliquaient très moralement aux tyrans et aux rois, devenus inviolables, mais très immoral pour les hommes soumis au châtiment des lois ?

Lisez *Don Carlos*, et vous aurez vu se déployer tous les feuillets d'un long poème historique dialogué, dans lequel l'auteur n'a pas su choisir le point central d'un fait, ni saisir le pivot unique sur lequel doit rouler son action et les ressorts les caractères. Ne tirez de là que quelques bons traits de la physionomie du sombre Philippe II, qui, rouvrant le registre où les noms de ses serviteurs sont inscrits, ne se souvient plus des actes de dévouement, et ne se rappelle que les offenses. Ne vous emparez que de la sublime scène d'un inquisiteur centenaire et décrépit qui terrifie ce roi comme un enfant, et l'absout du meurtre de son fils, au nom du Père éternel sacrifiant le sien.[2]

Lisez les trois drames qui renferment l'histoire de *Walstein* :[3] vous y trouverez l'image vraie de la défection des chefs d'une armée trahissant leurs serments et

---

1. Lemercier se réfère à la pièce *Der 24 Februar* (1809) de Zacharias Werner. Il a probablement lu la traduction parue dans les *Chefs-d'œuvre du théâtre allemand*, où la notice de Charles Rémusat évoque justement le personnage d'Oreste. Cf. *Chefs-d'œuvre du théâtre allemand : Werner et Mullner* (Paris : Ladvocat, 1823), p. 296.
2. *Don Carlos* (1787) de Schiller, pièce aux nombreuses adaptations françaises, revient souvent dans les textes critiques de Lemercier. Ses deux premières traductions, dues aux soins de La Martellière et d'Adrien Lezay, datent de 1799 : *Don Carlos, Infant d'Espagne*, dans *Théâtre de Schiller*, traduit de l'allemand par Lamarteliere (Paris : Renouard), t. 2. ; *Don Carlos, Infant d'Espagne*, [...] traduit de l'allemand par Adrien Lezay (Paris : Crapelet). L'histoire de Don Carlos était d'ailleurs déjà très connue en France : Mercier avait publié son *Portrait de Philippe II* en 1785, mais la nouvelle de Saint-Réal avait déjà connu d'autres adaptations dramatiques au début du siècle et même avant, dont *Andronic* de Campistron (1685) est un exemple. Lemercier en connaissait par ailleurs l'adaptation italienne, due aux soins d'Alfieri, dont il loue la régularité et qu'il affirme préférer à la version de Schiller, cf. Lemercier, *Cours analytique de littérature*, t. 1, p. 196.
3. Il s'agit de la trilogie sur Albrecht von Wallenstein publiée par Schiller en 1799. Cette œuvre est étroitement liée à la naissance du romantisme français, dont l'adaptation réalisée par Constant en 1809 est considérée comme l'un des textes fondateurs. Voir Bernard Franco, 'Wallenstein et le Romantisme français', *Revue germanique internationale*, 22 (2004), pp. 161–73.

livrant leur général, telle que nous en avons vu la réalité ; mais cette instructive peinture, noyée dans la surabondance de mille incidents et de mille détails superflus, ne vous fournira que des matériaux à emprunter, et non les proportions d'un bon modèle à copier.

Lisez l'absurde *Jeanne d'Arc* de la dramaturgie germanique : votre goût, votre savoir, votre raison s'indigneront de l'entassement de toutes les invraisemblances, de toutes les bigarrures qui travestissent l'histoire de France en roman ridicule, et de toutes les trivialités jointes à ce fatras tiré des plus fausses chroniques.

N'exceptez de tant d'ouvrages informes que la belle pièce de *Guillaume Tell* :[1] celle-là, seule, par l'exacte représentation des mœurs et la beauté des contrastes, se place à côté des plus fortes et des plus naïves créations de Shakespeare. Les Allemands se flattent-ils d'avoir hérité du génie de l'Eschyle anglais, en ne s'emparant que de ses irrégularités sauvages et grossières, en abâtardissant les grandeurs de ses oppositions énergiquement théâtrales ? Celui-ci met en présence des personnages de toutes les classes, mais unis par des intérêts réciproques dans la même affaire publique ou personnelle, mais concourant tous, par leur opposition théâtrale, au même but d'un sujet moral ou politique : ceux-là ne rapprochent les grands et les petits dans un même tableau, ne les groupent sous un même cadre, que pour changer de ton et d'objet : l'un développe toujours le vrai positif, et le sentiment dramatique ; les autres affectent partout le fantastique, le sentimental et le pittoresque : notez bien ces différences ; et remarquez aussi que ni lui, ni eux, ne savent garder cette coordonnance noble et gracieuse, cette élégante conformité des parties dont se compose la beauté parfaite.

Empruntez de Shakespeare les éclairs de génie, la véhémence pathétique et terrible, les grands traits de caractère et de sublimité frappante, par lesquels il ressemble aux tragiques grecs, vous innoverez utilement sans blesser les règles de notre goût quelquefois trop timide : mais n'empruntez pas ses plans défectueux et ses dissonances de ton ; vous n'innoveriez plus : vous vous traîneriez sur les pas de ces muses à peine hors du berceau qui marchent encore sur leurs langes, ou qui, dans leurs emportements, se précipitent par sauts et par bonds en Bacchantes enivrées. Ne poursuivez pas, comme elles, les amours dans les rues : ne cherchez pas la pitié sous les échafauds, et la ' terreur dans les cimetières : ne dénaturez pas les sympathies des jeunes cœurs, des âmes tendres, par des élans à la fois sensuels et mystiques : ne confondez pas sans cesse les extases de la volupté et de la religion dans votre langage indécis. Que chaque sentiment parle comme il doit parler : et ne croyez pas que la simplicité des discours dignes de Melpomène puisse descendre au-dessous de la simplicité de ceux du vieil Horace, de son fils, et de son gendre, dans leur héroïque maison ; de ceux de Léontine, qui, nourrice du royal Héraclius, tient en échec la cour entière d'un usurpateur, et Phocas lui-même ; de ceux d'Auguste en ses entretiens familiers avec Cinna ; de ceux de

---

1. Sur ces deux pièces de Schiller, voir les notes précédentes.

l'enfant Joas, dans le chef-d'œuvre le plus pompeux ; de ceux de Nicomède, enfin, dont la fierté s'explique sur le ton d'une haute ironie qui touche presqu'à celui de la comédie même, et garde pourtant encore une dignité supérieure. Simplifiez ainsi, sans rien avilir. Corrigez, s'il le faut, la monotonie et l'emphase des tirades ; supprimez ces formules d'étiquette et de galanterie, trop discordantes avec les passions ou les mœurs : animez le dialogue ; évitez le faste épique et descriptif ; innovez en achevant d'imiter les Grecs dans les parties échappées au génie de leurs savants imitateurs ; empruntez-leur cette élocution élégamment naïve qu'Euripide prêtait à la famille d'Hécube, à celle d'Alceste ; introduisez, comme Sophocle dans ses deux *Œdipe*, des pâtres à côté des rois, et le désert du Cithéron près des palais où leur grandeur réside. Innovez en traçant les mœurs du moyen âge et des temps féodaux avec franchise, vigueur et fidélité, comme les Grecs peignaient celles de leurs âges barbares : offrez, comme eux, ces exemples des fastes de la cruauté superstitieuse et tyrannique à l'horreur d'une postérité plus éclairée ; mais ne déshonorez pas vos pinceaux, en colorant les images de la dépravation des êtres les plus vils de la société, sous les enseignes trompeuses de Melpomène. N'oubliez jamais le noble principe de cette Muse qui ne doit traiter dans un langage élevé, mélodieux, choisi, que les intérêts des nations, de leurs dieux, de leurs souverains et de leurs tribuns, et qui rejette les intrigues vulgaires et la familiarité prosaïque dans les genres subalternes. Elle attache au terme des souffrances de Philoctète le destin de Troie, et ne vous émeut de ses douleurs physiques que dans cette grande vue : elle ennoblit la passion de Phèdre, en la considérant comme l'effet des vengeances de Vénus : toujours elle rehausse par de semblables artifices les infirmités et les désordres humains. Ne souillez donc pas la pureté du beau langage conforme a ses belles fictions, puisqu'il sert de musique à ses paroles harmonieusement mesurées : ne renouvelez pas les sophismes du bel esprit de La Mothe et ceux du président Hénault qui, dépouillant Melpomène de l'éclat poétique des beaux vers, donnèrent le ridicule exemple d'écrire la tragédie en prose.

> Un vers coûte à polir, et le travail nous pèse ;
> Mais, en prose du moins, on est sot à son aise.[1]

---

1. « J'approuve l'auteur de ces drames diserts/ Qui ne s'abaisse point jusqu'à parler en Vers./ Un vers coûte à polir, et le travail nous pèse ;/ Mais en prose du moins on est sot à son aise », Nicolas-Joseph-Florent Gilbert, *Le Dix-huitième siècle, Satire I*, dans *Œuvres complètes* (Paris : Dalibon, 1823), p. 32.

Reléguez le commun naturel dans les drames romanesques et communs, compositions de genre où tout est passable, hors l'ennui.[1] Retranchez les bizarreries, corrigez les vices des choses que vous empruntez ; mais ne vous corrigez pas de vos propres régularités. Sachez embellir le gothique même, à la manière de l'antique, et n'allez pas modeler vos figures sur la roideur des saints de vos chapelles, sur les statues grotesques de vos Dagobert et sur les difformes mannequins de la chevalerie.

La carrière d'exploitation des théâtres germains fut depuis longtemps ouverte à l'opéra comique et sur vos boulevards : laissons le mélodrame suivre les heureux filons de leurs muses bâtardes, dégrossir les premiers matériaux qu'elles nous procureront ; et quand des essais long-temps soumis au creuset public nous auront fourni quelques lingots d'un métal précieux dans ces immenses alliages, approprions-les au trésor de notre littérature épurée. Surtout, et je ne cesserai de le répéter, ne mêlez pas les genres, dans l'espoir de créer une tragédie plus simple et plus vraie. Celle que nos maîtres nous ont léguée n'est monotone que lorsque l'inhabileté des poètes ou des acteurs la rend déclamatoire : dans leurs chefs-d'œuvre, bien joués, elle ne l'est jamais. Or, tâchons d'atteindre le beau, par les règles ; et ne soyons pas ennuyeux dans les règles : ce ne serait plus être vraiment classique.

Mais, afin de mieux discerner les degrés du bon et du beau dans les espèces primitives, comparez la peinture historique de Raphaël, de Jules Romain, et de David, et la grande sculpture antique, qui lui ressemble, à la peinture de genre vers laquelle redescendent déjà les artistes de nos écoles dégénérées ; comparez la grande architecture à celle qui construit nos habitations particulières et nos usines de ville et de campagne : vous reconnaîtrez d'un coup d'œil les qualités qui les distinguent dans leur ordre relatif.

Que diriez-vous d'un architecte qui, pour satisfaire la généralité des goûts et des commodités de la vie, construirait un édifice composé des ordres égyptien, dorique, moresque et gothique ; entremêlerait leurs frontispices, leurs colonnes, leurs dômes, leurs ogives, dans un même bâtiment ; assortirait de hauts vestibules, des galeries spacieuses à des toits de masures, à des hangars, à des écuries dépendantes de sa façade et de ses pompeux compartiments ? Ce chaos bâti blesserait vos regards, après les avoir frappés par ses contrastes singuliers : il ne conviendrait ni à l'auguste appareil des cérémonies religieuses ou civiles, ni au logement habituel des princes et de leurs commensaux. Tel est l'ensemble bizarre qu'offre la tragédie allemande. La tragédie ancienne, plus perfectionnée, n'élève que des temples, des palais réguliers, des constructions monumentales, et ne les remplit que de nobles et décentes figures. Voilà le grand et premier ordre dont il

---

1. Lemercier reprend ici le Voltaire de l'*Enfant prodigue*, pour qui « tous les genres sont bons, hors le genre ennuyeux », cf. Voltaire, *Préface*, dans l'*Enfant prodigue*, édition par John Dunkley et Russell Goulbourne (Oxford : Voltaire Foundation, 2003), p. 97.

faut craindre de détériorer la beauté par des innovations qui, loin de l'améliorer, l'altèrent et le dégradent.

Eschyle, inventeur de la tragédie, lui donna de si hautes proportions, qu'elle sembla n'être lyriquement formée que pour faire parler et agir des demi-dieux ; l'art épuré de Sophocle sut la corriger d'un excès d'élévation, pour la rendre plus humaine en la ramenant au ton des passions qui animent les héros ; la philosophie d'Euripide rendit son langage plus conforme aux faiblesses des hommes et plus populaire. Bientôt, les Athéniens lui reprochèrent de l'avoir fait dégénérer de sa primitive noblesse : c'est ce qu'Aristophane nous apprend par ses mordantes censures, pleines de sel attique.

Qu'auraient pensé des esprits si fins, et si bien cultivés, de l'étrange enlacement de scènes héroïques et vulgaires en des pièces demi-nobles et demi-bourgeoises ? Quelle estime en eussent fait Corneille, qui ne traça rien que de grand, soit en vertu, soit en crime ; Racine, qui n'exprima dans le langage le plus exquis que les passions les plus délicatement ennoblies et les transports les plus divins ; Voltaire, de qui la muse constamment brillante et correcte fut l'interprète des saintes lois de l'humanité ? Ces doctes écrivains auraient-ils cru corriger la tragédie en l'abaissant, et la rendre plus naturelle par les familiarités du drame ? Auraient-ils cru que la ressemblance des rois et des chefs d'état deviendrait plus philosophiquement instructive et plus fidèle, si l'art les exposait dans leur nudité défectueuse ou accidentelle, au lieu de les traduire tels que le prestige des rangs, le prisme de la renommée, la perspective de l'antiquité des annales les figurent à l'imagination des peuples ; enfin, si le parterre les revoyait comme leurs serviteurs ou leurs valets de chambre ont pu les voir ? Non, quelque vraies que soient ces copies des petits défauts des grands personnages, elles déplaisent dans les tableaux tragiques, et ne doivent entrer que dans les cadres de la satire et de la tragicomédie des Calderon et des Lope de Véga ; ces génies espagnols se raillaient eux-mêmes des folies qu'ils créaient pour exciter à la fois le rire et les pleurs, par les imbroglio de leurs pièces, mieux intriguées, plus vives, et plus originales que celles de l'emphatique Schiller et du triste Werner.

Ce que je dis de ces auteurs, dont le génie s'accorde avec le goût de leurs nations moins avancées que la nôtre, n'attaque point les droits qu'ils acquièrent à l'admiration de leurs compatriotes par leur fécondité de verve, par leur variété de couleurs, par leur inspiration poétique en leur idiome, par leur supériorité relative en leur pays. Ils ont en leur langue des grâces qui leur sont propres, dont nous ne pouvons être les juges, qui parfois nous pénètrent d'un charme vaguement agréable, et que trop souvent les traductions nous voilent. Mon blâme ne porte que sur le système désordonné qu'ils suivent encore, que les véritables lettrés allemands réprouvent eux-mêmes, et que l'erreur et l'exagération d'un fol enthousiasme s'efforcent de nous communiquer. Du reste, jamais je n'ai pu comprendre quel débat on suscite entre ce qu'on nomme le *classique* et le *romantique* : de ces deux termes, l'un est défini, l'autre est indéfinissable.[1] Je reconnais comme étant classique le beau, c'est-à-dire l'éclat du bon et du vrai : je ne sais ce que signifie le romantique, si ce c'est la licence de tout peindre sans choix et sans règles, c'est-à-dire la confusion des genres. Or, je n'entre point dans les obscurités de ce sujet de contestation. Ce qui me paraît évident, c'est qu'il n'existe que trois littératures dramatiques perfectionnées dans le monde, la grecque, l'italienne, la française ; et celle-ci est la plus éminemment raisonnable. Abjurerons-nous ses principes clairs et précis, rejetterons-nous ses éléments indigènes pour des théories exotiques, obscures et douteuses ? Certes, vouloir, en fait de prééminence dans les lettres et les beaux-arts, soulever des questions d'honneur national, ce serait absurde : mais n'oser déclarer et soutenir une supériorité réelle, universellement attestée, et dès longtemps acquise, la démentir par de pusillanimes bienséances et par une fausse modestie, ce serait honteux. Ressouvenons-nous de ces temps où la France littéraire dominait les cours de Catherine de Russie, du héros de Berlin, et des empereurs d'Autriche ; où sa langue imposait son usage et les lois du bon goût à l'Europe entière ; où son esprit répandait jusqu'aux Dardanelles les lumières et la vérité ; où son autorité commandait à toutes les académies savantes, et présentait des modèles à tous les théâtres de l'Allemagne et de la moderne Italie ; où la gloire de tous les écrivains étrangers se bornait à l'imitation de ses ouvrages : on était loin alors de prétendre à nous donner des leçons dans l'art de composer et d'écrire ; on était loin de nous offrir des drames monstrueux comme objets d'études, de nous prescrire de les copier et de les préférer aux chefs-d'œuvre de notre scène si généralement admirée. Eh bien, serons-nous complices nous-mêmes des incursions de la barbarie, nous dont le génie marchait en tête des peuples les plus civilisés ? Ramperons-nous à la suite des derniers disciples dont nos exemples n'ont pas encore achevé l'éducation philosophique ? Ceux qui venaient de toutes parts à notre école, nous attireront-ils à la leur ? Les novices littérateurs qui se décorent des couleurs allemandes sont-ils assez adroits diplomates pour nous entraîner dans leur lourde alliance ? Quelque fervent que soit le zèle des dévots au Phébus étranger, nous fera-t-il brûler ce que nous avons adoré ? Subirons-nous l'invasion grossière du pathos et de la licence tudesque ? Laisserons-nous battre en brèche et ruiner tout notre Parnasse par les Velches et par les Goths de l'est et du nord ? Non, non, les forces de la raison et de l'intelligence ne rétrogradent jamais : elles sont au-dessus des forces matérielles ; leurs richesses, dont aucune ligue ne peut les dépouiller, ne deviendront pas la proie des barbares. La république des lettres saura défendre et garder ses frontières, et le sanctuaire des lois qu'elle reçut d'Horace et de Boileau demeurera toujours inexpugnable aux attaques dirigées contre sa splendeur enviée.

Népomucène L. LEMERCIER

* * *

1. On reconnaît ici l'importance de la *Néologie* de Mercier dans la naissance et la définition du terme *romantique* (voir l'introduction de la présente édition).

Lemercier, 'Drame', dans M. Courtin, *Encyclopédie moderne ou dictionnaire abrégé des sciences, des lettres et des arts* (Paris : Bureau de l'Encyclopédie, 1827), t. X, pp. 502-15

DRAME. (*Littérature*) Tous les dictionnaires étymologiques nous enseignent que le mot *drame* signifie action. Le sens général de ce terme s'applique aux diverses espèces de représentation théâtrale d'un fait historique, ou anecdotique, ou imaginaire, soit qu'il excite la terreur, la compassion ou le rire. Dans son extension générique, il embrasse la tragédie, la comédie, et le genre intermédiaire et mixte. On désigne même encore par ce nom plusieurs sortes de *poèmes* narratifs et de *romans*, qui ne sont point composés pour la scène, mais qu'animent le récit d'une action imitée et les caractères des personnages agissants, dont les aventures émeuvent le lecteur.

Ce n'est point sous cette acception étendue que nous prétendons à définir le drame ; nous le restreignons ici simplement à la spécialité particulière qu'indique sa dénomination dans notre langue. Les bons auteurs français entendent par drame un genre propre qui diffère du genre tragique et du genre comique absolus, et qui se place entre ceux-ci ; c'est faute de l'avoir su bien distinguer qu'on l'a souvent confondu vaguement avec eux, et qu'en franchissant la ligne de démarcation qui l'en sépare, on l'a privé de sa consistance réelle, on a défiguré ses formes précises, on l'a, par des altérations et de faux alliages, exposé au mépris du public, qui l'a surnommé *genre bâtard*. Son analyse exacte, le réduisant à son essence élémentaire, peut donc fournir aux disciples en littérature une méthode pour le discerner clairement, et par là, peut-être, ajouter à la théorie de l'art scénique une importante leçon très utile et très nouvelle.

L'invention du drame n'est pas aussi récente que le croient ses partisans et ses antagonistes qui l'ont attribuée au dix-huitième siècle ; les anciens le connaissaient et l'ont léguée aux premiers poètes de nos théâtres, sous l'appellation de tragi-comédie et comédie héroïque, espèce résultante de la mixtion du noble et du familier, et dans laquelle des héros et des sentiments extraordinaires s'associent aux mouvements des intérêts privés et des intrigues ordinaires de la vie. On en trouve quelques éléments dans une pièce d'Euripide, et dans les scholiastes grecs, qui les ont transmis aux poètes latins. Le vieux Plaute offrit aux Romains un modèle plus pur du drame dans ses *Captifs*. L'élégant et sensible Térence, dont le génie incluait plus vers l'intérêt attendrissant que vers l'âcre ridicule, en a laissé des exemples touchants. Corneille, créateur parmi nous de tous les genres de la scène française, n'intitulait pas tragédies la plupart de ses belles compositions, telles que le *Cid, Nicomède* et *Don Sanche d'Aragon*, dont les intrigues imposantes ou pathétiques ne se terminaient que par des dénouements heureux ; aussi la simplicité du langage tempéré, dans ses beaux ouvrages, ne s'élève pas continuellement à la hauteur du cothurne, et ne descend jamais, dans ses expressions les plus naïves, jusqu'à la familiarité du brodequin. Molière, après lui, garda les mesures de plan et de style convenables, en traitant les sujets moins élevés de *Dom Garcie de Navarre*, et de *Dom Juan*, du *Festin de Pierre*. Il nous fraya la route sans la suivre entièrement lui-même ; et, le premier, il nous apprit qu'on pouvait écrire en prose des scènes intéressantes, et quelquefois égayer la tristesse du plus effrayant dialogue par l'intervention de riants caractères.

Les successeurs de ces grands maîtres s'écartèrent de leur chemin assuré, présumèrent aller plus loin que Destouches qui déjà, par l'abus des graves moralités et du pathétique, avait altéré le naturel enjoué de la comédie ; ils préconisèrent l'intérêt dramatique au-dessus des autres qualités de Melpomène et de Thalie ; ils s'imaginèrent accroître la puissance de l'art en ne le consacrant qu'à peindre les infortunes du peuple et les passions domestiques, et dès lors, ils le dégradèrent.

Ce système, encourageant pour les auteurs médiocres incapables de composer de bonnes tragédies et de vraies comédies, fut vivement attaqué par les rigoristes qui s'alarmèrent de la future décadence des deux genres primitifs, entre lesquels s'interposait celui qu'on nomma tragédie bourgeoise ; mais Diderot, interprète de la philosophie moderne qui n'aspirait qu'à changer tous les arts en organes de la prédication morale, Diderot en fut l'éloquent et fougueux défenseur. Les affiliés de sa grande entreprise encyclopédique l'appuyèrent des efforts de leur zèle : il donna au théâtre le *Père de famille*, que son crédit soutint avec éclat. Le succès de ce sermon dramatique entraîna la multitude, et trouva mille approbateurs. *Nanine* et l'*Enfant prodigue* réussirent à la faveur du grand nom et du talent de Voltaire, toujours prêt à soumettre sa plume au dessein de rendre la raison plus commune et de combattre les préjugés, même classiques. Ses imitateurs ampoulés et froids n'avaient ni sa réserve, ni son goût exquis : ils outrèrent ses principes ; ils forcèrent ses situations ; ils enfantèrent des monstruosités, et crurent donner aux muses une démarche plus libre et plus vigoureuse en les dégageant de l'entrave des vers, et en ouvrant la carrière aux faciles déclamations des écoliers.

Examinons le cercle vicieux qu'a parcouru la théorie. D'abord, les sophismes de Lamothe et ses exemples tentèrent de dépouiller la tragédie du langage et du rythme poétiques ; mais ses revers et les succès de la brillante versification de Voltaire avaient dissuadé les auteurs de cette absurde et barbare doctrine, qu'essaya de faire prédominer un bel esprit. Ses sectaires, après avoir renoncé à faire parler prosaïquement les héros de Melpomène, se rabattirent sur les sujets vulgaires, et produisirent le drame en prose. Il réussit ; et, séduite par la vogue, une foule d'écrivains, sans même prendre la peine que s'était donnée Saurin de versifier son morne *Béverley*, inonda la scène de productions lourdement prosaïques et lamentables. Parmi leur nombre obscur, trois bons dramaturges s'illustrèrent : Mercier, l'auteur du *Tableau de Paris* ; Sedaine, collaborateur de Grétry ; Beaumarchais, spirituel-chroniqueur des folies de Figaro. La vérité de leurs drames, le relief des portraits qu'ils contiennent, l'énergie naturelle du dialogue de leurs personnages, excitèrent l'enthousiasme. On pensa bientôt que la même méthode, appliquée à la peinture des grands événements historiques, et aux catastrophes terribles des cours et des états, produirait une complète illusion théâtrale. La traduction des tragédies allemandes corrobora cette opinion ; et les esprits, dirigés à leur insu par cette prévention renouvelée dans notre littérature, reviennent aujourd'hui, sans s'en douter, et par d'autres modifications, au système impoétique et dégénéré de Lamothe : et l'on appelle emphatiquement ce retour, une innovation, une révolution littéraire, conforme au progrès des lumières, et nécessitée par les besoins d'un âge de perfectionnement universel !

Je ne reproduirai ni les arguments énergiques de Diderot, ni les spéculations ingénieuses de Marmontel, en faveur du drame ; à l'époque du développement des idées philosophiques, les spécieuses raisons ne manquaient pas pour l'introduire principalement sur la scène. On le trouvait plus propre à rendre les tableaux de la nature humaine tout populaires ; il servait à rapprocher les petits des grands sous un égal point de vue ; il touchait directement les spectateurs de toutes les classes en les frappant de l'image des vertus ou des vices de leurs conditions individuelles, tandis que la peinture des destinées royales était moins en rapport avec les sentiments et les pensées habituelles de la multitude. Je ne dispute pas au drame ces sortes d'avantages ; mais je nie que son effet soit aussi moral que celui de la tragédie et de la comédie, qui l'une et l'autre atteignent, celle-ci par la terreur, celle-là par le ridicule, des crimes ou des travers que ne peuvent punir les lois. La tragédie venge les nations de l'inviolabilité de leurs tyrans qu'elle châtie en exposant aux yeux le trouble de leur conscience et les révolutions qui les renversant. La comédie venge les familles des chagrins que leur causent les bizarres manies et les inclinations perverses. Le drame qui passe cette limite en traçant les conséquences fatales des délits les plus bas et des forfaits les plus atroces ne suffit pas à la morale pour remplacer les arrêts de la justice qui frappe inévitablement les coupables vulgaires, et devant laquelle on doit sans cesse les présenter sans pitié si l'on veut effrayer le crime. Toujours, même, il faut que l'astuce qu'il prête aux fourbes, et que les passions véhémentes dont il anime les méchants, amusent la foule à la vue des uns et l'attendrissent pour la souffrance des autres ; et cette double émotion, ressort de son succès, rend plus souvent le drame une école pour le mal que pour le bien, et forme de nombreux disciples en filouterie et en scélératesse. Tend-il à prévenir ce danger, son aspect, contraire au but de l'art, devient moins attachant que repoussant et hideux, parce qu'il n'offre en perspective que des échafauds. C'est en cela surtout qu'il est pernicieux pour le goût, parce qu'il s'écarte du terme où la terreur et la pitié sont agréables, et que la tendance des imitations théâtrales doit viser autant à plaire qu'à corriger. Les critiques lui ont justement reproché d'introduire sur la scène française les spectacles horribles qu'admettent les Anglais et les Allemands dans leurs pièces, et de familiariser nos muses avec de trop noires conceptions.

On répond à ce reproche que les plus frappantes tragédies ont le même inconvénient dans leurs effets, puisque leurs meilleurs dénouements aboutissent aux assassinats, aux empoisonnements, aux révoltes sanglantes, aux parricides. L'identité n'est pas exacte ; les sujets que développe la tragédie diffèrent de ceux du drame : la grandeur des crimes publics ne ressemble pas, dans ses causes et dans ses suites, à la bassesse des crimes particuliers ; les secousses des palais sont autres que les désordres des maisons obscures. Il n'y a point de parité entre les motifs des coups d'État et des vils guet-apens. L'occasion des grands attentats étant plus rare que celle des vols et des meurtres domestiques, l'image des premiers paraît extraordinaire, fictive et presque idéale. La poésie, qui rehausse encore le dialogue des criminels élevés par le rang social, revêt leurs forfaits d'un lustre artificiel qui, en avertissant les spectateurs qu'ils n'assistent qu'à une sombre fable, tempère artistement ce que le fait réel aurait de trop rude et d'atroce. Le drame, au contraire, étalant des objets bas et sinistres dans leur grossier naturel, et les exprimant à l'aide de la prose ordinaire qui ne couvre d'aucune illusion leur odieuse vérité, semble rendre le parterre présent à l'action même, et laisse tout le prestige de l'imitation s'évanouir. Voilà ce qui l'assimile aux tragédies germaniques, dont les plus fortes ne peuvent, à l'exception du *Guillaume Tell* de Schiller, être comptées qu'au nombre des drames.

Est-il besoin de confirmer incontestablement mon assertion ? J'en fournirai la preuve en définissant le drame. Qu'est-ce autre chose que l'imitation la plus simple des actions communes et tristes des hommes de toutes les conditions humaines, imitation dialoguée en un langage ordinaire et vrai ? Les tragédies sont au contraire l'imitation la plus élevée des actions extraordinaires et noblement choisies, des éminents caractères et des mœurs les plus hautement distinguées, imitation dialoguée en un idiome surnaturel, harmonieux et mesuré. La différence de ces deux genres est donc sensible au seul examen de leurs principes. Tout événement, toutes passions dont les effets n'intéressent que le sort privé des individus subalternes ou d'une seule famille, appartiennent au drame. Tout événement, toutes passions dont les effets ont une influence générale sur la destinée des princes et des États, appartiennent à la tragédie. Or, soumettez à cet axiome les pièces qu'on intitule tragédies en Allemagne, et vous discernerez dans le plan et dans les scènes qu'elles renferment, ce qui constitue le genre dramatique inférieur à celui que régularise Melpomène. Des banalités triviales y sont intercalées parmi les faits les plus héroïques. Une princesse d'Éboly viendra mêler ses galantes intrigues aux amours funestes de Don Carlos ; et dans quel ouvrage ? dans celui qui se termine par le sublime entretien de Philippe II et de l'inquisiteur centenaire, dont la caducité fanatique fait trembler ce même roi de qui le despotisme fait trembler les Espagnes. Un page épris indécemment de l'infortunée Marie Stuart, prête à être décapitée, la menace des violences de sa frénésie impudique sous les verrous de son cachot ; cette reine, en présence d'Élisabeth, aura subi déjà les plus outrageantes railleries sur ses infidélités conjugales. Certes, de telles circonstances sont dans la nature des personnes et des choses ; mais elles blessent la dignité tragique, et le drame lui seul en tolère la peinture trop matériellement fidèle. Une autre licence du drame, très convenable à son sujet, c'est de concilier les couleurs les plus disparates, et de faire figurer ensemble les maîtres et les valets comme la comédie, et contraste entre eux les hommes de toutes les classes. L'esprit des muses tudesques se permet cette diversité de ton et de personnages ; mais vainement s'autorisent-elles des exemples de Shakespeare. Quelque irrégulier, quelque bizarre que se soit montré ce génie éminent et vaste, toujours il a su rester tragique dans ses inventions.

Les poètes allemands groupent dans un même tableau les diverses conditions de la société, pour en tirer seulement des jeux de contraste, et ne prêtent à chacun des auteurs que les idées relatives à l'intérêt de leur profession. Shakespeare, plus constant à suivre un dessein d'unité, n'offre l'image de l'artisan, de l'ouvrier, à côté de celle du héros, du monarque ou du grand seigneur, que pour marquer la relation réciproque des classes opposées et les sentiments particuliers qui les unissent tous, de loin ou de près, à la cause publique et nationale. Rien de superflu, rien de trop incidentel, rien d'étranger à l'action principale dans ses immenses ouvrages. Son art ignore la justesse des proportions et leur coordonnance, mais tout ce qu'il emploie tient de la tragédie ; et tout ce que les Allemands manient de plus vrai, de plus grand, participe du drame. Voilà pourtant ce qu'une secte zélée pour les hardiesses et les incohérences des muses welches, qu'elle qualifie de romantiques, s'efforce à donner en parfaits modèles et présente comme des germes nouveaux d'amélioration nécessaire, aux muses grecques, italiennes et françaises !

Que ne cesse-t-on de répéter ? Le siècle présent a secoué les entraves des préjugés classiques ; il veut de plus grands spectacles, des émotions plus fortes, des images plus positives ; il exige plus de vigueur, plus d'audace dans les conceptions imitatives. Quoi ! veut-il aussi le dérèglement et l'absence des beautés de l'art ? Autant vaudrait-il dire qu'il exclut les imitations élégantes et mesurées ; qu'il préfère les réalités pareilles aux procès des cours d'assises, aux combats des dogues et des taureaux. Ce système grossier nous ramène tout droit à la barbarie.

Si l'excellence des pièces théâtrales se mesure à la force des secousses qu'elles impriment au parterre, les mélodrames de nos tréteaux subalternes sont préférables aux chefs-d'œuvre de Sophocle et de Ménandre. Bientôt les tours de force, les périls des funambules plairont mieux que les danses voluptueuses et que les nobles pantomimes, les machines et les décorations surprenantes mieux que le dialogue et le jeu varié des caractères et des passions. Nous redescendrons à la brutalité des sauvages qu'il faut enivrer de liqueurs spiritueuses pour exalter leur goût.

Pourquoi l'infériorité du drame acquiert-elle plus de valeur dans l'esprit des auteurs du jour et devant les yeux de la multitude que ces spectacles attirent ? C'est que rien n'est plus commode pour l'impuissance et pour la médiocrité que de dialoguer en prose commune une déplorable intrigue commune ; c'est que rien n'est plus accessible à l'intelligence du vulgaire que le style et les intérêts vulgaires ; c'est que l'instinct de l'égalité se plaît à voir et entendre les hauts personnages parler et agir comme la bourgeoisie, ou les petits exprimer en phrases boursoufflées les sentiments et les idées des grands ; c'est que le drame est à la tragédie ce que les meilleurs romans en prose sont aux moindres épopées en vers ; et qu'en composant un drame, on peut, sans que les fautes y soient trop apparentes, le rimer en versificateur prosaïque, ou le dicter en mauvais prosateur poétique, sorte de style le plus facile et le plus courant, mais toujours faux ; car il affecte les qualités qu'il n'a jamais.

Après avoir signalé la ressemblance des tragédies germaniques avec le drame, et démontré les défauts vers lesquels elle entraîne ce genre même, ne laissons pas croire que nous le déprécions injustement. Nul doute que le théâtre ne doive et ne puisse convenablement tout représenter. Les mœurs du peuple, les vertus, les souffrances, enfin l'héroïsme domestique des indigents, ont droit à intéresser exemplairement le public autant que les grandeurs et les calamités royales. Donc le drame est utile et instructif ; il tient un rang sur la scène et mérite qu'on le porte au degré de perfection relative à laquelle il doit ses succès approuvés par le goût et par la morale. Pour atteindre ce but, il faut qu'il se borne, ainsi que les deux genres capitaux, à n'exposer aux regards que l'effet douloureux des vices ou des fautes que les lois ne peuvent châtier ni réprimer. S'il peint les héros historiques, il est convenable qu'il ne les montre que sous l'aspect de leurs mœurs privées, afin de ne pas empiéter sur la magnificence tragique. Le drame d'*Édouard en Écosse*, de M. Alexandre Duval, me semble un bon modèle de cette espèce. Lorsque je mis en scène *Christophe Colomb*, je sentis que cet homme extraordinaire, aux prises avec l'ignorance des cours et de ses parents, en lutte avec l'insubordination des forçats qui lui servirent de matelots, ne pouvait se produire en héros tragique sans paraître défiguré. Les applaudissements unanimes dont le public couvrit la première représentation de l'ouvrage où j'exposai naïvement la découverte du Nouveau-Monde, prouva la puissance spéciale du drame. Les rixes sanglantes qui interrompirent son succès, n'ayant été que la suite de querelles personnelles, n'ont point infirmé la valeur de cette expérience dramatique.

Dans la seconde espèce, c'est-à-dire dans celle où l'auteur ne traite que les désordres intérieurs des familles et les attentats particuliers, je citerai *Eugénie* et la *Mère coupable*, de Beaumarchais, pièces excellentes par l'intrigue, par la vivacité du dialogue, par le naturel des caractères, la richesse et le pathétique des situations ; je citerai le *Philosophe sans le savoir*, chef-d'œuvre du bon Sedaine ; *L'École des pères*,[1] *La Femme jalouse* ;[2] plusieurs drames de Mercier, et entre les

1. Créée le 21 octobre 1728 à la Comédie-Française, *L'École des pères*, connue d'abord comme le *Fils ingrat*, est une comédie qui marque l'exorde dramatique d'Alexis Piron. Mal accueillie à la création, elle eut un succès inégal au cours du siècle, pour être reprise de manière plus régulière entre 1789 et 1794.
2. Lemercier fait allusion soit à la comédie en cinq actes et en vers de Chouard Desforges, créée le 15 février 1785 aux Italiens et souvent reprise au tournant du siècle, soit à celle de Jolly en

plus remarquables le *Déserteur*. À l'égard de ce dernier ouvrage, on se convaincra de l'influence importante du genre, en lisant l'anecdote que je vais raconter.[1]

En l'année 1811, l'affiche du spectacle qui annonçait la reprise du *Déserteur*, en cinq actes, m'attira le soir au théâtre de l'Odéon.[2] Cette pièce, que je n'avais jamais vue, captiva mon attention, et reçut les marques les plus vives de l'approbation des spectateurs ; j'aperçus, de la loge où je l'écoutais, le vieillard qui l'avait composée assis à l'orchestre. Le désir de lui porter mes félicitations me fit voler à sa rencontre au moment où la toile se baissait ; je le vis qui pleurait d'attendrissement avec ses voisins : ma première pensée attribua ce signe d'émotion à la faiblesse paternelle de l'auteur pour son œuvre et à la débilité de son âge, quand, à mon abord, le vénérable Mercier s'écria : « Mon *Déserteur* n'avait pas reparu depuis quarante ans ; et l'accueil qu'il obtient m'émeut moins vivement que le souvenir du salutaire effet qu'il produisit à son origine. La reine de France voulut assister à l'une des premières représentations de cet ouvrage ; elle y versa des larmes, elle emporta la mémoire des impressions dont elle sortit pénétrée, et me fit dire, peu de temps après, qu'une ordonnance du roi, sollicitée par elle et inspirée par le récit de mon sujet pathétique, abolissait la peine de mort appliquée aux déserteurs. Je suis pauvre, et la plus forte pension sur le trésor ne m'eût pas causé tant de joie que cette récompense de mon travail. Vous voyez, mon cher Lemercier, mon jeune confrère, que j'en pleure encore, et que je puis m'honorer du titre de dramaturge ».[3] Qui oserait, après ce touchant exemple, nier le pouvoir d'un bon drame.

trois actes et vers créée au même théâtre le 11 décembre 1726 et reprise pendant les années de la Révolution. Adaptation de la *Moglie gelosa* de Riccoboni, la pièce de Jolly est une des premières comédies de caractère en vers français jouées par la troupe des Italiens. Dans les deux comédies, tout comme dans *L'École des pères*, le noyau dramatique repose sur une intrigue familiale aux teintes bourgeoises : c'est sans doute pour cette raison que Lemercier les évoque à côté des autres ouvrages plus connus.

1. Dans ce drame à succès de Mercier, le jeune déserteur Durimel, qui se cache dans un petit village allemand, est condamné à cause de son père qui (lui aussi militaire) l'expose malgré lui. Durimel, qui avait choisi de déserter à cause de l'excessive sévérité de son colonel, est finalement gracié par le roi. Imprimée en 1770 et représentée souvent en province, *Le Déserteur* fut finalement jouée à Paris le 25 juin 1782 à l'Hôtel de Bourgogne. La *Correspondance littéraire* (juin 1782) est particulièrement critique envers ce drame, dont elle relève le « style ampoulé » et l'insistance excessive sur l'idée d'un « héroïsme bourgeois ». Cf. *Le Déserteur*, drame en 5 actes, en prose (Paris : Le Jay, 1770) et l'édition critique procurée par Sophie Marchand dans Louis-Sébastien Mercier, *Théâtre complet*, dir. par Jean-Claude Bonnet (Paris : Champion, 2014).
2. S'il n'y a aucune preuve que cet entretien entre Lemercier et Mercier eut vraiment lieu, *Le Déserteur* fut effectivement repris à l'Odéon le 16 août 1811, cf. Porel et Monval, *L'Odéon*, t. 1, p. 233.
3. La loi punissant les déserteurs fut changée en 1782 après la création du drame de Mercier ; on ignore si la vision du spectacle de la part de la reine joua un rôle dans cette affaire, le fait est néanmoins reporté par *Les Annales dramatiques* (1810), t. 6, pp. 251–52.

En résumé, les qualités essentielles de ce genre consistent dans la vraisemblance du fond, dans la contexture raisonnable de l'intrigue, dans la conformité absolue des discours avec les situations et l'état des personnages, dans la convenance exacte du style familier, et dans l'éloquence animée des passions ordinaires qui agitent la société. Le ton tragique le surcharge d'un appareil sentencieux et déclamatoire, et lui ôte l'accent vrai par l'exagération de son langage ; le ton satyrique lui imprime une teinte de comédie qui en altère l'intérêt et détruit la compassion déchirante que ses sujets excitent au fond des cœurs. Il doit être l'image sérieuse et fidèle des actions vertueuses ou criminelles des hommes dans toutes les conditions de la vie privée. Un drame parfait est pour la scène ce qu'un excellent tableau de genre est en la peinture, comparativement aux tableaux historiques et aux statues monumentales dont les figures ressemblent aux acteurs de Melpomène.

N. L...R

* * *

POT-POURRI-PRÉFACE,

dans *Caïn, ou le Premier Meurtre* (Paris : Constant-Chant pie, 1829), pp. 1-11[1]

AIR du menuet d'Exaudet

Cher lecteur,
Point d'auteur
Qui ne pense,
En vous offrant son écrit,
Devoir à votre esprit
Faire la révérence
Doucement,
Humblement,
Sa préface,

---

1. La *Préface* de cette « parodie-mélodrame », violente attaque dirigée contre Victor Hugo, montre également une approche nouvelle des modèles allemands et de leurs imitations : si dans les *Remarques* de 1825 l'émulation de Schiller ou de Goethe était nuisible pour la scène de Melpomène, en 1829 elle s'avère pour Lemercier tout autant néfaste pour les modèles qu'elle voudrait pérenniser, dans la mesure où le procédé imitatif implique une déformation de l'original. Les théâtres étrangers ne seraient donc pas fondés sur une esthétique exécrable : ils sont parfaitement adaptés au contexte où ils ont vu le jour. Les transplanter sur la scène française impliquerait une déperdition manifeste de leur poésie qui, sans permettre un véritable renouveau de la scène française, dénature et ternit les beautés de la scène allemande que Goethe ou Schiller ne pourraient que désavouer. Face à ces « enfants trouvés » qui ont cherché dans *Pinto* et dans la *Panhypocrisiade* des instruments de légitimation de leur esthétique extravagante, Lemercier oppose ainsi le dédain des imités envers leurs imitateurs.

De son éloge de lui,
De son blâme d'autrui,
Vous lasse.
Moi, sans modeste grimace,
Je viens soutenir en face,
Les docteurs,
Vieux recteurs,
Du Parnasse,
Qui renverrai sans égards
Les modernes Ronsards
En classe.

AIR de Mahomet

Tous ces beaux fils d'origine étrangère,
Des bords germains viennent incognito.
À qui fait-on l'honneur d'en être père ?
C'est à l'auteur de *Plaute* et de *Pinto*.
L'ingrat qu'il est, renie à droite, à gauche,
De tels bâtards par son goût réprouvés,
Qui de folie et d'esprit en débauche
Ne sont, dit-il, que les enfants trouvés. (1)   } *bis*

AIR : Ô ma tendre musette

De tels bâtards par son goût réprouvés,
Élevé sur la base
Du Pinde d'autrefois,
Il préfère Pégase
À leur grand palefrois :
Il rit de ces vains bardes
Qui, faussant leurs accords,
Pour luths ont des guimbardes,
Ou les cloches des morts.

AIR : il était une fille

Que dit la chanterelle
Des ménestrels en train ?
« Nul frein, nul frein,
À nos crin-crin ! »
On répète avec elle :
« Mettons, par ce refrain,
Aux leçons des Longin
Fin ».

AIR : Ô ma tendre musette

« Le siècle veut du nouveau :
Les classiques déplaisent.
Tout art sans règle est très beau.
Que Corneille et Boileau
Se taisent ». (*ter.*)

AIR : à travers la croisée

« En bon style aujourd'hui reçu,
Enfonçons tout docte volume.
Activons le genre conçu,
Pour *utiliser* notre plume.
De notre *spontanéité*
Suivons les *élans arbitraires* :
Notre *simultanéité*
Séduira les libraires ». (*bis*)

AIR des Folies d'Espagne

« Pèlerions au berceau des mystères ;
Mainte relique y produira du neuf ;
Pérégrinons aux pays des chimères,
Dans leurs brouillards se pondra le grand œuf ».

CANON : Frère Jacques, dormez-vous

Sœurs divines
Des collines
D'Hélicon,
Adieu donc !
Des muses béguines
Chantent les matines :
Gloire au son
Du Bourdon !

Vos musiques,
Si lyriques,
Ne font pas,
Le fracas
Des harpes mystiques,
Des accents gothiques,
Du plein-chant [*sic*]
Plus touchant.

AIR : Le Lendemain

La prose poétique
Suffit au chantre inspiré
De chaque loi rythmique
Le poète est libéré.
Travailler est d'un manœuvre :
De la veille au lendemain,
Tout rêveur bâcle un chef-d'œuvre
D'un tour de la main.

AIR : Grenadier, que tu m'affliges

Romantisme, tu nous choques
Par ton manque de bon sens :
Tes discours sont équivoques,
Et tes sujets repoussants.
Tu prends le ton
Ignare,
Barbare,
Bizarre,
De Scarron et Lycophron.

AIR : Père capucin, confessez ma femme

Confessez-vous bien
De casser la bride,
Utile lien
Du Pégase ancien.
Sans mors, sans selle et sans soutien,
Monter l'étalon Shakspirien [*sic*],
D'un vol déréglé fondre dans le vide,
Confessez-le bien,
C'est n'aller à rien. (2)

AIR : La bonne aventure, ô gai !

Un auteur fit pour l'enfer
L'*Hypocrisiade*, (3)
Et le Dante à Lucifer
Donna même aubade :
Ces chants, plaisirs des damnés
Pour la scène sont-ils nés ?
Ils sont fait pour rire
Au nez
Des jongleurs d'empire.

AIR : Quand on va boire à l'écu

Messieurs les joueurs d'archet,
Il ne faut pas tant tortiller vos phrases
On entend qui parle net
À la cour comme à l'estaminet.
Anacréons des gibets,
Qui, de taverne en palais,
Promenez votre ivresse et vos extases
De niais,
Messieurs les joueurs d'archet,
Il ne faut pas tant tortiller vos phrases
La nature parle net
À la cour comme à l'estaminet.

AIR : La danse n'est pas ce que j'aime

Le plus vieux récit de la Bible
M'offre ici les moyens divers
De châtier, en prose, en vers,
Le mélange en forme et risible
Et du fantasque et du terrible :
Mais tout se fait par comités ;
Plagiaires y sont postés
Et maints agens,
Très bonnes gens,
Fermant de tout côté
La scène aux vérités.

AIR du Petit Matelot

Le père Adam et la mère Ève,
Scandaliseraient les censeurs,
Qui des pénitents de la Grève
Ont ouvert l'école aux pécheurs.
Leur moralité s'effarouche :
Jouer Caïn serait trop fort.
Poulailler, Desrue et Cartouche,
Méritent mieux leur passeport. (*bis*)

AIR : J'ai de l'argent

Chez l'imprimeur,
Point de mésaventure :
Chez l'imprimeur
Je passe sans clameur.
J'esquive les comités de lecture ;
Et j'échappe aux comités de censure,
Sans folle humeur,
Chez l'imprimeur.

AIR : La Dame Blanche vous regarde

Puissent d'un trait nos vaudevilles
Venger le bon goût insulté !
Souvent l'esprit des grandes villes
S'arma de leur malignité.
Vifs couplets sont verte leçon ;
Et, tournée de noble façon,
C'est d'Horace, ou de Malherbe,
L'ode superbe,
Mais en herbe,
Comme on fait la strophe en chanson.

} bis

AIR de la Sauteuse

Trissotins du jour
Ah ! moquez-vous de notre atteinte,
Vous êtes l'amour,
Des Armandes sur le retour.
Nos cercles du jour
Comptent plus d'une autre Araminte,
Se pâmant autour
Des romantiques de leur cour,
Des grands Chapelains
L'écho dans l'oreille vous tinte ;
Pour doctes pantins
Femmes savantes sont catins.
Vos vers enfantins
Qui du moyen âge ont la teinte,
Visent au destins
De ceux des Pradons et Cotins.

AIR de Calpigi

D'une voix encore applaudie,
Chantez sans peur du *quoi qu'on die*,
En Gaulois des temps d'Amadis,
Vos Amarantes, vos Laïs : (*bis*)
Mais craignez dans leur *beau carrosse*
Où tant d'or se relève en bosse,
D'offusquer sur votre chemin,
Un Molière, le fouet en main. (*bis*)

AIR : Tremp'ton pain

Jeunes fous,
Vieux fous,
Entrez tous,
Tous, à l'académie.
Poussez-vous bien tous ;
Les jaloux
En mourront de courroux.
Si la compagnie
Est moins endormie,
Vos travaux
Éclos,
Sont pavots
Pour les fauteuils nouveaux.

ANAMALEK, démon, éditeur de
La Panhypocrisiade.

(1) Nous pensons que l'illustre Gœthe [sic] renie ainsi que lui se[s] prétendus propagateurs, qui le défigurent et le mutilent.

(2) L'auteur de *Colomb* et de *Richard III*, ne s'est permis de franchir deux unités prescrites que par la nécessité des sujets, mais il a scrupuleusement observé l'unité d'action et la conformité du langage propre à ces deux drames, auxquels il n'a pas même donné de titre tragique.

(3) La *Panhypocrisiade*, épopée satirique, sur laquelle les imitateurs romantiques ont tâché d'appuyer le système confus et désordonné de leurs innovations théâtrales. Elle fut publiée avant toutes leurs théories mélodramatiques, si destructives des belles formes de la haute tragédie et de la haute comédie, dont il veulent confondre les genres.[1]

* * *

---

1. La composition de *La Panhypocrisiade, ou le Spectacle infernal du seizième siècle*, publiée en 1819, remonte aux années de l'Empire, comme en témoignent plusieurs « fragments » que Lemercier commence à publier vers 1806. Vaste poème épico-dramatique à la structure

Douce ironie du peintre Guérin

[Bibliothèque de Bayeux, ms 245, 1 feuille 12×20cm,
encre noire, s.d., mais vers 1830]

Guérin, bon peintre, et galant homme,
à Paris revenait de Rome ;
un Libéral lui détaillait
les faits de la triple journée
où par le soleil de Juillet
la liberté fut ramenée :
lui, qui peu s'en émerveillait,
sur ce ton fin dont il raillait,
dit : « me doutais-je en Italie,
de Brutus imberbes remplies,
qu'ici le volcan travaillait ?
ah ! roulant les fourgons fragiles
de ses chartes à déclarer,
si la Liberté dans les villes
partout se hâte de rentrer,
pour vivre en paix, les gens tranquilles
ne sauront plus où se fourrer ! »

* * *

Mot du peintre Gros, illustre élève de David, Grand maitre, dont les conseils le firent à son tour un grand maitre en peinture, sur le moderne romantisme dans les arts

[Bibliothèque de Bayeux, ms 456, 1 feuille 14×20cm,
encre noire, s.d., mais vers 1830]

gloire aux gothiques théories
des poètes rimant le vieux jargon français !
gloire aux peintres de diableries
modelant pour charmer les spéctres [sic] les plus laids
leur [mot biffé, illisible] sublime Apollon est Méphistophélès
et leurs graces sont les furies.

* * *

extrêmement complexe, la *Panhypocrisiade* se divise en seize chants en alexandrins à rimes plates. Des personnages allégoriques et des personnages réels alternent sur la scène d'un théâtre fabuleux situé en enfer et appelé justement Pandémonium. L'histoire de la France du XVIe siècle — le nœud diégétique central est constitué par les luttes de Charles V et François Ier — sert d'amusement à un public de diables ridiculisant les grandes étapes de l'histoire de l'homme dans une pièce « comico-tragique » que Lemercier intitule *Charlequinade*. User de la *Panhypocrisiade*, ouvrage apprécié des auteurs de la nouvelle école, dans une parodie antiromantique telle que *Caïn*, revenait à les mettre à distance.

Annexe II

Avis d'un ancien contemplateur des révolutions de la politique et des beaux arts[1]

[Bibliothèque de Bayeux, ms 243, 2 feuilles vergées recto/verso encre rouge, numération au recto 20×14cm, s.d., mais vers 1830]

La nature nous forme et nous modifie en tout,
Plus que les bonnes ou mauvaises doctrines, soient
Traditionnelles, soient nouvelles.

On ne fait pas des républiques, sans une sévère
dépendance des vertus et de l'ordre discipliné qui
en établissent la liberté juste et stable.

On ne fait point de monarchie, sur le seul
axiome de l'héréditaire légitimité despotique ; mais
sur le maintien du contract [sic], garant des loix respectives,
aux quelles [sic] se soumettent les races régnantes et les
sujets de l'état.

Un sentiment universel incline les peuples à la
piété. On ne fait pas de religion éternelle, unique,
en prêchant des dogmes d'abnégation que l'hypocrisie
enfreint, et des maximes d'humilité que le sacerdoce
transgresse lui même.

Le naturel particulier fait les grands poètes, les
grands écrivains et orateurs, et les grands artistes
plus que les leçons scholastiques de leurs époques.
Ainsi qu'il fait les héros guerriers, plus que l'étude
des tactiques militaires, dont ils surpassent les
théories communes. [1r]

L'antiquité, dans les lettres et dans les arts,
Conserve et conservera sa supériorité parce qu'elle
fût [sic] inspirée par la nature qui nous laissa ses
beaux exemples de choix pour modèles.

La littérature, la sculpture, et la peinture du
seizième jusqu'au dix-huitième siècle, qui émanent
de ses principes les plus purs, prévaut [sic] toujours sur
les innovations des systèmes gothiques, des caprices
irréguliers, et de l'aveugle ignorance, même érudite.

---

1. Dans ce poème, petite somme ironique de ses idées esthético-politiques, Lemercier réaffirme — en politique comme dans les arts — la supériorité des modèles antiques, vers lesquels il faudrait se tourner pour trouver des paradigmes de gouvernement rationnels fondés sur un accord entre le prince et le peuple, mais aussi des paradigmes d'un art rationnel qui se base sur l'observation de la nature et non sur les « caprices gothiques » du Moyen Âge et du seizième siècle.

L'art des comédiens et de la mimique théatrale [sic] résulte lui même de la nature, qui en infusa l'intelligence, plus qu'il ne provient de la direction des habiles professeurs dont le savoir traditionnel a seulement le mérite et l'honneur de bien cultiver le naturel privilégié des meilleurs éleves [sic].

De nos temps, Talma, Desgarcins, Duchenois produisirent dans la tragédie les preuves de cette vérité. Préville, Molé, Comtat, et m.^{lle} Mars les multiplierent en attirant la foule aux chef-d'œuvres [sic] de Molière, qu'on croyait surannés. La cantatrice Malibrand les fit éclater dans les passions lyriques. L'aérienne dansante Taglioni dans l'idéalité décente de la chorégraphie.

Mlle Rachel aujourd'hui fournit par ses débuts [1v] un même exemple, honnorable [sic] à son guide, en ramenant la jeunesse vers Corneille, Racine et Voltaire, nos devanciers et nos maitres.

Or donc, zélé dévot de nos anciens demi-Dieux plus que néophyte des écoles du moyen âge, je crois fermement à la durée, non du médiocre mais du parfait classique [*souligné deux fois*], émané de la nature agrandie, et que je ne fais pas consister dans l'étroit asservissement aux règles des trois Unités ; mais dans celle de l'action et des sentiments vrais et bien développés. Cette conviction m'empêche de croire à la solidité du hasardeux romantique [*souligné deux fois*], dont le nom même est vaguement et mal construit et dont je ne connais encore rien de transcendant et de bon, parce qu'il outre et fausse la nature.

Toutefois, mon orthodoxie de préférence, n'est pas exclusivement intolérante : elle ne condamne aucun essai des genres que ma foi dogmatique déclare subalternes et éphémères, tant qu'ils ne respecteront pas la beauté des formes, et la réalité des caractères tracés exactement sur les personnages de l'histoire.

En résumé, je crois à la divine résurrection périodique [*biffé et réécrit*] des Muses consacrées par le génie et [2r] la voix des temps ; et non à la renaissance de leurs sœurs batardes [sic], romanesque, et

pédantesquement plagiaires. La poétique de
leur séminaire tend moins au progrès qu'à
[*ligne biffée et illisible*]
la rétrogradation vers le (berceau)*grossier* des
spectacles, [??] et des mystères du
crucifiement.

Nép. L. Lemercier

* * *

Sur les révolutionnaires en littérature[1]

[Bibliothèque de Bayeux, ms 245, 1 feuille 12×20cm,
encre noire, s.d., mais vers 1830]

Quand l'anarchie infecta les esprits
de la parole passa aux écrits.
des carrefours, tribunes aux harangues,
des cabarets, trépieds de ses journaux,
elle emprunta les jargons infernaux,
et crût depuis régénérer les langues.
les clubs ainsi, bouillonnants arsenaux,
forgeaient toute arme aux barbares extases
dont s'échauffait le crime à ses fournaux [*sic*]
dont des Dantons rayonnait les emphâses [*sic*].
Sa propagande, ayant moins de carnaux
pour épancher sa verve outre-mesure,
aux champs fleuris de la littérature
S'ouvre aujourd'hui des chemins vicinaux.
ruisseaux fangeux roulant d'immondes vases,
son style impur, et trempé dans l'égout,
en prose, en vers, terrifiant le gout [*sic*],
meurtrit les mots, guillotine (décapite) les phrases,
et s'enhardit à ses rauques accens
à confisquer tous les fonds du bon sens.

1. En évoquant dans la *Préface* du *Sylphe* de Charles Dovalle « le grand mouvement social » de 1789, Hugo écrit en 1830 l'une des définitions les plus connues du romantisme, qui ne serait finalement que la traduction de l'idéal d'une liberté révolutionnaire dans le domaine de l'expression littéraire : « Le romantisme, tant de fois mal défini, n'est, à tout prendre, et c'est là sa définition réelle, que le libéralisme en littérature », Hugo, *Préface*, dans Charles Dovalle, *Le Sylphe, Poésies de feu Charles Dovalle* (Paris : Ladvocat, 1830), p. v, XII, reprise pour la préface d'*Hernani* de la même année. Dans ce court poème, Lemercier compare la révolution romantique et les bouleversements dans les codes esthétiques et langagiers qu'elle aurait entraînés aux dérives de la Révolution de 1789, en présentant le romantisme comme une sorte de terrorisme en littérature : s'agit-il d'une réponse inédite de Lemercier à l'auteur d'*Hernani* ?

BIBLIOGRAPHIE SÉLECTIVE

Textes littéraires

CAILHAVA D'ESTANDOUX, JEAN-FRANÇOIS, *De l'Art de la comédie, ou Détail raisonné des diverses parties de la comédie et de ses différents genres, suivi d'un traité de l'imitation, où l'on compare à leurs originaux les imitations de Molière et celles des modernes ... terminé par l'exposition des causes de la décadence du théâtre et des moyens de le faire refleurir* (Paris : Didot aîné, 1772-1776), 4 t.

CHATEAUBRIAND, FRANÇOIS-RENÉ DE, *De l'Angleterre et des Anglais*, dans *Souvenirs et morceaux divers* (Londres : Colburn, 1815), t. 1

CLAUDEL, PAUL, *Théâtre* (Paris : Gallimard, 'Bibliothèque de la Pléiade', 1986), t. II

DUCIS, JEAN-FRANÇOIS, *Œuvres* (Paris : Nepveu, 1823), t. 1

——, *Othello ou le more de Venise* (Paris : Barba, 1817)

HUGO, VICTOR, *Cromwell*, chronologie et introduction par Anne Ubersfeld (Paris : Flammarion, 1968)

——, *Discours de réception à l'Académie Française* (3 juin 1841), dans *Littérature et philosophie mêlées* (Paris : Hachette, 1868), pp. 153-83

LA HARPE, JEAN-FRANÇOIS, *De Shakespear*, dans *Œuvres* (Paris : Verdière, 1820), t. V

——, *Lycée, ou Cours de littérature ancienne et moderne* (Paris : Pourrat Frères, 1838,) t. 2

LEMERCIER, NÉPOMUCÈNE LOUIS, *Caïn, ou le Premier Meurtre*, parodie-mélodrame en 3 actes mêlée de couplets et précédée d'un prologue (Paris : Constant-Chant pie, 1829)

——, 'Drame', dans M. Courtin, *Encyclopédie moderne ou dictionnaire abrégé des sciences, des lettres et des arts* (Paris : Bureau de l'Encyclopédie, 1827), t. X, pp. 502-15

——, 'Remarques sur les bonnes et les mauvaises innovations dramatiques', lues à l'Académie française, le mardi 5 avril 1825, *Revue encyclopédique*, XXVI (avril 1825)

——, *Atlantiade, ou la Théogonie newtonienne* (Paris : Pichard, 1812)

——, *Christophe Colomb* (Paris : L. Collin, 1809)

——, *Christophe Colomb*, dans *Suite du Répertoire du Théâtre français* (édition Lepeintre) (Paris : Veuve Dabo, 1822), t. 28

——, *Comédies Historiques* (Paris : Dupont, 1828) [1827]

——, *Cours analytique de littérature générale* (Paris : Nepveu, 1817-1818), 4 t.

——, *Hérologues, ou Chants des poètes rois, et l'Homme renouvelé, récit moral en vers* (Paris : Renouard, 1804)

——, *La Panhypocrisiade, ou le Spectacle infernal du seizième siècle, comédie épique* (Paris : Firmin Didot, 1819)

——, *Lampélie e Daguerre*, éd. par Annamaria Laserra et Bruna Donatelli (Rome : Arnica editrice, 1984)

——, *Notice* sur *Troilus et Cressida*, dans *Chefs-d'œuvre de Shakspeare* [sic], *Jules César et la tempête*, trad. M. Jay et Mme Louise Colet, avec notices critiques et historiques

[…] par la plupart des collaborateurs et D. O'Sullivan (Paris : Belin-Mandar, Bibliothèque Anglo-Française, 1839)

——, *Pinto, ou la Journée d'une conspiration*, édition critique par Norma Perry (Exeter : University of Exeter, 1976)

——, *Sur la découverte de l'ingénieux peintre du diorama*, dans *Institut royal de France. Séance publique annuelle des cinq académies* [2 mai 1839] (Paris : Firmin-Didot, 1839)

LEMIERRE, ANTOINE-MARIN, *Œuvres* (Paris : Maugeret, 1810), vol. III

LETOURNEUR, PIERRE, *Préface du Shakespeare traduit de l'anglois*, éd. crit. par Jacques Gury (Genève : Droz, 1990)

——, *Shakespeare traduit de l'anglois* (Paris : Impr. de Clousier, 1776-1782)

LOPE DE VEGA, FELIX, *El Nuevo mundo descubierto por Cristóbal Colón, comedia* [1604], édition critique, commentée et annotée par Jean Lemartinel et Charles Minguet (Lille : Presses Universitaires de Lille, 1980)

MERCIER, LOUIS-SÉBASTIEN, *Le Nouveau Paris* (Paris : Fuchs, 1799)

——, *Néologie ou vocabulaire de mots nouveaux* (Paris : Moussard-Ramadan, 1801)

MILLEVOYE, CHARLES-HUBERT DE, *Œuvres* (Bruxelles : Laurent, 1837)

MORTON, THOMAS, *Columbus, or a World discovered, an historical play* (Londres : Miller, 1792), BNF 8-RE-9470

ROUSSEAU, JEAN-JACQUES, *Supplément aux œuvres de J.-J. Rousseau* (Amsterdam-Lausanne : Grasset, 1779)

SAINTE-BEUVE, CHARLES-AUGUSTIN DE, *Causeries du lundi* (Paris : Garnier frères, 1856), vol. 11

SCHLEGEL, AUGUST WILHELM VON, *Cours de littérature dramatique*, trad. Necker de Saussure (Genève-Paris : Lacroix, 1832), t. II

SPINI, G., 'Delle Innovazioni letterarie in Francia (1800-1815)', *Rivista Europea. Giornale di Scienze morali, letteratura ed arti* (novembre-décembre 1845), pp. 593-39

STENDHAL, *Racine et Shakespeare (1818-1825) et autres textes de théorie romantique*, édition critique par Michel Crouzet (Paris : Champion, 2006)

——, *Correspondance générale*, édition par Victor de Litto (Paris : Champion, 1997)

TRUCHET, JACQUES (éd.), *Théâtre du XVIIIe siècle* (Paris : Gallimard, 'Bibliothèque de la Pléiade', 1972), t. 1

UGONI, CAMILLO, *Della letteratura italiana nella seconda metà del secolo XVIII* (Brescia : per Nicolò Bettoni, 1822), t. III

VIOLLET-LE-DUC, *Nouvel Art poétique*, poème en un chant (Paris : Martinet, 1809)

WAHLEN, AUGUSTE (éd.), *Nouveau Dictionnaire de la conversation* (Bruxelles : Librairie historique et artistique, 1843), t. 15

Sources manuscrites

Médiathèque municipale de Bayeux — Centre « Guillaume le Conquérant » :

Ms 239 : Documents provenant de Népomucène Lemercier, de l'Académie Française. Papiers personnels et papiers concernant sa famille

Ms 240 : Biographie de N. Lemercier dans celles intitulées *Les Hommes du jours* (notes y relatives, par sa veuve, pour M. de Salvandy ; autres notes de sa fille, en addition à celles de Madame Lemercier, 1840)

Ms 243 : Lemercier. Proses signées : correspondance ; affaire de la Légion d'honneur ; affaire de la rue des Pyramides ; note pour les journaux concernant sa tragédie de *Frédégonde et Brunehaut* (1821)
Ms 244 : Lemercier, prose autographe non signée
Ms 245 : pièces en vers non signées et fragments
Ms 247 : pièces en prose non signées (dont l'examen du *Génie du christianisme*) ; traduction de *L'Immortalité* de Young
Ms 248, 249, 249 bis, 249, 350, 352, 353, 354, 370, 371, 372, 414 : Correspondance (lettres adressées à Lemercier et à sa famille)
Ms 454, 454 bis, 456 : N. Lemercier : essais poétiques ; recueil factice de pièces imprimées ; traduction de vers de Martial et Horace. La plupart des documents ne sont pas datés

Bibliothèque-Musée de la Comédie-Française :
Dossier « Lemercier »

Périodiques

Boletín Oficial de Instrucción pública
Gazette de France
Gazette nationale, ou le Moniteur universel
Globe, le
Journal de l'Empire
Journal de Paris
Journal général de la littérature de France
Quotidienne, la
Revue des deux mondes

Ouvrages de référence

ARTHUR, STÉPHANE, 'Les représentations théâtrales de Christophe Colomb au début du XIXe siècle', dans Sylvie Requemora-Gros et Loïc P. Guyon (éds), *Voyage et théâtre* (Paris : PUPS, 2011), pp. 149–66
AUTRAND, MICHEL, 'Christophe Colomb et la scène française avant et après Claudel', dans Jacques Houriez (éd.), *Christophe Colomb et la découverte de l'Amérique, mythe et histoire*, actes du colloque international organisé à l'Université de Franche-Comté les 21, 22 et 23 mai 1992 (Paris : Les Belles Lettres, 1994), pp. 163–81
——, 'Sur la légende du drame romantique', *Revue d'histoire littéraire de la France*, 4 (2008), pp. 821–47
BÉDARIDA, HENRI, 'Colomb héros de quelques drames français (de Rousseau à Claudel)', dans *Studi Colombiani*, I (1951) (extrait)
BESTERMANN, THEODORE, *Voltaire on Shakespeare* (Oxford : Voltaire Foundation, SVEC, 54, 1967)
BILLAZ, ANDRÉ, 'Voltaire traducteur de Shakespeare et de la Bible : philosophie implicite d'une pratique traductrice', *Revue d'histoire littéraire de la France*, 3, 97 (1997), pp. 372–80

Carnahan, David H., 'The romantic debate in French daily press of 1809', *Publications of the Modern Languages Association of America*, 53 (1938), pp. 475-501

Chevalley, Sylvie, 'Ducis, Shakespeare et les Comédiens Français, I. De *Hamlet* (1763) à *Roméo et Juliette* (1777)', *Revue d'histoire du théâtre* (1964), pp. 327-50

―, 'Ducis, Shakespeare et les Comédiens Français, II. Du *Roi Lear* (1783) à *Othello* (1792)', *Revue d'histoire du théâtre* (janv.-mars 1965), pp. 5-37

Cooper, Barbara T. (éd.), *French Dramatists, 1789-1914* (Detroit : Gale, 1998)

Curtius, Ernst Robert, *La Littérature européenne et le Moyen Âge latin*, trad. de Jean Bréjoux (Paris : PUF, 1956)

De Santis, Vincenzo, *La Muse bâtarde de Lemercier entre Lumières et Romantisme* (Paris : Classiques Garnier, à paraître)

Delabastita, Dirk, et Lieven d'Hulst (éds), *European Shakespeares. Translating Shakespeare in the Romantic Age* (Amsterdam-Philadelphia : John Benjamin's publishing Company, 1993)

Delon, Michel, 'Ce nouvel Ulysse méritait sans doute un autre Homère', *Europe*, 756 (avril 1992), pp. 76-84

―, '*Homo sum, nihil a me alienum puto*. Sur le vers de Térence comme devise des Lumières', dans Henri Plard (éd.), *Morale et vertu au siècle des Lumières* (Bruxelles : Éditions de l'Université de Bruxelles, 1986), pp. 17-31

Eichner, Hans (éd.), *«Romantic» and its cognates, the European history of a word* (Buffalo : University of Toronto press, 1972)

Fazio, Mara, *Il mito di Shakespeare e il teatro romantico. Dallo* Sturm und Drang *a Victor Hugo* (Rome : Bulzoni, 1992)

Frantz, Pierre, 'L'invention du classicisme aux sources de la modernité', dans Daniela Gallingani, Claude Leroy, André Magnan, Baldine Saint-Girons (éds), *Révolutions du Moderne* (Paris : Méditerranée, 2004), pp. 116-18

―, 'Le théâtre sous l'Empire : entre deux révolutions', dans Jean-Claude Bonnet (éd.), *L'Empire des Muses* (Paris : Belin, 2004), pp. 173-97

―, *L'Esthétique du tableau dans le théâtre du XVIIIe siècle* (Paris : PUF, 1998)

Guitton, Édouard, *Jacques Delille (1738-1813) et le poème de la nature en France de 1750 à 1820* (Paris : Klincksieck, 1974)

Jacob, François, 'Amérique épique : le cas de Christophe Colomb', dans Pierre Frantz (éd.), *L'Épique : fins et confins* (Paris : PUFC, 2000), pp. 207-24

Labitte, Charles, 'Poètes et romanciers modernes de la France. Népomucène Lemercier', *Revue des deux mondes* (15 février 1840), pp. 445-88

McMahon, Joseph H., 'Ducis : unkindest cutter ?', *Yale French Studies*, 33 (1964), pp. 14-25

Naugrette, Florence, 'La périodisation du Romantisme théâtral', dans Roxane Martin et Marina Nordera (éds), *Les Arts de la scène à l'épreuve de l'histoire. Les objets et les méthodes de l'historiographie des spectacles produits sur la scène française (1635-1906)* (Paris : Champion, 2011), pp. 145-54

Porel, Paul, et Georges Monval, *L'Odéon : histoire administrative, anecdotique et littéraire du Second théâtre français* (Paris : Lemerre, 1882), 2 t.

Rougemont, Martine de, 'Un rendez-vous manqué. Shakespeare et les Français au XVIIIe siècle', dans Roger Bauer, *Das Shakespeare-Bild in Europa zwischen Aufklärung und Romantik* (Bern-Frankfurt am Main-New York-Paris : Peter Lang, 1988), pp. 102-17

Rousseau, Laurier-Gérard, *Népomucène Lemercier et Napoléon Bonaparte* (Mayenne : impr. de Floch, 1958)
Scaiola, Anna Maria, *Dissonanze del grottesco nel romanticismo francese* (Rome : Bulzoni, 1988)
Schmidhuber, Guillermo, 'Christophe Colombus, stage calls ! The discoverer as a theatrical character', dans David Bevan (éd.), *Modern Myths* (Amsterdam : Rodopi, 1993), pp. 109–17
Soto-Alliot, Isabelle, et Claude Couffon (éds), *Christophe Colomb vu par les écrivains français* (Carion : Amiot Lenganey, 1992)
Souriau, Maurice, *Népomucène Lemercier et ses correspondants* (Paris : Vuibert et Nony, 1908)
Thomasseau, Jean-Marie, 'Le Vers noble ou les chiens noirs de la prose ?' dans *Le Drame romantique. Rencontres nationales de dramaturgie du Havre* (Le Havre : éditions des Quatre-vents, 1999), pp. 32–40
Ubersfeld, Anne, *Le Drame romantique* (Paris : Belin, 1994)

Phoenix

Phoenix is a series dedicated to eighteenth-century French drama. With a particular attention to performance history and the audience's experience, these editions make accessible to students and scholars alike a range of plays that testify to the diversity and vibrancy of that period's theatre. Phoenix is a joint project between the Université de Paris-Sorbonne and Durham University.

Phoenix est une collection consacrée au théâtre français du dix-huitième siècle. Ses publications portent une attention particulière à l'histoire des représentations et à la place du spectateur. Elles mettent à la disposition des étudiants comme des spécialistes un ensemble de pièces qui témoignent de la variété et du dynamisme de la scène théâtrale de l'époque. Phoenix est le résultat d'une collaboration entre l'Université de Paris-Sorbonne et l'Université de Durham.

www.phoenix.mhra.org.uk

MHRA Critical Texts

This series aims to provide affordable critical editions of lesser-known literary texts that are not in print or are difficult to obtain. The texts will be taken from the following languages: English, French, German, Italian, Portuguese, Russian, and Spanish. Titles will be selected by members of the distinguished Editorial Board and edited by leading academics. The aim is to produce scholarly editions rather than teaching texts, but the potential for crossover to undergraduate reading lists is recognized. The books will appeal both to academic libraries and individual scholars.

Malcolm Cook
Chairman, Editorial Board

Editorial Board

Professor Catherine Maxwell (English)
Professor Malcolm Cook (French) (*Chairman*)
Professor Ritchie Robertson (Germanic)
Professor Derek Flitter (Hispanic)
Professor Brian Richardson (Italian)
Dr Stephen Parkinson (Portuguese)
Professor David Gillespie (Slavonic)

www.criticaltexts.mhra.org.uk

www.ingramcontent.com/pod-product-compliance
Lightning Source LLC
Chambersburg PA
CBHW071230170426
43191CB00032B/1282